书山有路勤为径，优质资源伴你行
注册世纪波学院会员，享精品图书增值服务

从凝聚到卓越

许海星 著

基层团队管理者必备锦囊

电子工业出版社
Publishing House of Electronics Industry
北京·BEIJING

未经许可，不得以任何方式复制或抄袭本书之部分或全部内容。
版权所有，侵权必究。

图书在版编目（CIP）数据

从凝聚到卓越：基层团队管理者必备锦囊／许海星著. —北京：电子工业出版社，2022.1
ISBN 978-7-121-42441-0

Ⅰ.①从… Ⅱ.①许… Ⅲ.①企业管理 Ⅳ.①F272

中国版本图书馆 CIP 数据核字（2021）第 242660 号

责任编辑：袁桂春
印　　刷：三河市鑫金马印装有限公司
装　　订：三河市鑫金马印装有限公司
出版发行：电子工业出版社
　　　　　北京市海淀区万寿路173信箱　邮编100036
开　　本：720×1000　1/16　印张：18.25　字数：248千字
版　　次：2022年1月第1版
印　　次：2022年1月第1次印刷
定　　价：85.00元

凡所购买电子工业出版社图书有缺损问题，请向购买书店调换。若书店售缺，请与本社发行部联系，联系及邮购电话：（010）88254888，88258888。
质量投诉请发邮件至zlts@phei.com.cn，盗版侵权举报请发邮件至dbqq@phei.com.cn。
本书咨询联系方式：（010）88254199，sjb@phei.com.cn。

"仕而优则学,学而优则仕。"

——《论语·子张》

自 序

走好管理生涯第一步
和你的团队一起成长

每个企业或组织的管理者都分为不同的层级，但无论如何划分，在绝大多数企业或组织里，基层管理岗位的人数比例是最大的；而在个人管理生涯的道路上，基层管理岗位也是大多数人的起点所在。

在这个充满变数的时代，你在自己的企业或组织中，可能会在长期的兢兢业业、踏实苦干中厚积薄发，也可能一朝业绩表现好，就会被破格提拔，从执行者变成一位管理者。

如果你即将或已经走上基层管理岗位，你将面临许多与作为执行者时完全不同的挑战，也需要许多完全不同的能力。你，准备好了吗？是否觉得自己应该再学一些管理的知识呢？

写本书的初心，源自我自己多年前从技术岗转到管理岗时的经历，当年调岗时，面对"书生带兵"的局面，我恶补了很多管理的知识，而在补课的过程中，有许多收获，也有许多难忘的痛。所以本书结合了我自己的经验心得和走过的弯路，希望能帮你在走上管理岗位时，更快地适应新的身份，同时避开一些常见的陷阱。

自序

本书写作原则

为了达到对你的帮助效果,本书在写作过程中坚持以下几点原则。

不止理论,更有方法

在调岗恶补管理知识的那段时间,我读过一些书,有些书中全是"正确的废话",对读者要求非常多,但从来不说怎么做;有些书中理论讲得非常经典、有用,但缺乏对落地方法的说明。

所以在本书中,我会把侧重点放在讲清楚每件事情具体该怎么做上,不仅介绍方法,还提供相应的工具和具体真实的案例,你可以从书中找到非常明确的行为指导。

区分场景,匹配环境

由于每个企业或组织的情况各不相同,各种方法的应用环境也会造成策略的差异,因此在书中涉及可能因场景环境不同而导致方法不同的内容时,我会聚焦到各种策略所适合的不同场景中去,并帮你梳理出判断自己的团队适合哪个场景的思路,让你能更好地把方法和自己所处的独特场景联系起来。

单点有效,主线串联

本书每章都针对团队管理中的一个阶段或方面,把管理团队的方法中能四两拨千斤的小技巧,精炼成三个行之有效的锦囊,你可以在阅读完每个锦囊之后直接应用并收到效果。

同时,团队管理不是某一方面有效就万事大吉了,它涉及方方面面,所以每章的内容会彼此关联,从你接手团队开始,直到带领团队走向卓越后,你晋升到更大的舞台结束。将团队管理的方方面面串联起来,这样,你在管理团队的每个阶段都可以综合运用书中的方法,甚至在整个管理生

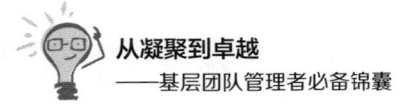

涯中，也都能够循环应用。

本书阅读提示

在阅读本书前，还有两个非常重要的前提，以及一个能给你带来更优学习效果的期望。

前提一：将心比心好人多

其实团队中没有那么多所谓的"刺头"，或者有对抗情绪的人，大多数人都是善良的，所以，你需要在管理团队之前，就先树立这个信念，从而调整自己的心态，以真心换真心，让自己在管理团队的过程中少一些烦恼，多一些信任。

前提二：真诚待人胜技巧

本书提供给你的锦囊，都是实打实可以操作的技巧，但是这些技巧，是要你首先拿出真诚的态度才能发挥作用的，甚至只要态度真诚，即便技巧用得和书中不一样，也会获得伙伴们的真心认同和支持。

期望：学完实践才有用

"纸上得来终觉浅，绝知此事要躬行。"（陆游《冬夜读书示子聿》）书中的方法是我的，如果你读完不用，那么永远都只是我的。想要提升自己，想要管好团队，那就不要停留在读过、学过这个阶段，用过之后才知道好不好，也才能更好地将书中的方法、技巧和你团队的情况有效结合起来，找到属于自己的那条独一无二的路。

本书内容结构

本书以管理者管理一个团队的"生涯周期"为主线，分为三大模块即三篇，一共六章内容。

自序

模块一：人心齐聚篇

刚接手一个团队时，重点是要能够融入这个团队，所以在第一章，我会给你三个让自己快速融入团队的小技巧。

团队士气是开展工作的重要保障，所以第二章讲述的就是如何快速提升团队的士气。

模块二：法治规范篇

企业或组织中的团队，最终都要为其所属的企业或组织的业务做出贡献，达成一定的业绩目标。第三章要讲的是在业务之外，如何从管理制度的角度，给团队提供一个达成业绩的良好环境。

在追求业绩的过程中，团队也会面临种种矛盾或冲突，但很多人解决矛盾时只解决了表象，而在第四章，你可以找到能解决表象背后的更深层矛盾的方法。

模块三：文化上进篇

团队的进步需要每个人的协同努力，因此，第五章会告诉你如何发挥团队中每个人的力量，让你的团队变得人人向上。

第六章是当你和你的团队足够优秀时，你在晋升之前，能够送给团队的"临别大礼"，也是记载你和团队成员共同努力的成果的载体，用本章的方法将智慧沉淀下来，无论未来你在哪里，这个团队都会留下你的"传说"。

当然，本书也有一定的局限性。

首先，书中的方法是我在学习和管理实践的过程中，在特定的时期和环境下总结出来的，可能和你所处的时期与环境不尽相同。

其次，管理学分为很多流派，而在我的实践中，一直以有效为基准，并没有局限在某个流派当中，所以全书引用了很多不同流派的理论，书的

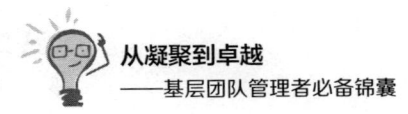

风格颇像"杂家之谈"。虽然在书中我尽量避免引用互相冲突矛盾的理论，但其背后的管理流派之间，可能有不同的观点和见解，希望你在阅读时如果遇到这种情况，选择有用有益的点即可。

再次，由于本人的知识阅历有限，对某些知识的理解可能存在一定的偏差，希望你能够在阅读过程中不吝赐教。

最后，请你相信，写下本书的我，毫无保留地用上了自己在学习和管理实践中认为最有价值的内容，并且非常真诚地进行了提炼和加工。所以我非常期待本书能够对你和你的团队有所帮助，也期待能收到你宝贵的反馈意见，让我们在这个变化莫测的时代，共同走好这段从凝聚到卓越的管理之路！

目 录

人心齐聚篇

第一章　如何快速地和团队的伙伴们打成一片 ············ 002
- 锦囊一　找精准时机一起干，同甘共苦金不换 ············ 003
- 锦囊二　非正式场合请吃饭，谈天说地气氛善 ············ 011
- 锦囊三　从事实出发走心赞，动力十足满档干 ············ 023
- 本章要点回顾 ············ 041

第二章　仪式感——提升团队士气的秘诀 ············ 042
- 锦囊一　仪式价值须明晰，找准目标境界提 ············ 045
- 锦囊二　仪式要与目标配，避开误区莫踩雷 ············ 058
- 锦囊三　推动执行三步走，定准带头勤回首 ············ 068
- 本章要点回顾 ············ 085

法治规范篇

第三章　围绕价值定制度，团队超额完成目标 ············ 089
- 锦囊一　锚定价值拆指标，挂钩收入更聚焦 ············ 090

锦囊二　权限之内定制度，变通众创根基固 …………… 113

　　锦囊三　制度不是风景线，以身作则推实现 …………… 126

　　本章要点回顾 ………………………………………………… 134

第四章　遇到矛盾问题时，你到底该解决"谁" ………… 137

　　锦囊一　争夺资源闹矛盾，供给调配有法门 …………… 138

　　锦囊二　工作干扰坏情绪，时空分布和工具 …………… 148

　　锦囊三　偷懒耍滑非正道，先查流程减内耗 …………… 160

　　本章要点回顾 ………………………………………………… 176

文化上进篇

第五章　让你的团队高手涌现，带飞全场 ……………… 179

　　锦囊一　单点激发——用心发现高手，激发他们的主动性 …… 180

　　锦囊二　条线串联——瞄准待解难题，组织小组探索攻关 …… 194

　　锦囊三　全面铺开——设立专项机制，激励团队改进提升 …… 212

　　本章要点回顾 ………………………………………………… 219

第六章　沉淀团队的智慧才是最大的财富 ……………… 221

　　锦囊一　选车——团队智慧需沉淀，载体平台要方便 …… 223

　　锦囊二　加油——智慧资源种类多，针对范围三层说 …… 234

　　锦囊三　配人——部署运营有诀窍，盘活资源更有效 …… 257

　　本章要点回顾 ………………………………………………… 269

后　记 ……………………………………………………………… 272

致　谢 ……………………………………………………………… 274

参考文献 …………………………………………………………… 277

附　录 ……………………………………………………………… 278

人心齐聚篇

一个团队最重要的是什么？简单来说，就是团结，正所谓"人心齐，泰山移"。

自古以来，齐心才能打胜仗的观点已是常识。前有孙武"上下同欲者胜"，后有孟子"天时不如地利，地利不如人和"。

在如今这个复杂又多变的时代，团队团结比过去更难达到，但团队团结的重要性比过去更高，或者说不团结对团队带来的危害，可能比过去更加严重。

所以，接手团队之后的第一要务，就是做好团队内部的团结工作，让你的团队人心齐聚，这才是开展后续工作的必要保障。

诚然，关于团队的团结和成员的心态，在很多时候可能取决于公司的制度流程、薪酬福利、行业趋势、国家政策等，这些因素你往往无法去改变。但作为一个积极主动的团队管理者，抛开这些你所不能改变的"外因"，通过你的努力去锻造团队团结的"内核"，还是能够帮助你的团队在时代的洪流中守住那份骄傲和自信，从而更好地面对各种变局与挑战。

在这一篇里，我们就来聊聊你可以主动做哪些事情，让大家更加团结，让你的团队人心齐聚。

第一章

如何快速地和团队的伙伴们打成一片

　　要想团结团队，首先要能融入团队，而融入也是团队管理者能否正常管理团队、开展工作的先决要素。

　　但是，如果刚刚接手一个新的团队，你可能会感到融入困难。这是每个人在刚到一个新环境，或者刚进入一个新角色时，几乎都会经历的一段时期。甚至有很多带了很久团队的"老司机"，也都会觉得始终没有和伙伴们打成一片，尽管自己已经非常真诚地付出和努力了，但还是感觉得不到应有的尊重和认同。

　　如何破解这个困局，让自己快速融入团队呢？这里有三个简单易用的小锦囊：

第一章
如何快速地和团队的伙伴们打成一片

- 锦囊一　找精准时机一起干，同甘共苦金不换
- 锦囊二　非正式场合请吃饭，谈天说地气氛善
- 锦囊三　从事实出发走心赞，动力十足满档干

我们将在这一章逐一解析这些锦囊，看看在做这些事时，首先需要注意避开哪些误区，具体做的时候在什么应用场景更为合适，以及一些可以参考的实操建议。

锦囊一
找精准时机一起干，同甘共苦金不换

团队有共同的业绩指标和目标，作为团队管理者，你自然需要熟悉自己团队的各项业务。如果你是从团队的业务岗晋升到管理岗的，不用多说，你的业务能力本身就很强；如果你是"空降军"或转岗过来的，那就可能需要先熟悉一下团队的业务了。

无论哪种情况，在熟悉团队业务流程和工作内容之后，如果你能够在非常恰当的时刻，和伙伴们一起工作，共同攻克难点，合力完成各种工作任务，那将是你非常重要的加分项。

而且如果在共同工作的过程中，你能够和团队伙伴们默契合作、彼此帮助，也会加快你融入团队的速度。

听起来很简单，对吗？就是干活而已。但是，这件事做起来经常会有人犯错，如果你和大家一起干的时机或事情不对，不但不能帮你融入，甚至很可能还会造成负面的影响，就像下面这位吴班长。

吴班长最早是一位装配工，在应聘到车间并培训合格上岗后，被分配到了F班组。

这是一个非常特殊的班组，车间里的员工对F班组的地理位置是"又

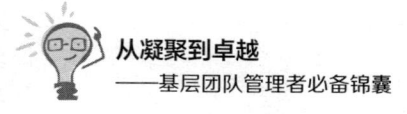

爱又恨"。

"爱"是因为F班组是生产线的最后一个班组，产品下线就在这里。每次各级领导视察，停留时间最多的就是在这个班组；从办公楼的窗户往下看，也一眼就能看到这个班组。班组中曾有很多员工被提拔或被调岗到其他重要岗位，都是因为班组的"地利"而使员工获得了展示机会。

"恨"也同样是因为其位置太显眼。在F班组工作，员工几乎没有机会偷懒，没有机会"摸鱼"，而且F班组的工序也相对其他班组更为复杂一些，工作难度也比较高，一点工作没做好，就可能被很多人看到。

就在这样一个班组，吴班长从装配工做起，对班组各个工序，他都学得很快，干得也很好。入职半年以后，无论是从装配质量还是效率看，他都是班组的冠军。加上几次被领导抽调去完成其他任务都表现得很好，于是在原来的班长晋升之后，他便众望所归，成了F班组的新班长。

但是，吴班长上任之后，大家发现F班组的状态变化很大，整个班组经常出现跟不上生产节拍的情况，质量问题也时有出现。

与班组的变化形成鲜明对比的是，吴班长的表现和他成为班长前变化不大。领导去车间巡视时还是能看到他的身影在生产线上忙碌，而且在各个工位来回跑。

如此忙碌的吴班长，却让F班组的业绩不断下滑，问题出在哪里？

相信你已经知道答案了，是吴班长没有及时转变自己的角色导致的。前任班长会在每天安排好大家的分工和每个人的任务量，还会对班组的进度、质量重点把关，工具辅料也都能保证状态正常、数量充足，正是在这些条件下，班组全体成员才能高效完成工作。

前任班长只有在能顺利完成班组的管理和保障工作的前提下，才会给自己安排适量的生产任务。而班长更换之后，吴班长一方面接过了管理班组的工作，另一方面自己的生产任务也始终抓着，因为在他看来，班组走了一个老班长，来了一个新的学徒工，自己还要分神管班组，这样产能肯定不如以前，所以自己还得继续承担生产任务才行。

这样的想法导致了F班组每天的分工不够合理，生产条件经常出现异常，员工状态时不时受到影响，这又进一步导致质量和产量下滑，越下滑吴班长越着急，越着急越自己上，越自己上班组越乱……

就在这样的恶性循环之下，从领导到班组成员，大家慢慢都对吴班长的管理能力不再信任。

后面的故事很残酷，并没有小说或电影里的贵人相助或主人公突然醒悟，而是多方都心灰意冷，最后以吴班长惆怅辞职遗憾收场。

在上面的故事中，吴班长看上去是不忘初心、满腔热情，和大家一起工作。实际的结果却很不幸，他被班组的员工和各级管理者贴上了"不务正业"的标签。

在有些企业中，下级向上越级是不被允许的，而上级去做下级应该做的工作，其实也是一件非常不合理的事情，拿着更高的薪酬，去做一些相对低价值的工作，不仅累，更是"懒惰"的表现。作为团队的管理者，你要吸取吴班长的教训，避开一些不能做的事，或者不能做某些事的时刻。

需要避开的误区

第一：自己的本职工作没做好时，不要去一起干

作为团队的管理者，你有着自己的职责和分工，也有自己必须去完成的工作任务。假如你自己的任务还没有很好地完成，自己的指标还一团乱麻，或者只能由你自己去解决的重点问题尚未解决时，你就算干再多其他的工作，都只能让人觉得你抓不住重点，就像吴班长一样。

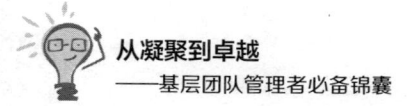

第二：别人的本职工作和成长任务，不要越俎代庖

团队的构成和性质多种多样，团队的薪酬分配方式也各不相同，有些团队实行计件工资，有些团队按绩效提成发工资。如果你干了别人能赚钱的工作，结果可想而知：一方面可能影响其他人的收入，那对方自然会反感；另一方面，即便不触及利益，也可能会影响对方的积极性和自信心。

即使不是计件工资的团队，当你做了别人的本职工作时，也可能会引起对方的焦虑，他们可能觉得你对他们的工作不满意，才自己来干。如果真的是他干得不够好，那他就会很恐慌；如果他自己本身干得很好，你却来横插一手，对方的不满就会在心里出现，埋下抵触你的情绪种子。

还有些工作任务，具备一些挑战，也就是我们常说的那种"快步走""踮脚尖去够"的工作。这类工作是挑战也是机遇，需要伙伴们通过自己的努力思考、用心学习和实践尝试，花费一番力气才能完成。在这个过程中，他们的能力会得到提升，自信也会加强，再做出一些成绩的话，成就感也是对他们最好的激励。

但假如你直接把正确答案替他做好，让他无须思考只管照着你的想法去执行，那就会逐步抹杀掉他对自己成长的追求，变成一个毫无想法的执行机器，而不愿意变成"工具人"的其他团队伙伴，自然也会对你的做法非常不满。所以，切记不要越俎代庖。

第三：不会的事情不要去滥竽充数一起干

如果你是调岗过来的管理者，这一点尤为重要。如果确实对业务不是很了解，就先不要打肿脸充胖子，去假装专业，这样很容易翻车。想让自己显得很专业，却闹出各种笑话，只会给员工留下一个不懂装懂的印象。

所以不懂的时候，相信自己的伙伴能干好，同时自己要抓紧学习，这样才能慢慢变得真懂业务，再往后，才能更好地和团队伙伴们同频沟通。

适合一起干的场景

避开了"丢下本职""越俎代庖""滥竽充数"三个误区之后，下面就重点谈谈哪些时机、哪些事情适合你和团队伙伴们一起干。最常见的典型场景有三个：临时工作、激增任务和超高难度挑战。

场景一：一些临时工作，你可以带头一起干

这个时代充满了未知的挑战和机会，很多团队在职责范围之外也会接到公司安排的、应对变化的，或者客户要求的一些临时工作。这些临时工作往往没有那么清晰的责任边界，也没有惯例可以去遵循。

当这些在团队每个人职责范围之外的临时工作出现，或者是意外、问题必须解决时，如果你自己的本职工作没有太大的问题，你就可以主动牵头，带领团队里的伙伴们齐心协力去搞定它。

在管理车间的过程中，我经历了整个公司的一次调整变革。当时我们所在的公司是C和R两个集团共同投资成立的，一开始是由C集团主导经营，过了几年之后，由于业务调整、股权变更等种种原因，公司被R集团全面接管。当时的业务没有太大变化，只是管理层调整，同时人力、财务等管理制度和流程相应做了一些更新。原本大家没什么太多的感觉，依然每天执行自己的工作，直到公司转接之后的第一年年底，大家才感受到两个集团文化风格上的截然不同。R集团每年的年会都比C集团隆重而正式得多，并且会要求各分公司、子公司出节目。我当时带的车间正是公司里人数最多的团队，于是就被领导要求，"要让公司的节目在集团年会上有亮眼的表现"。

于是，我就因地制宜，结合我们公司的业务想了一个特色舞蹈的点子，然后托朋友请了一位舞蹈老师来编舞和教学。当时业务正值淡季，几乎没有什么正式的工作压力，所以那段时间基本上我每天有一半的时间都

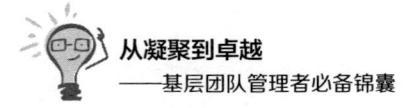
从凝聚到卓越
——基层团队管理者必备锦囊

安排给了这个舞蹈。从最开始的选人，到现场帮着老师放音乐，老师累了我带大家合拍，时不时准备些吃的喝的给大家，一条龙的后勤保障做得相当到位。

当时从下发通知到验收节目的时间还是比较紧的，大家又都是零基础，所以在验收那天，跳舞的伙伴们一上台，我就弯腰跑到评委桌子前面的地上坐着，给几个还没有完全熟悉舞蹈的伙伴做提示。

最终我们的节目通过了验收，并且在集团的年会上从创意到呈现方面都表现得非常亮眼。这个任务完成之后，更令人满意的是，一起跳舞的那十几个人之间，以及他们和我之间的关系，也都更加亲密和融洽了。

场景二：工作量激增的任务，你可以帮大家分担

近些年，加班文化盛行。加班在互联网企业里似乎已经成了大家默认的常态。虽然网络上一直有口诛笔伐，我自己也对这种文化和状态持保留意见，但确实在很多团队里，由于业务飞速发展，人手经常会显得不足，加上订单量往往并不是一个均匀的状态，忽高忽低才是真实情况，这就更会让人手不足的问题凸显出来。

面对这种状态，天平一端是激增的任务量，另一端是不足的人力配置，天平旁边还有一个滴答作响的计时器，提醒你如果延期，会有各种各样不良的后果，怎么办呢？人不够就加人吗？

增加人手这个选项往往是不现实的，因为一次紧急任务而加人，任务之后如果不再这么忙，你的善后工作会变得很麻烦。另外，在这种紧急的情况下，新来的人未经培训或磨合，可能等他们能上手时，已经来不及了。

其实在大多数的情况下，公司接单时或给你的团队安排任务时，也会进行前置评估，评估之后才会给你的团队下发任务。所以，虽然工作量"激增"了，但是这些增量往往是大家努把力可以完成的。（如果你的公司真的给你的团队下达了两三倍于当前产能，甚至更高的工作量，那建议你接任务前先与上级沟通一下，或者考虑一下是不是有些别的因素。）

这个时候，作为团队顶梁柱的你，在鼓励大家努把力的同时，当然可以主动给自己安排一部分任务，替小伙伴们分担压力，并且带着大家加班加点，突击完成这些激增的任务。

这个共同完成的过程，自然也会让团队的伙伴们看到，你是一个有担当、有能力，又能够体谅下属的管理者，好评自然滚滚而来。

场景三：超过其他成员潜力上限的挑战，你可以在实战中传帮带

有些工作虽然不是临时工作，也不是激增任务，但就其难度来看，在团队中可能只有你或少数几个核心骨干可以完成。

这类工作如果你想让更多的成员完成，就需要让他们一边学习，一边实战锻炼，但直接委派任务让大家自己想办法去做的话，可能会让对方觉得你在刁难他们，因为这类工作已经明显超出其当前能力范围，而且短期内可能也难以快速提升到胜任的状态，一气之下，说不定他们就会跟你对着干或有其他的反应。

所以面对这类工作，你在安排任务给成员的时候，必须从一开始就表明，你会伸出援手，并且在任务的前中后期都会给他及时和足够的帮助。

在开始前给他一些指导和帮助：比如，给他进行一些做这类工作的方法培训，或者过往案例的资料；你也可以做一些先导性的规划设计，把设计中的各个节点、关键任务、完成方法、可用资源和评价标准等，都详细交代给对方；你还可以通过谈话、讨论、提问这些方式，帮他整理思路、寻找资源。

前置的帮助之后，对方基本可以一步一步尝试着去做这类工作了，这时也不要觉得你就可以放手了。大多数人在第一次完成一个新任务时，总会遇到困难和问题，或者有些工作执行不到位，所以你还得在做这件事的过程中，定期和他沟通工作进度，提供一些更有针对性的指导和帮助，给

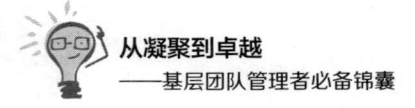

他指出并纠正错误，找到解决困难的方法。

最后，在完成任务之后，及时地给予他肯定和赞赏，再加上一次深度的复盘，让对方总结完成过程中的亮点和不足，你再给予一些点评和指导。这样一个任务下来，对方自然能跟你学到很多，而你对他来说，也不再仅仅是团队的领导了，而是战友，更是师傅。这样在"传帮带"的过程中建立的信任、尊重和小小的崇拜之情，会比组织结构中的行政关系要紧密和牢固得多。

实操的具体情况举例

明确了临时工作、激增任务和超高难度挑战这三个可以一起干的精准时机和场景，那在实际工作中应该怎么操作呢？

我们可以进一步具象化。如果你遇到了下面这些具体的场景，那就别犹豫，和大家一起面对：

- 节假日接到通知有领导要来参观检查工作，你可以喊几个附近的伙伴回到公司一起准备布置。

- 产品销售火爆，订单量激增，或者客户提出希望提前交货赶上某些特殊的节日。在评估合理之后，你可以和大家一起加班几天。

- 某些原因造成的产品集中召回返修，或者配置升级，需要突击完成的，请一起去完成吧。

- 预报即将有自然灾害或极端天气，需要及时应对，如洪水、台风，你不用冲到一线去救灾，但是自己团队的预防措施，像在门口堆沙袋、给窗户上贴胶带等，这些工作要尽量和大家一起动手。

- 组织机构变革，团队里加入了很多转岗来的成员或新员工的时候，如果老师傅忙不过来，你也可以手把手地带几个徒弟，让新来的员工更快进入状态。

- 面对极个别难缠的客户，下属被难为得不知所措时，你的及时出现和支持，为下属搞定这些客户提供的帮助，是非常必要的。
- 市场的突变或大潮流的变化，比如，2020年年初开始爆发的新冠肺炎疫情对各行各业的影响都非常大，可能你的团队原来是做服装的，面对疫情要改线生产口罩，或者原本很多线下的业务需要调整到线上，你在应对变化这件事上就责无旁贷，要带着大家一起研究具体调整的策略，并且要在调整过程中多多参与，和大家共同应对，保证团队能够顺利挺过这些难关。

除了上面的几个场景，相信在你的工作中，也一定会有各种各样适合与团队伙伴们同甘共苦一起工作的时机和事件，抓住这些机会，同时避开误区，你和伙伴们的战斗友谊将不断加强！

锦囊二
非正式场合请吃饭，谈天说地气氛善

几乎每个职场人，都需要在工作之余参加一些职场的聚餐、聚会，这些都是必要的社交活动场合，这些社交活动从古至今经过长年演化，已经形成了所谓的"饭桌文化"或"酒桌文化"。随着社会的发展，这种文化也衍生出一些类似"应酬学"的名词，更有很多学者专家立著，教人如何在各种饭局、酒局中待人接物。

聚焦到你和自己的团队伙伴身上，在你们相处时，也肯定会有类似的场合，这种场合有着非常明显的双向性。

从你的角度出发，你肯定希望通过这些场合加强你和团队伙伴之间的信任和感情，从而提高团队的凝聚力。

从团队成员的角度出发，他们肯定希望能够在聚会中给你留下一个好

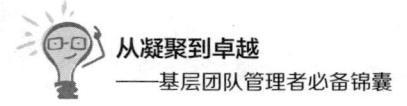

的印象，让自己的职业发展更加顺利。

目的是积极的，希望是美好的。在现实中，社交应酬却是一把双刃剑。无论是谁，在应酬中行为得体、言语恰当，都可以树立自己良好的形象，达成期待的效果，提高自己职业发展和团队团结的上限；而假如在应酬中表现不当，或者出现一些意外情况，那可能会造成不良的负面影响，压低甚至突破自己职业发展和团队团结的下限。

而负面的影响，在一些特别正式的社交场合，往往会被无限放大。所以很多人在参加正式场合的社交时，都会非常小心谨慎，生怕自己表现得不好。怕自己做错事，也怕自己之后会后悔没做一些必要的事；怕自己说错话，也怕自己该说的话没有说。这样一来二去，在正式场合中，社交的气氛往往显得比较沉闷和压抑。

同时，在现在的年轻人中，流行着一个叫作"社交恐惧"的词，简称"社恐"。这种社交恐惧原本是一种精神疾病，学名叫社交焦虑症。虽然真正罹患这种病的人并没有自称"社恐"的人那么多，但它也是目前仅次于抑郁症和酒精依赖症的第三大心理疾病，而且现在被很多人拿来给自己贴标签，表达自己不愿意参加社交活动。其实你也可以扪心自问一下，自己是否真的喜欢参加各种应酬呢？

如果你的答案是"是"，那么要恭喜你，你可能会有非常多的人脉，在职场中能够左右逢源，你的职业发展天花板会很高。如果你的答案是"否"，也不代表你不合群，相反，这是和大多数人一样的态度。根据笔者做过的一次关于职场人士对职场中社交应酬的态度的调研结果显示：

最多的态度选项是"我不好这口，不主动、不拒绝"，占比36.58%；

紧随其后的是"内心不喜欢，能不去尽量不去"的态度，占比34.15%；

认为通过社交能办成事，会有成就感，自己会很满足的有19.51%；

选择"我很喜欢和人打交道,特别愿意"的受访者仅占7.32%;

最后还有2.44%的受访者表示非常反感社交应酬。

从这组调研数据里,我们不难看出,大多数受访者(七成以上)其实对应酬并不是很感冒,而越正式、排场越大的场合,越会给人一种"人在江湖身不由己"的感受,你和伙伴们不得不参加,但在这种正式场合中,对增进你和团队伙伴之间的感情而言,作用是有限的。

所以在正式的社交场合中,你更应该做到的是"应景",达成活动该有的目的,规避活动中可能存在的风险。至于在这些正式场合中如何表现得更好,并没有标准答案。不同的团队、不同的行业、不同的地域和不同的文化,都在正式场合方面有不同的方法和策略。本书能够给你的,只有一些典型正式场合中的"坑",教你带着团队的伙伴们一起避开这些"坑",避免对你们的团队和感情造成损害。

常见的正式场合避"坑"要点

正式场合一:公司年会

根据公司规模的大小,年会的参与者范围各有不同。有的公司是全员参与;有的公司是中高层参与;还有的公司是核心团队参与。参与的人数越多,范围越大,就越要谨言慎行。如果你的整个团队都会去参加公司的年会,那么该走的流程正常走,不该做的几件事,则要注意避免。

◆ **不要令人难堪**

所谓"做人留一线,日后好相见",如果年会上让别人难堪了,让自己的伙伴觉得你不给人留面子的话,那以后的各种协作也都会让人心存芥蒂。

比如,在年会上可能会有一些同事表演节目,如果对方演砸了或出现了一些意外,应该以热情和鼓励的掌声来表达关怀,千万不要喝倒彩或带

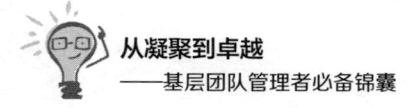

着自己的团队一起嘲讽。

年会里可能会碰到一些平时和你关系不是很好的同事，或者和你的团队有过不愉快经历的其他团队，这可不是算账的场合，即便过往的不愉快是对方的错，你也不要带着伙伴们得理不饶人。

你可能很关心伙伴们的工作，甚至连对方的生活都关心，但在年会上，针对某个人犯过的错误进行"教育"，或者询问某个人一些私人方面的问题，也会让对方在其他伙伴面前显得下不来台。

◆ 不要喧宾夺主

很多企业的年会除了领导讲话和大家聚餐，助兴的文艺节目也常常少不了，有必选项目，也有自由发挥的项目。在这里我建议：必选项目全力做好，自由项目别太抢镜。

小何在一家设计公司担任一个项目组的组长，除了设计能力扎实，小何的歌也唱得非常好。有一年公司年会的下半场，公司安排会场开了音响，让大家唱歌助兴。结果小何一口气连唱3首歌，又在其他同事唱歌时连点几首自己的拿手曲目，歇了一会继续唱，把公司百余人都参加的年会，变成了他的个人演唱会。

在年会上大家都给他鼓掌，公司领导们也都发现了他天籁般的歌喉。于是在后面的工作中，每每有同事要一起去唱歌，或者领导要接待客户唱歌之类的活动，他都是第一个——被排除掉的人选，因为大家都知道，他去了别人就没法唱了。

展示自己要有度，上台露个脸没问题，但千万不要像小何这样做"麦霸"。

除此之外，如果你的团队成员都坐在一起，尽量不要玩一些比较激烈或动静太大的游戏，别的桌都在安静地吃着饭，轻松地聊着天，时不时被你们的呼喊和敲打声吓到，后果可想而知。

◆ **不要醉酒成疯**

现代主流的科学和医学理论几乎都把酒精判定为一种对身体有害的物质。酒精会增加肝脏负担、损伤消化系统和神经系统，更会增加罹患癌症的风险。无论是你还是其他伙伴，酒喝多了不但对身体不好，而且有更高概率做出一些疯狂或奇怪的举动，让自己第二天一觉醒来羞愧难当。

有些人喜欢喝酒，并且有些场合不喝也不行，所以谈这些并不是想劝你戒酒，也不是让你在年会上完全不喝酒，而是提醒你在年会的场合上，自己不要过量喝酒导致喝醉而丑态百出，也不要酒后伤害他人。

对自己来说，时刻把握自己的酒量和状态非常重要，不要逞能去拿酒瓶喝、混着喝或和别人拼酒量。如果你酒量不好或感觉快要醉了，要及时更换为以茶代酒，或者去调整一下自己的状态，告诉自己：这里不是家，喝醉要抓瞎。

另外，对于别人来说，你可以敬酒、领酒，但千万不要态度强硬地去劝酒，对方如果不喝，很可能已经喝到位了，或者身体已经承受不住了，这个时候你该做的是表示理解，并且尊重对方的选择。

年会结束后，返程之际，你也要提醒自己和喝过酒的伙伴们，喝酒别开车。选择打车、拼车或叫代驾，让大家乘兴而来，平安归去。

除了年会，很多其他类似性质的大型聚会，都要注意避免上述的三个误区，做到这几点，不敢说你会多么受人欢迎，但是你基本上不会因为聚会的糟糕表现被人讨厌了。

正式场合二：团建活动

团建活动顾名思义，就是为了团队的建设而进行的活动，也是整个团队合作过程中必要的活动。但是，在组织团建活动的时候，你同样要注意避开让大家不舒服的几个误区。

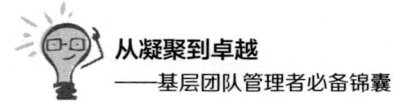

◆ 不要过于频繁

根据边际效应递减法则，在一件事上投入的成本和它产生的效果并不是一个线性增长的关系，而是在超过一定的量之后，投入得越多，效果增加得反而越少，甚至到一定的临界值之后，还会有负面的效果。

从团建活动的频率和效果的关系上看，基本也符合边际效应递减法则。偶尔的团建让大家很期待，效果也会很好，但是如果月月建、周周建，甚至隔三岔五去团建，恐怕你的伙伴们会感到厌倦，更有爱八卦的人，可能会觉得你在个人的生活中没人爱，才会如此热衷团建。所以团建活动，不要组织得太频繁。

◆ 不要大包大揽

既然是团队建设活动，就把掌控权交给整个团队吧，要让团队的每个人都有足够的参与感。

可以让大家决定去什么地方、玩什么项目，当然你也可以表达自己的意见，如果怕自己说了别人不敢反对，也可以挑选几个比较合适的选项，让大家投票决定。在团建的前中后期，像管钱、买票、安排住宿、组织游玩这些事情，都交给团队里活泼的伙伴们去搞定吧，你只负责快乐地参与团建活动就好。千万不要在公司你是老大，出去还得你说了算，否则长此以往，大家会因为自己的想法和能动性无法表达，而在团建活动中变得消极和不感兴趣。

◆ 不要变相加班

快节奏的职场生活让每个人的身心都长期处在一个疲惫的状态，所以你在组织团建活动的时候，应该清楚这是要给大家减压降负的。

在这个前提下，组织团建的时机要注意，不要在大家都累了很久，需要休息的时候，还不合时宜地去搞团建，让大家感觉这也是在完成工作任务。

更不要让大家带着工作去团建，或者在团建中聊太多关于工作的问题。磨刀不误砍柴工，团建时玩得尽兴，回到工作岗位时才会有更饱满的状态。

正式场合三：商务接待

商务接待和聚会也是非常典型的正式场合。关于商务场合的各种礼仪，有很多的原则和讲究，各种不同性质的商务接待活动，也有不同的注意事项。面对要接待的客人该如何去做，你能够在互联网和书籍上找到大量的参考课程和资料，在这里，我们只来聊一聊和团队伙伴们一起参加商务接待时，你从照顾伙伴感情方面，需要避开的三个大"坑"。

◆ 不要"赶鸭子上架"

你在工作中有没有过这样的经历：快下班的时候，突然被领导通知要一起去陪客户吃饭，于是原本约好和另一半去看电影的事就只好作罢。遇到这种情况，你的心里是什么滋味呢？一定是不太愿意吧。那换位思考一下，假如你对你团队里的伙伴也提出这样的要求，对方是不是也会不开心呢？

除非你的团队是专门做公关或销售的，大家的交际能力都很好，否则大多数的团队里，并不是每个人都善于交际和应酬。假如你临时起意随便拉个人去做商务应酬的接待，恰好这个人又有轻度的"社恐"，那恐怕被你拉去的人不会觉得这是领导信任自己而给自己机会，相反，他会觉得浑身不自在，对你感到些许的不满。

所以在需要团队伙伴们和你一起出席商务接待时，尽量提前通知，选择下班后时间空闲，而且交际能力比较强的人去，切莫"赶鸭子上架"。

◆ 不要当场纠错

在商务交际的饭桌上，吃饭喝酒是次要的，真正的重点是和客人之间的沟通。可能会有你的领导和客人交谈，也可能会有你团队的其他伙伴给客人介绍一些情况。在交谈过程中，发言的人难免会出现口误或说错一些话，当你听到自己人说错时，千万不要十分耿直地马上纠正。

我在十多年前刚刚参加工作时，有一次老板带我们团队的几个人去和一家合作的企业聚餐。吃饭聊天中，老板热情地向对方介绍我："海星，一表人才的山东小伙。"我听到以后心里美滋滋的，然后笑着轻声跟老板说："刘总，我不是山东的，我是陕西西安的。"

"对对，陕西小伙，陕西小伙！"我们老板马上接过来认了错。但不知道是不是我的错觉，似乎看到老板的脸上有一丝抽动。

多年以后我回想起那一幕，仍为自己刚参加工作时的鲁莽感到汗颜。

类似这种错误，无论是领导说错了，还是你的下属说错了，说错了就说错了，应酬的客人以后和你不一定能再见面，即使以后会有更多交往，这种错误你不指出来也没有任何的影响和损失，反而像我当年那样过分耿直的做法，就会让说话的人很尴尬。

但如果不是这种可有可无的错误，而是你的下属在介绍业务时出现了错误，必须纠正，应该怎么办呢？这时也不要直接打断对方，来一句"你说的不对"之类的话，而是在同事停顿的时候，主动接过话题，先肯定和感谢同事的介绍，接下来，向客户进行"补充"说明，注意，是补充，不是纠正。

比如，你可以这么说：

刚才小吴给您介绍的情况非常详细啦，小吴这个小伙子工作特别认真，为了这个项目准备了很多，项目基本的情况就和小吴说的一样。同时，我再给您补充解释一下关于某某细节，按照我们过去的做法和惯例，就像小吴说的那样，但这次您是和我们第一次合作，所以为表诚意，在这一点上我们将给您提供更高一级的另一种形式的服务……

这样一来，既在客户面前表扬和肯定了下属，给下属留足了面子，又能将下属说错的地方及时纠正过来，同时让他也意识到自己说错了。这种一举三得的说法肯定比直接当着客户的面去纠正下属更周全，也更贴心。

◆ 不要发号施令

在商务接待的场合里，即便你带下属去的主要目的，就是让他充当一个端茶倒水和催菜买单的角色，也不要用一种高高在上的态度去发号施令。

看到客人的杯子该倒水了，若你离得近，自己给客人倒上就好；发现有些菜迟迟不上，不要对着服务员大喊大叫，也别一脸抱怨地让下属去催，悄悄提醒他去催一下菜，临近结束时也悄悄提醒下属去买一下单，回来以后点头表示感谢，都是尊重下属的表现。

更容易增进情感的非正式场合

通过前文对几个典型正式场合中与团队伙伴相处的误区分析，相信你已经能够避免自己在这些场合中伤害伙伴，并且在一定程度上给伙伴们留下比较好的印象了。接下来，我们再看看几个能快速增进你们感情的非正式场合，这些场合和机会如果把握得当，你的融入将更加顺利。

场景一：一起加过班

我们在锦囊一中提到过，当遇到一些大家职责之外的临时工作，或者激增的紧急任务时，你可以和大家一起完成，而这些情况经常伴随着加班，也可能会错过饭点。那在大家一起忙碌加班后，请加班的伙伴一起去吃饭，对方一定觉得心里暖暖的。

在我管理车间的时候，就有过很多次请加班的伙伴吃饭的经历。

一次公司的产品要参加展会，参展前一天领导决定要在一个部件上体现刚刚升级的配置和状态，所以那天我带着几个工人师傅一起加班更换产品部件。在大家同心协力一顿操作之后，终于从配置到外观，产品都达到了可以参展的状态。

完工时一看表，晚上8点多了，我问了问加班的人，大家家里都没什么事，于是我就带着大家去公司附近的大排档吃饭。就着烤串、毛豆、花生和拍黄瓜，我们边吃边拉呱（拉呱：山东方言常用，指闲谈聊天），从兴趣爱好到家长里短，时不时几个要好的小伙子互相打趣嘲讽，再加上大排档这种能够放松的环境，那感觉就是一群朋友相约宵夜的状态。

在这种场景下，气氛很轻松，再和你的关心与随和叠加在一起，大家自然会从心里真的认可你。同时，大家也清楚，你在这里是拿他们当朋友的，那么感情更深入，融入更深度，也就顺理成章了。

场景二：伙伴帮助你

你是一个团队的领导人，但你不是一个孤立的人，更不是超人，肯定有需要别人帮助的时候。公事也好，私事也罢，你都有可能收到来自团队伙伴的帮助。而当你的伙伴帮助了你的时候，不要觉得这是理所当然的，一定要表达你的谢意。如果是小事情，你就真诚地说声"谢谢"；如果是比较大的事，你可以找机会请对方吃饭，对方自然觉得你是个懂得感恩的人，下次还会帮你。

小金科长是T公司新招的一批年轻干部之一，家在外地，刚刚来到这个城市，在离公司稍远一些的小区租了一间房，每天早上赶公交去上班。

有一天，小金科长正往小区外走着，突然听到身后一辆车不停地按喇叭（温馨提示：在居民区开车请不要鸣笛，特别是有禁止鸣笛标识的区域），小金很奇怪地回头看，车窗里探出一个熟悉的面孔，原来是科室里的骨干老姚师傅，他也住在这个小区。老姚师傅让小金科长上车，载着他一起去上班。

从那天以后，老姚师傅就和小金科长约好，每天早上7点半在小区门口集合，一起去上班。就这么坐了半年多的顺风车，这半年里，两个人聊得不错，小金科长也是一直心怀感激，中间帮老姚师傅加了几次油，还请老姚师傅吃饭。而私下的这种交往，也让小金科长一个外地人，在科室里德高望重的老姚师傅的配合下，工作进行得非常顺利。

所以，真诚地去感恩每一个帮助过你的人，记住每一次伙伴对你的帮助，真诚地感谢和报答，你的路也会越走越宽。

场景三：共同克难题

如果工作中遇到了一些重点的攻坚项目，或者比较棘手的难题要解决，在你和团队伙伴们的共同努力之下，项目大获成功，难题顺利解决，那么无论公司有没有给你们团队项目奖，你都应该邀请参与的伙伴，办一次庆功宴，哪怕是自掏腰包也要办，正所谓"财散人聚"。

去哪吃和吃什么其实都不重要，重要的是你的态度，让大家顺利完成任务的满足感伴随着被你肯定的认同感，成为你们团队中能被大家珍藏的宝贵记忆，这种记忆也会在团队未来遇到类似难题时，激励大家像这次一样完美地解决。团队不断打胜仗的话，其凝聚力和士气也都自然会持续地提升。

实操要点：场合非正式，态度却要正式

虽然说上面几个场合是非正式的，但是你在请人吃饭这件事情上的态度必须非常正式，如何做到呢？这里给你几个实践操作中的细节要点。

细节一：明确传达邀约

首先，在去吃饭前，你一定要明确表示：今天我请客。要让对方能清晰接收到你邀请的态度。

在邀请时，最好明确说出请对方吃饭的理由，是犒劳还是致谢，还是其他什么原因，不要让对方误解你是无事献殷勤，或者感觉自己无功却受禄了。

邀请的时机也要注意，不要临下班再说，提前一些邀请，给自己和对方留一些准备和考虑的时间。

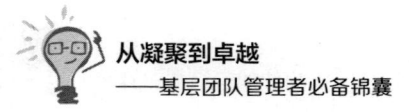

细节二：尊重对方意愿

"邀请"这个词我们拆开来看，就是邀约和请求，所以请对方吃饭时，你要清楚，这个邀请绝对不是命令。那你在邀请对方吃饭时，就应当充分尊重对方的意愿，询问一下对方是否方便，有没有其他安排，是否愿意接受你的邀请。

而在询问过后，如果对方爽快答应，那自然很好，但如果对方推脱的话，还要判断一下他是在跟你客气，还是确实有事。

如果仅仅是跟你客气，那不妨真诚点、热情点，再争取邀请一下，说说诸如你地方都订好了，难得有机会一起吃饭之类的话，或者表示对方提出的一些阻碍自己都能解决，那一通客气之后，大部分人都会接受你的邀请。

但假如你看出对方语气坚定，确实不方便，那也不要强求，尊重对方的选择，然后给下次邀约留下机会：

那好吧，今天这么不巧真是可惜啦！下周吧，等你下周处理完了家里的事，我再请你吃饭。

细节三：异性注意避嫌

"瓜"这个字，最近几年逐渐从原本表示植物，变成了事件或八卦内容的代名词。一些媒体和社交平台，频频爆出惊天大"瓜"。越来越多的年轻人，也以"吃瓜群众"自居。

职场里的"瓜"虽然没有名人的"瓜"影响力那么大，但是对当事人在小范围内的伤害也是非常大的。如果因为一些不太妥当的表现，被人捕风捉影，以讹传讹，那对当事人来说实在是太冤了。

所以在职场中，无论你是男性还是女性，在邀请团队中的异性吃饭时，要格外注意避嫌！

具体怎么避嫌呢？如果双方都有家有口，可以安排两个家庭一起聚餐；如果大家都是单身，男女人数最好都在两个以上。选择的地点不要太偏僻,最好是在女性同事的家附近,而且是一些人多敞亮的地方,这样在吃饭时和吃饭后,都会避免一些尴尬的情况。最后,异性同事一起吃饭的时候,尽量不要喝酒,即使小酌两口,也绝对不要喝醉,切记!

细节四:考虑对方返程

在邀请伙伴吃饭时,地点和时间的选择也要充分考虑大家回家返程是不是方便。地点要么离多数人的家近一些,要么就选在附近有公交站、地铁站,或者好打车的地方;时间安排上,也要赶在末班车之前结束。

否则跟你出来吃饭,吃完了没公交没地铁,打车又很贵的话,那可就是"吃饭聊天心欢喜,返程回家伤不起"了。从此之后大家会觉得跟你吃的不是饭,而是亏啊!

到这里,你已经充分了解了各种正式场合的避"坑"技巧、非正式场合的操作方法,不妨再思考一下,在这些技巧和方法背后,还需要什么?

其实,在这些技巧和方法背后需要的正是我们在序言中所说的重要前提——真诚待人胜技巧。只有你足够真诚的时候,你才会在每个场合充分站在对方的角度去考虑,让每次聚餐不至于变成伙伴们的负担。也只有足够真诚,你才能照顾到伙伴们的情绪,获得伙伴的认可和信任,从而真正融入团队当中。

锦囊三
从事实出发走心赞,动力十足满档干

作为团队的管理者,赞扬别人是你必须具备的基本功。在团队伙伴努力工作时,一句暖心的赞扬,会像春风一样让他心花怒放,感受到被你认可的欣慰,进而在工作时更加努力。

但赞扬别人并不是一件很容易的事情,反而是个有难度的技术活。在

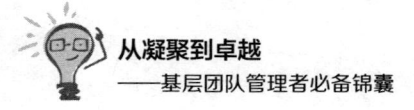

职场中有很多人工作多年,却还是不能正确地去赞扬别人。比如,下面几种进入常见误区的人,阅读后你可以回想一下,自己是否是这样的人,或者身边有没有这样的人。

赞扬的误区与案例

误区一:黑脸立威派

有些人总觉得自己作为领导,要树立权威的形象,所以对待伙伴非常吝惜自己的赞扬,总是一副高高在上、指指点点的态度。这种一直唱黑脸的管理者,当然是难以获得伙伴真心认可的。

H公司的质量部下有三个科室:质量管理科、内检科和外检科。从行政等级上来说,三个科室是平级,从职责分工上来说,质量管理科有管控其他两个科室、监督内外检工作的职责,所以质量管理科的邢科长和其他两个科室的员工都比较熟悉。

有一天,外检科的小唐愁云满面地走进质量管理科,找邢科长诉苦:"邢科啊,能不能把我调过来跟你干?外检科我实在是待不下去了,'彭大炮'简直是太欺负人了。"

都是同一个部门,科长之间也非常熟悉,邢科长知道隔壁的彭科长是出名的暴脾气,对待下属总是板着脸。于是他慢慢劝导并和小唐谈话,小唐也把长期以来憋在心里的委屈都说了出来。

"今天早上就因为我清理放检具的柜子,把里面的检具拿出来在办公桌上堆了一下,他就大发雷霆训我。擦柜子本来不是我的活,原本是好心好意想让工作环境更干净,咱公司5S[1]不也要求清洁和素养吗,而且我把检具放桌上的时候还专门在桌面上垫了块抹布,放的时候也轻拿轻放很小

---

[1] 5S:5S 现场管理法的简称,5S 即整理(Seiri)、整顿(Seiton)、清扫(Seiso)、清洁(Seiketsu)、素养(Shitsuke)五个单词日语罗马拼音的首字母缩写。——编者注

心，打算擦完就放回去。结果老彭一进门就吆喝，问我干什么，磕了碰了摔坏了怎么办，精度不准了怎么检件。"

邢科长本来想劝两句，说彭科长也是为了工作，方法不太合适，却拦不住小唐打开的话匣子：

"我在外检科工作也一年多了，邢科长你每次去我们那检查，有做得不到位的地方会给我们扣分、罚钱，我一点儿都不生你的气。因为有问题的时候你都会斯斯文文地、很耐心地给我们指出来，还告诉我们该怎么改，这种罚钱我们都没话说，都认，而且没问题的时候你还都会告诉我们干得不错，继续保持。你再看看那个'彭大炮'，一年多我就没见他对我笑过，没听他夸过我一句，动不动就吆喝，有时候发现问题去找他，还总是特别不耐烦，我是真不想跟他干了……"

故事讲到这里，你应该清楚地看到，员工不记恨经常罚自己的人，但是对整天板着个脸训斥自己、从来不夸自己的领导，却是无法忍受的。千万不要成为下属口中的"黑脸大炮"，这一点在管理团队上很重要。

误区二：演技浮夸派

管理者不能总板着脸，不去赞扬，但是在赞扬的时候，也不是随便夸的，千万不要从一个极端走到另一个极端。有些管理者，对下属是天天夸、时时夸，但夸来夸去总是那几句："真好！""太棒了！""你真厉害！""你真优秀！"

这些话一次两次可以，加上其他的话一起也可以，但来来回回就只有这几句，那就显得太不走心了。

一个喜剧类综艺选秀节目上，参赛选手自我介绍来自某省，这时候点评嘉宾D先生说了一句："哇，真棒！"旁边的导师G先生马上怼他："来自这个省就真棒了？你还去过其他地方吗？"

虽然两个人互怼是为了节目效果的插科打诨，给观众带来欢笑。但是这样的"真棒",真的没有技术含量。职场里要是这么不走心地赞扬"真棒、真好",一句"好在哪"就能让他哑口无言。但是,如果说这话的是一个团队的管理者,那下属往往还都不敢这么怼自己的领导,于是有大批的人意识不到自己的错误,反而自我感觉良好,觉得自己每天都满满的正能量。殊不知,他沉浸于自己世界的正能量,在下属眼中,是非常廉价和不走心的,下属对他的评价也更可能出现"虚伪""假"之类的描述。

误区三:独宠亲信派

还有一些管理者,也许会赞扬别人,也许不只是说"真好""真棒"这种无力的话语,而是基于事实有理有据地赞扬,但这些管理者总是抓着团队里的一两个人去赞扬。长期这样的话,那几个总被领导赞扬的人,可能被夸着夸着就"飘"了,慢慢变得摆不正位置,不知道自己是谁了。有很多职场中的"方仲永",都是因为被自己的领导不断赞扬而忘乎所以,落得个"三年光荣榜,五年被下岗"的下场。

即便有些员工始终对自己高标准、严要求,也很可能被其他同事打上"领导亲信"的标签,从而被疏远或在工作中遭到刁难。

小尹就是这样一个被自己领导亲手捧杀的例子。刚从大学毕业初入职场的小尹,对自己的职业生涯充满热情,在工作中好学肯干又追求完美。他从一件件小事开始,做得都非常漂亮,加上脑子很灵光,总是有一些别人想不到的点子,所以在同期入职的大学生中迅速脱颖而出,成了年轻人的标杆。

团队的领导很喜欢这个小伙子,于是经常因为他的优异表现,在整个团队面前夸他,像"优秀新员工"之类的荣誉,也都给了小尹。但在这种夸奖的背后,却有很多冰冷的目光在盯着他。

后来正值年底,公司新来了一位副总。新官上任三把火,这位副总一上任就把公司年底的员工评级流程进行了修改,在原先员工自我评价和直属领导评价的基础上，加入了20%的员工互评。这个评分是各个部门全员匿名参与的，并且在个人、领导和互评三个评分部分中，有任何一部分不合格，就直接失去年终评优的资格。没有人会傻到自己给自己评分不合格，而领导基本上也都会给合格的分数，除了下属特别差。所以大部分的不合格，都是来自员工互评这一部分。于是这一年，就在小尹还满心期待地憧憬着拿到优秀员工时，却被公布的结果打击得连年都没过好。

小尹的互评分，仅仅得到了35分，折算到总评分后相当于20%中只拿到了可怜的7%，一个大大的不合格，让他失去评优资格的同时，也让他发现自己在同事当中有多么不受欢迎。

这位副总修改评定标准的做法，以及那些给小尹打低分的同事的行为，我们有充分的理由去质疑和批评。但是换个角度想，一个人的能力再出众，也是有限的，职场里很多事情是要大家一起合作来完成的，如果一个团队中有这样不受人待见的成员存在，那无论他多优秀，对整个团队的发展也是一种阻碍。

小尹的经历，正是领导只夸他而造成的捧杀效果。在现实的职场当中，有时确实不能片面地评价一个行为的好与坏，好的行为如果过度了，也很可能造成坏的影响。

总被夸的人可能被孤立和排挤，而那些没被夸过的人，时间久了也会觉得自己在团队里存在感不足，仿佛无论做什么，无论做得多好，都换不来领导的赞扬，这些人和不夸他们的领导，关系自然也会变得非常疏远。

误区四：夸此损彼派

最后一种赞扬别人的误区，就是有些管理者每每夸奖一个人的时候，总是要拉上旁边的几个人来进行对比论证，说明自己夸得有道理。这种情况不仅在职场有，在我们很多人从小到大的人生经历中，都会经常遇到。

你可以回想一下自己多年前还是学生的时候，身边总会有几个非常优秀的"别人家的孩子"被父母和老师挂在嘴边，动辄别人的孩子学习比你好，别人的孩子才艺比你多，咱们一路走来都被"别人家的孩子"折磨得够呛。无奈在职场里，也总会有些管理者喜欢用"别的员工"来对比折磨自己的下属。

2016年的国际体验设计大会上，一位互联网大厂的高管因为PPT做得太丑而被全网吐槽，再加上演讲内容差、强行插广告等原因，现场差点被赶下台，后来直接被公司除名。

发生这件事的时候，我恰巧在朋友圈刷到了一篇秋叶团队针对这位先生PPT中出现的错误进行分析解读的文章。看完之后，我不禁感慨，原来PPT不该是我们之前做的那种满屏宋体字，排版参差不齐的样子。于是，我那段时间开始狂热地学习PPT设计和制作的技能，疯狂关注教PPT的公众号，购买如何做PPT的课程，囤积大量的PPT模板，再加上频繁的实践和练习，我的PPT制作水平在短期内大幅提高。

同一段时间里，公司刚刚引进在线学习平台，求知若渴的我那时也天天在学习平台上听课学习，学完之后也经常在工作中学以致用。

车间是制造业的核心输出单位，当时我任车间主任，在部门级和公司级的会议上，一般都有我汇报车间工作的环节。印象很深的是在一次会议上，我正好汇报了一个方案，方案里用到了我从学习平台上获得的模型方法，那个方案的PPT也做得很漂亮。

汇报完之后，老总问我方案里提到的几个方法是从哪来的，我如实回答，是从学习平台上学的。接下来老总说的话，让我到现在想起来也觉得非常尴尬。

"你们看看小许，啊，年纪比你们大多数人都小，但是学习能力你们谁比得过？给你们开的学习平台都看不看？为什么小许能从上面学了方法灵活用，你们这么久了却没见变化？再看看小许做的PPT，看看你们自己做的，人家天天在进步，你们一个个每天拉磨原地转……"

后来怎么样？我倒是没有像前一个故事里那位小尹一样受到排挤。重工制造业的人，大多数直来直往，没有太多的复杂心机，加上我平时和大家关系处得都不错，当时的同事对我也是关爱有加。所以会上的尴尬很快便消除，大家该干吗干吗，也没有什么大的负面影响。

不过那次之后，我的工作确实发生了一些变化。比如，当时的制造部下有三个车间，每次制造部要开展一些专项活动的时候，其他两个车间的主任就都等着我这边出了项目方案之后，再来找我"抄作业"。每次项目方案我也会给他们借鉴，之后还会结合他们车间的情况，帮他们审。除此之外，在那次会议之后，有几次老总要在一些接待客户和经销商的商会上讲话，他的讲稿和PPT，也都成了我的任务。

说实话，这些经历对我来说，是宝贵的财富和成长的机遇。承蒙领导和同事当年看得起我，才让我能快速提升，所以直到今天我都非常尊敬他们。而现在我能写出本书，和那时大量的学习与实践也有分不开的关系，所以每每回忆起当初，我都心存感恩和敬意。

但是当时在那次会议上我自己的尴尬，和被对比的同事们心里的郁闷，从另一个角度来说，仍是一个不太和谐的音符。

所以当你在夸某个人的时候，特别是在会议或一些公共场合夸某个人的时候，千万别顺便拿旁边的人做得不好的地方来对比，你自己不尴尬，尴尬的就是被表扬和被对比的人。总是这样的话，也会伤害团队伙伴和你的感情。

赞扬的基本原则

通过别人在赞扬这种行为上出现的种种问题，我们可以以人为镜去知其所失，避免自己犯下同样的错误。那赞扬有哪些可以遵循的基本原则

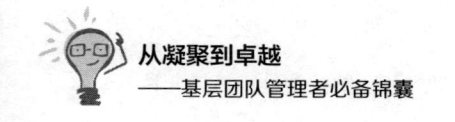

呢？记住下面的三个"要"，就能让你的赞扬行为恰如其分地自然出现。

第一：赞扬要及时出现

2002年诺贝尔经济学奖得主丹尼尔·卡尼曼（Danid Kahneman）先生提出一个著名的理论，叫作峰终定律。这个定律揭示的是，人们对一段经历的记忆和评价主要取决于两个关键时刻的体验，一个是高峰时的感受，无论是正向还是负向，都会被牢牢记住；另一个就是结束时的感受，可能过程很痛苦，但结束时如果感受很好，在之后留下的记忆中，想起这件事的时候，回忆还是很美好的。

这个定律被广泛运用在客户体验设计、企业管理、流程决策等方面，而你的赞扬也完全可以将峰终定律运用到其中。

当你的团队伙伴在执行一个比较大的任务或项目时，不要等到任务结束之后很久才论功行赏，关注整个过程，在他们取得每一次阶段性成果，攻克每一个难题，甚至在某些步骤展现出亮眼的表现时，及时赞扬，或者配合着任务的进程给予及时的鼓励，让大家在完成的过程中时刻保持高昂的斗志。

在整个任务漂亮地完成时，及时确认结果并马上给出赞扬，那整个过程的体验将被团队伙伴作为积极的回忆长期留存。

大项目要有节奏地赞扬，日常的工作表现也要及时赞扬。当你看到伙伴们优异的表现时，不要犹豫迟疑，及时给出鼓励和赞扬，甚至一些小事不用说话，点头、微笑、竖起大拇指，都会让对方第一时间感觉遇到了伯乐。

第二：赞扬要保有价值

古语有云"斗米养恩，石米养仇。"赞扬的及时性是必要的，但也不可以太过随意，让别人觉得这是理所当然的，是你欠他们的。所以你需要在一定程度上，让你的赞扬始终保有相对来说比较高的价值，不能变得像第二个误区中描述的那样廉价。

为赞扬保值的方法，从你自己的角度来说，别把赞扬看作例行公事，不要把那种"职业假笑"挂在你的脸上用于赞扬，而要训练自己每次赞扬都要真诚，要走心。你必须先让自己坚定信念，相信你的赞扬是非常有价值的才行。

这样做的结果，一方面，从自身出发会认同赞扬的价值，另一方面，我们知道走心是会比较累的，你可能拿不出那么多的心力去对鸡毛蒜皮的事情走心。所以在你真诚的赞扬中，所针对的事情往往也都是很有价值的。

再从被赞扬的伙伴的角度出发，也要让他们感受到你的赞扬不是随意的例行施舍，而是在他们表现得足够出色后，才有机会获得的，是需要争取才能得到的。

这样一来，伙伴们一方面会对获得你的赞扬保持一定的渴望，另一方面也不会把办成了一些小事拿出来吹嘘邀功。这些小事往往都是他们职责之内应该做的，做成也都属于基本操作，甚至只是合格的表现。你不去赞扬这些是非常合理的，能够在保持自己赞扬价值的同时，进一步帮助团队伙伴摆正位置，树立一种相对健康的职业心态。

第三：赞扬要"雨露均沾"

如果你觉得团队中除了你和个别人，大多数人都一般甚至很差劲，那首先你的这种心态就非常危险。我们生活的现实世界并没有救世主和超级英雄，也并非所有人都是天选之子，大多数人都是普普通通的。即便你非常优秀，你能够成为力挽狂澜的大英雄，但是请记住，在你成功的背后，不可或缺的是大批普通人的合作与支持。

有一本在职场流传了百余年的畅销书《致加西亚的信》，书中的主人公罗文历经千辛万苦，成功地把总统的信送到了加西亚将军的手中。这个故事也成为一个激励职场人敬业、忠诚、勤奋、为了目标不畏艰险的经典

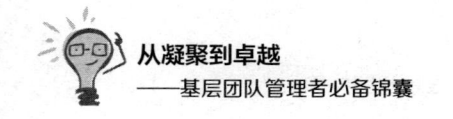

传说。

但是当我们解读这个故事时，除了敬佩被刻画为英雄化身的罗文，还应该从另一个角度，去看待他完成这项任务的旅程。在他的背后，有无数个幕后英雄支撑，从信任他的上校和总统，到掩护他的车夫和船长，从帮助他避开危险的向导格瓦西奥，到派人护送他的瑞奥将军，可以说罗文能成功送信，这些幕后英雄也功不可没。而他们当中有很多人连姓名都没有出现在故事里，只是历史滚滚洪流中那些普普通通的"小人物"而已，但正是这些小人物，通过一点一滴的贡献，支持罗文完成了任务。

所以请你先检视自己的内心，看看有没有一些个人英雄主义的思维偏差，让你对普通的伙伴有所看轻，忽略了他们对团队的贡献。有则改之，无则加勉。

接下来，就可以用欣赏和平和的心态，去发现团队中每个成员身上的闪光点。子曰："三人行，必有我师焉。"找到整个团队中每个人做得好的地方，在及时和有价值的前提下，让每个人都能感受到你的赞扬和欣赏，这将给你带来一个热情而和谐的团队！

赞扬的实操技巧

在赞扬别人的时候，要从真诚的内心出发，给到对方走心的赞扬。但是，很多人的真诚因为言辞的偏颇没有被传达出去，或者因为形式上的死板让对方逐渐麻木，所以这里给你两个在赞扬时的实操技巧，帮你把真心实意完美地展现给你要赞扬的对象。

基于事实行为的赞扬模型

不要先评价！赞扬别人时不要先评价！哪怕是正向的评价也不要第一句就说出来！

在赞扬别人的时候，这一点和很多人的常识恰恰相反。

先简要说明一下原因，很多人喜欢先积极地评价对方一番，再说出评价的理由，这样其实并没有太大的不妥，也没有什么实质性的伤害。但是一开口先是评价的话，往往会让你不自觉地把自己摆在一个相对比较高的位置，居高临下地给人下判断，这样其实不太便于你和伙伴们进行平等沟通，并且会给你养成先下评价的习惯。这在赞扬时看不太出来影响，但在批评时会让人不舒服并难以接受。

所以推荐给大家的赞扬模型，要从你观察到的事实展开，具体的公式：

事实➡影响➡欣赏或感谢

首先从陈述你所观察到的**事实**开始。

这个事实可以是对方具体的行为，也可以是对方绩效指标的达成情况，或者对方的衣着、办公桌的摆设等，它们的共同点就是都能够被人观察到，并且说起这些事实时，是没有任何主观态度的。

印度近代哲学家吉杜·克里希那穆提（Jiddu Krishnamurti）曾经说过："不带评判的观察，是人类智慧的最高形式。"而你在赞扬别人的时候，从事实出发，一方面可以让话题的引子更为客观，引起所有人的认同，另一方面也可以表达出你在工作中对大家的关注，你能看到这些具体的事实。

明确了事实之后，紧接着说明这些事实的积极**影响**。

可能他解决了某个问题，对项目进度的推进有巨大作用；也可能他给客户提供了额外的服务，对公司声誉有明显的提高；还有可能是他准备的预案避免了团队的损失和风险。

通过这样的因果关联，让大家明白这些事实的价值和积极的影响。

最后，再表达你的**欣赏或感谢**。

到了这一步，可以稍微主观一些，甚至再加一点判断的语气，都不会有问题。因为前面的客观陈述已经达到了理性的效果，现在正是展现你对

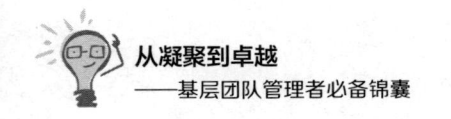

伙伴们的欣赏或感谢——这种感性态度的时候。

所以你可以说"我很欣赏""我很欣慰""我觉得你值得信赖""我觉得我可以信任你""非常感谢你能够这么认真工作"之类的话作为赞扬的结束语，具体的说法有很多，最关键的是要表达出你的欣赏和感谢。

在这个模型中，后两步相对简单，最难的其实是对事实的观察和陈述，很多人会把事实和观点混淆。其实从严谨的科学角度出发，人类描述的一切都是观点，并没有绝对的事实，只有在一定范围内适用的"有限事实"（这也是一个观点）。我们在职场中，一个相对常识性的范畴内，还是可以对事实和观点做出明显区分的。

接下来我们来做两个练习，帮你找到陈述职场中事实的感觉。

练习1.1：请区分以下描述是事实还是观点。

1. 许海星非常喜欢读书和学习。（　　）

2. 许海星2020年在学习平台上的学时记录是178小时。（　　）

3. 许海星非常遵守公司的5S要求。（　　）

4. 许海星每个工作日早上6点都会在班组擦拭机器。（　　）

5. 许海星对工作认真负责。（　　）

6. 许海星负责的工序检验合格率100%。（　　）

7. 许海星的操作非常熟练。（　　）

8. 许海星的操作和高级工一样熟练。（　　）

9. 许海星非常了解自己的团队。（　　）

10. 许海星能够准确说对团队每个成员的优点。（　　）

上面的10句话判断下来，你对事实和观点的差异有没有一点感觉？你应该发现了，在关于事实的描述中，更多的是数据、表现，而在关于观点的描述中，大多数是形容词的判断。

所以这10句话里，奇数序号的描述是观点，偶数序号的描述是事实，是吗?

其实在这些陈述里,最后4句话全部都是观点,因为它们都是对主观判断的陈述。

第8句的描述是需要经过两个事实标准的论证,才能推导出的结论。是否达到高级工的水平,要看高级工的水平标准是什么,以及许海星的操作表现才能判断。如果改成"许海星每小时可以生产53个合格的零部件,达到了高级工每小时50个合格零部件的标准",这样就是事实了。

而最后一句,"团队每个成员的优点",本身就是主观的判断,陈述的对象就不是客观事实,所以这句话也自然只是观点不是事实。

综上,我们可以得出一个结论:陈述事实的时候,首先要关注数据和行为表现,其次陈述的对象也要是客观的或有标准的。而如果陈述中出现了形容词或一些主观的态度,那大概率就是观点了。

很多时候事实和观点的边界并不清晰,有些话也很难分辨到底是事实还是观点。不过我们在职场中赞扬别人的时候,也不需要那么严格,只要做到有区分事实和观点的意识,尽量追求说出的话接近于事实就可以了。下面我们再进行一个练习,尝试着说出接近事实的话吧。

练习1.2:请将以下的观点改为事实描述。

1. 小刘和客户沟通很有一套。

___

2. 顾客们很喜欢吃张大厨做的菜。

___

3. 赵老师讲课非常精彩。

___

4. 陈师傅的工作特别注重细节。

___

5. 小郑这半年来进步非常大。
_____

6. 徐大姐对同事特别热心肠。
_____

这个练习并没有标准答案，你可以从多个方面来陈述事实。修改完成之后，体会一下事实和观点的不同，再去感受从事实出发的力量，然后加上影响和欣赏，去赞扬你团队的伙伴吧。

赞扬可选的多种方式

除了用语言来赞扬你的伙伴，你还可以用多种多样的方式，换着花样去赞扬。

比如，在对方擅长的领域设立一个奖项，给伙伴发一个特别的奖状，这个奖状不用很正式，还可以稍微带点调皮，既能活跃气氛，又能赞扬别人。你可以给从不出错的会计可以发个"金算盘奖"，给优秀的销售发个"客户亲人奖"，给品宣员工发个"黄金喇叭奖"，给后勤人员发个"扫地神僧奖"，等等。这些奖项不需要上升到公司的层面去申请审批，你只需要下载个奖状图片模板打印出来，然后写上对方的名字就能在团队里玩起来啦。不过需要提醒一下，奖项设置一定要正面积极，千万别弄巧成拙，起一些让员工反感的名字；同时这种玩法也不适合太频繁，一般一年半载玩一次，或者最多每个季度结束时玩一次就行。

你还可以用物质激励的形式来赞扬优秀的伙伴，这个物质不是发红包和奖金，而是自己准备一些小小的礼品，不用很贵，但要很贴心或很有趣。

分享我在管理车间时的一个具体案例。

有一天早上，我从家里拿了两个水果到公司，在车间开工之前的早会上，我先把这两个水果一手一个藏在身后。

早会按照流程进行，各种仪式和对今天的工作安排说明之后，接着我说起了车间里的一位装配员工,昨天的生产质量表现远超指标规定的情况。

在一段"事实→影响→欣赏或感谢"的话之后,我郑重其事地宣布:"为了表彰钟师傅在生产质量上的优异表现,经过许主任仔细研究之后,我决定,奖励钟师傅工'苹果16'!"

话音一落,整个车间的人都一脸懵地看着我,大家心里应该是暗自琢磨:这苹果手机(当时)才出到Iphone7,哪来的16啊?

停顿了一下,看着大家疑惑的表情,我狡黠地咧嘴一笑,从身后伸出两只手来。一只手里是个苹果(不是苹果手机,是真的苹果),另一只手里,赫然出现了一个大石榴。

我不慌不忙地逐一举起水果,然后说道:"苹果、石榴,这就是给钟师傅的奖励,请钟师傅上前领奖。"

接下来就是钟师傅来领奖时笑得合不拢嘴,整个场子当时也有一种"爆了"的感觉,一个早会的气氛就这么欢乐起来,而经过了早会这么一笑,当天整个车间的质量指标,也整体提升了一大截。这就是两个水果,一次小小的赞扬,撬动的巨大收益。

你作为管理者,在合适的场景下,遵循基本原则,走心地用各种形式来赞扬团队的伙伴,会让大家保持新鲜感和怀有更多的期待,自然也会更为接纳你,加快你的融入。

赞扬的另一面:批评

赞扬团队伙伴是一件很美好的事,更是一个具有极大能量的行为,但是仅仅学会赞扬远远不够。团队协作的过程不可能一帆风顺、一团和气,伙伴也不可能永远做得让你欣喜满意,总有人会犯错误,也总有人会达不到你的预期,这种情况下显然是不能赞扬的,相反,你也需要在带领团队的一些时刻,对团队伙伴进行批评。

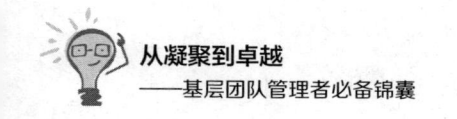

批评不仅像赞扬一样，是一个技术活，它更是一个需要小心谨慎的活，倘若批评的过程出了错，那造成的影响可比赞扬出错严重多了。所以下面的四个要点，在你批评团队伙伴的时候，需要格外注意。

要点一：批评的目的要明确

在批评前，我们首先要回答一个问题：批评到底是为了什么？

我相信你肯定不会给出诸如"批评是领导管理下属的必要手段""批评是因为事情没做好，火气要发泄"，或者"下属太差，恨铁不成钢"之类的主观答案，也基本上不会给出"批评是要让下属知道自己错了"，"批评是要让下属愧疚和害怕"这样的答案。但是，有些人在批评别人时表现出来的状态会让对方误以为是这样的，这种误解让别人难受，你自己也冤。

所以在这里我们还是要明确一下批评的真正目的。有时候批评是为了让对方不再犯同样的错误，下次做事的时候做正确，有时候批评是为了让对方更快成长和适应自己的角色。

你也许发现了，上面所说的批评的两个真正目的，究其根本是让对方在未来能比现在更好，是一种具有建设性的、以对方的正向发展为目的进行的行为。没错，确实如此，在教练技术中，甚至根本不提批评这个词，而是把这种行为称为"发展性反馈"。仔细琢磨一下这个词，发展是目的，反馈是手段，而反馈听起来，是不是相比训斥、批评这些词来说，更加平和与冷静？

所以我期待你在想批评下属前，首先告诉自己，我这次谈话是要帮助他发展，我要用平和的语气给他的行为提供反馈，这样就能大幅度降低你的怒气，也减小了你和对方矛盾冲突进一步升级的可能性。

要点二：批评的场合要注意

在一些职场课程中，我听到过这样一句话"表扬要公开，批评要私下"。个人认为这句话有一定的道理，在很多情况下也是很合适的。对团队伙伴的批评，如果都在公开场合进行的话，自然是不妥的。

但仔细分析各种实际情况，对于私下批评，应该换一个说法，我觉得更为妥当的策略：批评的范围不要升级扩大。

也就是说，如果你批评的是一个人，那就单独跟他聊；如果你批评的是一个小组或几个问题类似的人，那把这些人叫到一起聊；如果你批评的是整个团队，那团队集体开会。

但如果一个人犯了错，你在整个团队面前批评他；一批新员工进步慢，你在公司年会上敲打这一批人，类似这样的做法就非常不妥了。

不要觉得扩大范围是所谓的"杀鸡儆猴"，被恐惧支配的"猴子"，可能会很听话，但绝不会从心底信服（这里并没有任何不尊重别人、把伙伴当猴子的意思，仅是引用成语后继续用成语中的文字而已，请不要误会）。

也不要觉得在正式场合公开批评，是你直率的表现，或者觉得这样会引起对方的重视。其实这种直率反而是一种低情商、不顾他人感受的表现，而对方是否重视，不在于场合，而在于他自己的价值观和你对他的诚意，在这种场合可能对方更多体会到的是打击和丢脸。

所以，适合批评的场合，应该是一个你自己和被批评对象在一起的、相对封闭和独立的时空。

要点三：批评的模型要掌握

批评时的语言该怎么组织呢？和赞扬一样，要从你观察到的事实出发，再加上这个事实会造成的影响，最后只把赞扬模型中的欣赏或感谢换成期待对方做出的行为改变，就是一个非常有效的"发展性反馈模型"：

事实→影响→期待

比如，有人经常迟到，你不要说"你怎么天天迟到啊"之类的话，而要套用上面的模型这样说：

你这周有3天迟到了15分钟以上，迟到会让你赶不上早会，听不到工作

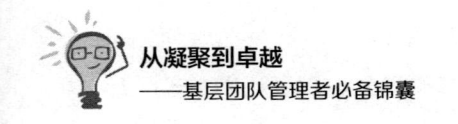

安排，你的班长还要单独给你交代工作，这会把班长和整个班组的工作节奏打乱、拖慢，所以我期待你能在以后赶在上班前5分钟来到公司。"

再举个例子，对被顾客投诉的专柜销售，你也不要说"你的服务态度太差了"，或者"你能不能对顾客热情一点"之类的话，套用模型可以这样说：

"我观察到你在和顾客交谈时，脸上没有笑容，这样可能会让顾客误以为你的态度不好，而上个月公司也接到了顾客因为态度问题对你的投诉，希望你能在以后给顾客服务的过程中，始终保持微笑。"

还有工作出错的文员，可以这样给他反馈：

"我从你给我的报告里看到了5个错别字，分别是……这不符合我们团队'一次把事做完美'的文化，在以后写报告的时候，希望你能用软件辅助纠错，再自己逐字检查，在给我之前改掉所有的错别字。"

相比一上来就带有评判甚至情绪的批评方法，这个发展性反馈模型最大的优点就是从事实出发，客观地说出对方出现的问题实情，这些既能够让对方更平静地接受，又能让对方在事实面前不能狡辩。而整段话里没有责备和训斥的语气，最后给出的期待也能让对方很清楚，你是在帮他变得更好。

要点四：批评之后要给指导

最后一个提示，就是在批评的时候，很多情况下你还需要再给出一些指导，可以直接在模型中最后的期待里把关于如何做出正确行为的指导一起说出来。

除了上班不迟到这种态度加常识的情况，在牵扯到业务的大多数时候，对方会犯错误，会做某些错事，可能是因为对这件事不熟悉，对业务不熟练，有些方法没有正确掌握而导致的。

你通过观察事实，基本上是能够找到团队伙伴需要学习和改进的地方的，这个时候你顺便把改进的方法和正确的做法教给他，那这次反馈才更符合发展性反馈的特点。

第一章
如何快速地和团队的伙伴们打成一片

🎒 本章要点回顾

三个能够帮助你加速融入团队的锦囊都给你了，你会怎么做呢？本书的宗旨是希望给你实实在在可以操作的实践方法和技巧，所以在每一章的最后，也都会留给你一个练习的要求。不妨明天上班时，观察一个平时默默无闻的伙伴，找出他做得好的行为事实，然后尝试着赞扬他吧。

最后，我们用表1.1来回顾一下本章的要点。

表1.1 第一章锦囊回顾

锦囊一：找精准时机一起干，同甘共苦金不换			
要避开的误区	自己本职工作没做好	他人的本职工作和成长任务	自己不懂的工作
适合的场景	临时工作	激增任务	超高难度挑战
实践聚焦	领导检查要布置；订单激增或提前；产品召回要返修；自然灾害需防范；机构变革带新人；难缠客户需帮助；团队转型需带领……		
锦囊二：非正式场合请吃饭，谈天说地气氛善			
正式场合避"坑"要点	公司年会：不要令人难堪 不要喧宾夺主 不要醉酒成疯	团建活动：不要过于频繁 不要大包大揽 不要变相加班	商务接待：不要"赶鸭子上架" 不要当场纠错 不要发号施令
要抓住的非正式场合	一起加过班	伙伴帮助你	共同克难题
态度正式的实操要点	明确传达邀约；尊重对方意愿；异性注意避嫌；考虑对方返程		
锦囊三：从事实出发走心赞，动力十足满档干			
要避开的误区	黑脸立威派	演技浮夸派	独宠亲信派	夸此损彼派
赞扬的原则	及时出现	保有价值	雨露均沾	
赞扬的实操技巧	基本模型：事实—影响—欣赏或感谢 形式多样：语言、奖项、物质等		
批评的注意事项	批评目的是发展；批评范围别扩大；事实影响和期待；批评同时给指导		

041

第二章

仪式感——提升团队士气的秘诀

作为管理者,你希望自己团队的士气水平如何?

相信大家一定都希望自己的团队能够保持高昂的士气,希望团队中的每个成员都能在工作中时刻保持积极主动的精神,都能从内心对团队有足够的认同感、归属感和满意感。

在战时,士气能够左右军队的战斗精神,是军队能否打胜仗的关键因素。而在今天的企业活动中,士气也是团队能否高效完成工作的必要条件。

从心理学的角度来说,士气的高低会影响人们在进行与意志相关的行为时潜在的精力、体力与能力的多少，也决定了每个人在团队行为中能付出努力的多少。

虽然士气并不是决定一个团队胜败的唯一因素，也不能直接决定团队的成就，但是高昂的士气绝对是一个团队超越现实、创造奇迹的必要条件。

2016年6月28日，韦恩·鲁尼（Wayne Rooney）和队友拥抱后，亲吻双手并指向天空，就在30秒前，他罚进一粒点球，帮助英格兰队在欧洲杯的1/8决赛中，开场仅仅5分钟就取得了领先的梦幻开局，这也让鲁尼在英格兰队的进球数达到了53个。

但是，这位英格兰队历史上进球最多的球员没有想到，这个进球是他和他的球队在2016年欧洲杯上的最后一个进球，也让他在英格兰队的进球总数最终停留在53这个数字上。

就在鲁尼踢进点球1分钟后，对手冰岛队就利用独特的"手榴弹"界外球战术扳平了比分。比赛进行到第18分钟，冰岛队再进一球将比分反超。

后面的比赛，双方互有攻守，但都没能改写比分。比赛第94分钟，随着德勒·阿里（Dele Ali）头球偏出立柱，裁判口中一短两长三声哨响，比分定格在2：1，英吉利海峡的水手败给了格陵兰海上的维京勇士。

鲁尼的队友跪地掩面而泣，在87分钟被换下的鲁尼甚至没有出现在比赛结束后的转播画面里，因为这一刻属于他们的对手——首次打入欧洲杯决赛圈就杀进八强的冰岛队！

冰岛队的大胡子队长冈纳尔森（Gunnarsson），带领他的队友和全队的工作人员站在场边，面对着从极寒的北地赶到尼斯海岸的家乡父老。场上场下的冰岛人高举双手，随着鼓点进行着那震人心魄的仪式——维京战吼。

在全场肃杀的呼喊中，"大胡子"那刚毅的脸上却挂着幸福的微笑，随着节奏加快，全场变成了冰岛人欢乐的海洋。

尽管在接下来的比赛中，冰岛队不敌东道主法国队，但其创造历史的

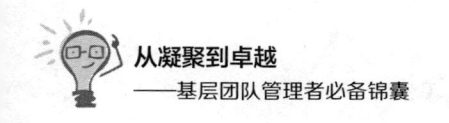

战绩，堪称这一年国际足坛最惊艳的表现。在英雄回国后，上万名冰岛球迷再度和球员相聚齐吼，欢迎英雄的归来。

作为一个1/8国土常年冰封，人口仅有33万人的北欧小国，冰岛队却能取得如此优异的历史性成绩，背后有很多的因素，从举国上下对足球的热爱，到科学的训练和选材机制，从球员的技术、教练的战术，到场地和裁判等。在这些因素背后，冰岛球员高昂的士气所激发出的斗志，也是支撑冰岛队员一路披荆斩棘创造奇迹的精神力量。

回到我们的团队当中，想拥有像冰岛队那样的士气，想让每个成员都保持高昂的斗志，该怎么做呢？

在管理心理学中，专家总结了很多会影响团队士气的因素，如对组织目标的认同、公平合理的报酬、团队成员的事业心、领导者的优秀程度、团队的和谐程度、信息沟通的顺畅程度、得当的奖励和良好的环境等。在这些纷繁复杂的影响因素中，有的我们无能为力，有的想要改变也需要花费一番力气。而相比这些因素，有一种方法能快速并且低成本地提高士气，答案就藏在维京战吼的背后——通过团队仪式，使成员在仪式感的熏陶下，提升士气。

在这一章，我将结合自己在曾经带过的团队中用仪式感提升士气的成功经验，从筹划、设计和执行三个阶段，给你一套应用仪式感提升士气的锦囊：

- 锦囊一　仪式价值须明晰，找准目标境界提
- 锦囊二　仪式要与目标配，避开误区莫踩雷
- 锦囊三　推动执行三步走，定准带头勤回首

通过这三个锦囊的实操，你将能够找到撬动团队士气的关键支点，用小小的仪式，打造一支士气高涨的团队。

锦囊一
仪式价值须明晰，找准目标境界提

要在团队里举行仪式，可不是一句话说举行就举行的，古往今来大军出征都要做到师出有名才能获得支持。仪式也是一样，你需要在举行仪式之前，明确做这件事的价值，并且找到期望通过仪式达成的目标，才能让仪式的推动更加顺利和有效。

仪式感的价值所在

好奇心是人类的天性，人们在做任何事之前，都会想知道为什么要做，到底要做什么。因此，仪式和仪式感是什么，又为什么要举行这些仪式，不仅仅是你自己需要明晰的，更是你需要传达给团队中每一个成员的。

所以这一节的内容，也同样是写给你和你团队每一位伙伴的，你可以把这些内容整理一下，在开始仪式之前，向你团队的伙伴们讲解清楚仪式和仪式感的基本概念及其价值，如此就能获得团队伙伴们的认可和初步的支持。

什么是仪式

"仪式"在《现代汉语词典》中的解释是"举行典礼的程序、形式"，比较简洁；而在百度百科中的解释是"指典礼的秩序形式，如升旗仪式等，在古代这个词也有取法、仪态或指测定历日的法式制度的意思"，又显得有些晦涩。

所以我们尝试从场景和行为的角度分析一下仪式，帮你和团队的伙伴们更好地理解仪式。

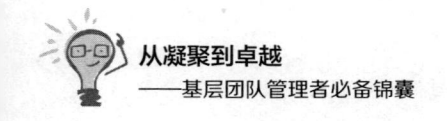

◆ 仪式出现的场景

在仪式出现的场景中，有一个非常重要的关键词——过渡。无论是一个人还是一群人，无论时间尺度是大是小，都会有一些状态或角色的变化，这个变化的过程所处的时间，就是所谓的过渡期，而仪式大多会出现在这些过渡期里。

在中国，最声势浩大的过渡期，就是我们喜闻乐见的过年了，过年有什么仪式呢？除夕夜里全家团圆、吃饺子、放鞭炮都是过年这个辞旧迎新的过渡期里，人们所举行的特定仪式活动。这个过渡期甚至可以前后延伸：过了腊八就是年，二十三糖瓜粘，二十四扫房子……还有初一拜年、初二回娘家、初五迎财神等各种各样的风俗习惯，都可以认为是过年的仪式行为。

除了过年，生活中还有非常多代表人生过渡的时期，伴随着特定的仪式。男士单膝跪地为女士送上戒指，这个求婚仪式如果成功，他们就从男女朋友的身份变成了未婚夫妻；接下来的结婚典礼，也是他们从未婚夫妻过渡到夫妻的仪式；还有成人礼，这个仪式对应的过渡是从未成年人到成年人的变化；甚至一个握手，都可以作为两个人从不认识对方到相互认识的过渡仪式。

回到职场当中，两家公司从意向阶段到合作阶段，往往要举行签约仪式；商家从筹备到开业的过渡，会伴随着剪彩的仪式。这些都是职场中比较重大的状态变化，相对来说仪式也很隆重。

再进一步缩小范围，在我们团队当中，每个成员的角色身份和状态，其实在一天内也会发生几次小的过渡变化。如上班时，团队里的成员就从一个"社会人""家庭人"的身份变成了"职场人"，下班又从"职场人"变了回去；中午的休息时间和上下午的出勤时间之间，也是经历了"工作状态"—"休息状态"—"工作状态"这样的状态切换。可见"过渡"很常见，但目前，可能你的团队中并没有这些过渡期对应的仪式，或者只有个别过渡期有仪式。无论是在稍后的内容中我们如何设计仪式，还是在你未来和团队的伙伴交代为什么要进行仪式时，这个身份状态的过渡，都是要考虑和讲解的要点。

◆ **仪式的行为特点**

仪式最显著的行为特点在于，它是一种正式而主动的行为。这种正式性和主动性，是相对于毫无作为地度过每一天而言的。

这些行为可能很隆重，也可能相对简单。像我们前面提到的过年、求婚和结婚典礼，都是非常隆重的；而点头、握手或一两句特别的话，其实也都可以认为是简单的仪式。只要是为了过渡期而做出的，只要是具有正式的态度去主动做出的，无论是复杂还是简单，都可以称为仪式。

明确这一点，可以帮助你在设计仪式时打开思路，同时能在推动仪式执行时，让你和你的伙伴们更主动地参与。

仪式的另一个行为特点是它的重复性，有在一定周期内重复的，有在固定范围内的人或人群中重复的，也有在比较大的范畴中，一个地域、一个民族甚至整个人类当中重复的。

过年、升旗之类的仪式，周期性重复就非常明显；而成人礼、婚礼这些仪式，每个人一辈子可能就一次，签约可能对双方来说只做一次，商家开业也可能只有一次，但这些仪式和古代君王的登基大典类似，在拉长时间尺度和扩大人群范围之后，也是具有重复性的。

正是这种重复性，才让仪式能够发挥作用，不是昙花一现的偶然现象，而是周而复始的习惯积淀。

回到团队中，我们团队成员每天小范围的角色状态变化，同样是周期性重复的。所以你在设计仪式的时候，要抓住重复循环的过渡时间，设计仪式的重复周期，才能让伙伴们接纳和习惯，并且让大家在不断重复的仪

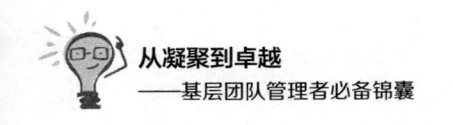

式中，做出正式而主动的行为，让仪式的作用从积累到质变飞跃。

什么是仪式感

在上一小节中，我们一直在聊的都是仪式的表象，什么时候出现、行为表现如何。在这些表象背后所蕴藏的情感，就是所谓的仪式感了。可以简单理解为，仪式感就是在人们进行仪式活动的过程中产生的特定情绪和感受。

在心理学的解释中，人们的情感是可以由所处的情境或遇到的事物唤起的；情感的强弱与唤起情感的情境，以及人对这种情境的主观态度有关；最终，情感是能够激发或影响人的动机的一大要素。

仪式感也符合上面对情感的描述，你可以想象一下从小就经历的升旗仪式，在齐唱国歌、看着国旗冉冉升起的过程中，是不是会产生对祖国的热爱和对革命先烈的缅怀崇敬？

而在军队里，仪式感的效果更为显著。更为严肃的升旗仪式、见面敬军礼、训练时喊口号等仪式，都是用仪式感来不断强化军人对祖国的热爱和对人民的忠诚。也只有这样的军队，才能保家卫国、打胜仗。

所以我们在团队中进行仪式的目的，就是要让团队里的每个人处在这个唤起仪式感的情境当中，让大家对过渡期后的"新角色"充满期待，从而激发他们正向的积极情感和动机。

仪式感的力量

讲了那么多专业的理论，能否更加直观地描述一下，仪式感的力量到底有多强呢？从之前提到的冰岛足球队的成绩就能看出效果，下面我再用一个更贴近生活的真实故事，让你近距离感受一下。

2002年的夏天，西安临潼的骊山半山腰上，依山而建的华清中学教学楼里，17岁的少年独自坐在教室最后一排坏掉的长凳上，手里拿着一摞试

第二章
仪式感——提升团队士气的秘诀

卷。少年的舌头在牙齿上左右打转，舌尖传来丝丝凉气和摩擦的微微痛感，眼中的景象，只有拿着试卷微微颤抖的右手、一边杵在水泥地板上的长凳和教室角落里的垃圾筐。

一小时前他在参加高二年级下学期的期末班会，班会上公布了期末考试的成绩和排名。全班78个同学，少年排名倒数第二。

虽然在省重点高中的重点班，但倒数第二的名次和成绩，比后面普通班的很多学生还要低。少年的脑海中出现了这两年自己在操场上奔驰的身影，以及在课堂上发呆的自己。虽然考完试就已经有了心理准备，但仍没有拦住酸楚的眼泪。两年时光被自己荒废，从春风得意的好苗子，变成如今的吊车尾，少年无颜面对父母，更不知道如何跟自己相处，就这么呆呆地坐着。

回到家后，父母已经准备好了少年爱吃的饭菜，而且似乎非常默契地都没有去询问成绩。"吃饱了，有点困，回屋睡会。"少年低声说了一句，就回到屋里关了门，侧卧在床的边缘，和墙上海报中的黄家驹互相对视。

暑假第二天，同学打电话到家里叫少年去踢球，他没有去，而是把高一和高二的所有课本都翻了出来……

从那天起，少年也开始给自己安排了一个小小的仪式。

每天起床洗漱之后，他都会看着卫生间镜子里那张和自己完全相同的脸，向对方连说三遍："你今天要努力学习，你可以的！"

就在接下来的一年中，少年偶尔还是会踢球，放学路上依然和同学有说有笑，和自己懵懂的青梅竹马打打闹闹。但和前两年不同的是，这一年少年大部分的日子都在早上5点起床，晚上12点睡觉。伴随着每天三句话的仪式，每天上学放学路上背单词，每月一瓶200克的纯黑咖啡，少年习惯了咖啡的苦味，也习惯了学习的节奏。

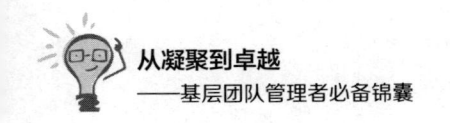

一年时间飞快过去。夜晚，沙发和折叠椅对着一部红色的电话。电话开了免提，发出21世纪初那非常僵硬的电子音。父子俩紧张地听完电话里的声音之后，互相看了一眼，嘴角都开始上扬，然后张大嘴巴边喊边笑边击掌庆祝，父亲滑稽地喊了一声："发财啦！"

2003年，非典肆虐的那年，少年在号称史上最难的高考当中，得到了570分的成绩，比当年陕西省高考理科一本线467分高出了100多分。这一年，他的成绩排名从全班倒数，进入了全校前10名，全区第33名，陕西省排名2000左右，打了一个漂亮的翻身仗。

当18年后，那个曾经的少年坐在电脑前，回顾那一年的变化，写下这段文字时，他除了感谢爸妈的关爱，对当年的自己，最要感谢的就是每天早上跟自己说的那句话。

"你今天要努力学习，你可以的！"

"你今天要努力学习，你可以的！"

"你今天要努力学习，你可以的！"

镜中人眼中的坚毅，给了少年充分的心理暗示，可以说是轻度"催眠"了少年，让他每天都能够用最认真的态度对待自己的学习。

故事中的少年，正是从一个特别简单的仪式中，获得了改变人生轨迹的巨大力量，所以他对仪式和仪式感的价值了然于胸，并且在日后的人生中，他也一直坚信着、推崇着仪式感。

没错，那个少年就是我。从我的故事中，你一定能够体会到仪式感的力量之巨大，我的仪式本身几乎没有成本，但是效果如此惊人，这样的投入产出比，你真的不妨一试！

描述你团队的士气现状

仪式感的力量如此之强,那么回到自己的团队里,该如何去应用呢?要用仪式感来提高团队士气,就有必要先了团队解士气的现状,所以我建议先暂时不要考虑设计什么仪式,而是从种种能反映当前士气的蛛丝马迹入手,评估团队目前的士气,找到你要解决的问题,才能确定你设计的仪式要达成的目标。

眼观六路看状态

寻找能够反映当前士气水平的迹象,首先需要你能够眼观六路,深入团队中去观察。观察大家在各个工作场景中的状态、表现,以及一些反映士气水平的现象。这种观察属于一个开放式的命题,不同的团队要观察的时间和对象也都会有所不同,但基本上你如果能做到有意识地去观察、主动地多去观察,就能找到一些线索。

接下来举几个例子,都是我在管理车间时观察到的能反映士气的"线索",你可以从这几个例子中,看到我观察的方法、观察的对象和观察的特征,然后,你就可以参考这些,去观察你的团队了。

在被大家称呼为许主任的那段日子里,我每天早上都要在车间门口给全车间的工人开晨会,开了一段时间之后,我就发现了一些不对劲的地方。

在我讲当天重点要求的时候,我是会和对面的工人进行眼神交流的,除了前排的几个人时不时给我报以微笑和点头表示收到,更多人都是略微低着头,眼观鼻、鼻观心,一副在"挨训"时才会出现的样子。我觉得自己说话时挺温柔的,平时也非常随和,为什么都这个状态?

后来又观察了一段时间,在我讲完之后,还会有车间的调度具体安排生产进度。在调度安排时,我围着方阵边走边看,发现了那些作"挨批"状低头的人里,有好几个闭着眼睛歪歪扭扭地站着,还有些人一边听着,

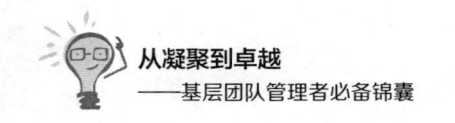

一边张嘴打着哈欠。于是我恍然大悟，原来低头开会不是因为我凶，而是因为他们困啊……

在我刚接手车间时，并没有去主动改变一些车间的习惯和安排。所以一段时间里大家还是照例在早会开完之后，就地解散。然后我就能见到一群人三三两两"散步"回到自己的班组。

回到班组以后，每个班长还会给大家仔细讲解班组里今天的安排，在班组会议上，工人们仍然站得歪七扭八。等到班组会议结束，就能看到一些人像电影里的慢放镜头那样，戴起手套，拿起抹布，缓缓擦拭着手边的柜子，像极了电影《疯狂动物城》里那只名叫闪电的树懒，直到生产线启动，大家才会慢慢加快速度。

不仅是晨会前后，车间中午开工前也有一个简短的午会。在中午大家吃完饭返回车间之后，一直到下午开会之前，很多工人会就地小憩片刻。所以每当下午集合开会的时候，很多人是刚刚结束了午休的美梦，半睡半醒张着嘴来开会。就这种状态放到生产线上，我是真的害怕他们干活时睡着了出事故。

还有在生产的过程中，我也经常会到生产线上去巡视，大多数时间，大部分人的工作还是非常认真的，但总感觉很多人的动作看起来比较慢。

每次在车间巡视的过程中，我也总能见到有极个别的人，一手拿着工具心不在焉地干，一手拿着手机看，凑近了发现有看小说的，有聊天的，还有玩一些能单手操作的挂机游戏的。

有时我会去到检验科或物管科（仓库）沟通一些事情，这两个地方也是能见到车间员工的高频区域，特别是一些班组长，瘫着坐在对方办公室里聊天。一问要么是去报检，要么是去领料。我不知道他们什么时候去的，但是我一进门，他们都会在3分钟内"办完业务"离开。就这么巧，每次他们前脚进门我后脚就到了吗？

第二章
仪式感——提升团队士气的秘诀

以上就是我所看到的反映当时车间士气的种种线索。生产工人的行为相对来说比较好观察，干不干活、干活时的状态可以轻易观察到。但是，如果你的团队成员大多从事脑力劳动，或者从事一些不像生产工人那样行为外显的工作，那么你可以从下面几个方面来观察大家：

- **大家平时到了公司以后聊什么。** 家长里短、明星八卦，还是与工作相关的事情。
- **工作时候的节奏是快还是慢。** 产出成果的速度和你预想的速度的差异，或者和你经验中正常速度的差异。
- **工作时有没有过多的其他行为。** 如刷手机、打电话、吃零食之类的，当然不同的公司有不同的文化，可能人性化的公司并不禁止这些，你要看的是这些行为有没有影响工作。
- **有没有人经常离开工位找不到。** 这一点要看工作性质和特点，还要确认离开工位是去沟通别的事，还是去阳台或厕所抽烟、打电话了。
- **遇到问题能否积极主动去解决。** 是第一时间甩锅说"这事不赖我"，还是能和你一起分析原因，尝试解决问题并预防再犯。

耳听八方听评价

作为团队的管理者，你有时候也会陷入当局者迷的局面中，所以经常听一听其他部门同事的评价，还有领导对你团队状态的评价反馈，也非常有必要，主动找你的和无意间被你听到的，都要关注。

当时很多公司领导，一大早都会在车间里转悠，研究一些要改进的问题。有一次让我印象非常深刻，我们开完了晨会，各班组回去开自己的小会时，一位领导正好在车间转。

过了一会在车间门口我俩相遇，他见到我的时候，就说："小许啊，你们车间现在精神面貌不行啊。班组开个会，好几个班长说话声音又小，说话还都没人听，一个个东张西望的。平常他们干个活也拖拖拉拉，我过

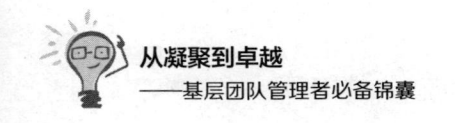

去在L公司的时候,那帮人干起活来都一路小跑追着生产线,你们现在生产线是走走停停,人也慢慢悠悠的。"

这位领导说完,我完全无力反驳。虽然那时我带车间时间不长,当时的情况并不是我造成的,但安排我过来管车间,我就有责任把车间带好。所以我感谢了那位领导,并且表示我会非常重视这个情况,想办法改变。(事实上后来我通过推行仪式在内的多种手段并用,也确实改变了这种情况。)

讲了这么多故事,你可能觉得我当时带的车间,大家伙总是一副漫不经心、昏昏欲睡的状态吧?但他们也有生龙活虎的时候,就是在去食堂吃饭的路上和下班的路上,而且这种状态更吓人。

有一次,我去一个外协厂出差,回到公司时正好赶在下班的时间,进了公司大门,迎面走来两位财务的小姐姐,还没等我跟她们打招呼,就听其中一位对另一位说:"快走快走!总装车间的一大波'僵尸'马上就要袭来了!"

话音刚落,就听见万马奔腾一样的脚步声从车间里传来,当时两个小姐姐那是花容失色,赶紧小跑两步冲到门口去打卡,留下我一个人看着奔涌而来、生龙活虎的兄弟们。想着两位口中那"一大波僵尸",我也同样找到了要改变的线索。

多去听别人的评价,特别是一些批评和负面的评价。听到时要保持一定的"钝感力",不要急着"护犊子",去和对方辩解,而是感谢对方对你团队的关心,给你指出方向。然后,你可以通过回忆并结合你自己的观察,思考对方说的是否正确,思考你能不能从听到的信息里,找到反映当前团队士气或精神面貌的线索,这也将是你多维度观察团队和描述士气现状的重要依据。

描述士气心有数

世界是复杂的，造成任何现象的原因也是纷繁的，我们并不能简单地把团队表现出来的状态单一归因给士气不高，或者粗暴地将士气低迷归因为没有合适的仪式。

在改善团队状态、提高团队士气的过程中，可能还要考虑诸如流程制度、薪酬体系、工作环境、软硬件配套情况等，我在后面的章节会提供与此相应的操作锦囊。就本章来说，我们先单独拎出来与仪式相关、士气相关的一个原因，把它作为突破口进行分析，来为后面更多的动作进行铺垫。

所以，在你眼观六路、耳听八方，找到了诸多反映当前士气状态的线索之后，就可以尝试将种种线索进行归纳和整合，找出其中的几个关键点描述下来了。这样做能让你更清晰地把握住关于士气现状的外显特点，从而在设计仪式时更加精准，并且在未来执行仪式一段时间以后，更方便去判断士气是否有所变化。

描述士气的时候，可以用我们在第一章中讲到过的关于观点和事实的概念，用"观点+事实"的方式组织语言，一个形容士气的观点，后面加一些看到和听到的事实，比如，之前那位领导跟我反馈车间员工状态时说的那段话，可以这样进行提炼和整合：

[观点]员工精神面貌差，士气不高。[事实1]班长说话声音小，工人东张西望。[事实2]工人干活时生产线走走停停，动作相比L公司的工人慢。

后面可以再加上我自己观察到的一些事实：

[观点]……[事实1]……[事实2]……[事实3]车间集会上闭眼打瞌睡。[事实4]工作时有人玩手机。[事实5]有人离开工位去其他办公室闲聊。

还有大家吃饭和下班时那种生龙活虎的状态，用"观点+事实"的语言可以这样描述：

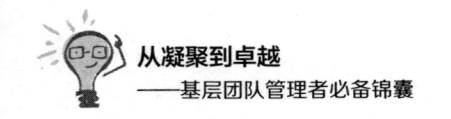

[观点]员工秩序性不强。[事实1]午间用餐时跑向食堂没有队列。[事实2]下班时跑出公司争抢打卡顺序。

在你的团队中，可能还有其他的方面，可以参考下面几个思路进行描述：

- **集体意识淡漠或归属感不强。**常表现为不听指挥、各自为政，或者做出有损团队利益和名誉的行为。
- **服务态度差。**如不按照规范礼仪服务客户、与客户交谈时不微笑、考核周期内被客户投诉次数超标等。
- **协作意识不足。**同事有些任务无法完成时，没有人伸出援手，或者任务负责人出现意外时，没人主动接替（这一条也很可能和你团队的业绩管理制度相关）。
- **责任感不强。**有时出现了问题大家纷纷甩锅，或者自己做出执行任务的动作以后就不管结果是否正常完成、后面的工作是否能继续开展了。

读完这一节前面的内容，是不是发现我的描述都是针对问题的比较负面的一些评价和描述呢？那么团队中好的一面要不要也观察和描述呢？

用同样的方法观察，用同样的句式描述，好的一面其实也可以说出来。但是说出来之后呢？

你的精力是有限的，你得估算一下同样精力在不同事情上的投入产出比。如果投入好的一面，你可能获得的是这一面的再度强化和提升，以及给大家的满足感和信心，这些当然也是有价值、有意义的。但如果把更多的精力投入找出问题和不足，然后去改善，大多数情况下，回报会更加明显。

在路易斯·卡夫曼（Louis Cauffman）的《不懂带人，你就自己干到死》一书中有个观点，作者提出："如果东西没有坏，那就不要去修补它。"关于这句话，我觉得有一定的道理，同意其中的一部分。

先说不太赞同的地方，就好比车没坏也要定期保养，其实很多时候看到隐患，即使没有坏，还是要有预防措施的，有些重要的东西虽然没坏，但是也要随时做好修补损坏的准备。不过除此之外，我所赞同的是这句话背后想要表达的意思，其实就是在说解决问题的回报会比优化正常状态更高，用一个并不是非常恰当的类比，雪中送炭好过锦上添花。

当然，这样描述负面的士气状态只是给你自己看的，从你嘴里讲出来被团队的伙伴们听到的话，大家很有可能觉得你是在抱怨，或是看不上自己。所以把这一节总结出来的东西，留在心里并且告诉自己，我的目的是改善现状，而不是怪罪大家。

确定你团队要提升士气的目标

现状有了，并且用非常外显的语言描述了事实，那么要通过仪式感去解决的问题、去改善的现象，也自然显而易见。

你只需要把描述团队士气现状的事实"反过来"说，就可以得到你的目标。像我的团队中，令人期待的士气状态就是"开会有精神、干活节奏快、吃饭和下班有秩序"，能做到这些，我们便不再是那"一大波僵尸"，而是一个训练有素、纪律严明的优秀团队了。

回到你的团队，该怎么描述不用多说了吧？行动统一听指挥、面对客户时刻微笑、同事有困难及时补位、出现问题主动担责并积极解决，等等。

有了这些明确的目标，你才能在设计和推动仪式的时候，真正让仪式发挥出最大作用，给你的团队带来更大的价值。

锦囊二
仪式要与目标配，避开误区莫踩雷

有了明确的目标，知道要用仪式感来改善哪些具体的现象之后，我们就可以进入仪式的设计阶段，选择针对你的团队改善目标的恰当仪式。可能你现在突然会觉得脑袋有点懵，不知如何把目标和具体的仪式联系起来。

在这一个锦囊里，我们就先从发散开始，然后进行筛选收敛，再避开误区，帮你找到合适的仪式。

发散：搜集仪式并描述意义

匹配仪式的第一步，先来发散一下，把自己能想到的各种仪式和它们对应的作用和意义写下来。

寻找常见的仪式

现在，请你准备一张纸和一支笔，或者打开电脑，进入Excel软件。读完这一段之后，先回想一下自己从小到大经历过的各种仪式，只要能想到的仪式，就把它们的名字写下来，先不用考虑这些仪式是否合适，写下来给你后面的筛选准备足够的目标和变通的备选项。

_____

_____

_____

怎么样，写下来多少你知道的仪式了？看看下面这些仪式里，有没有你写出来的：

- 升旗唱歌喊口号；

第二章
仪式感——提升团队士气的秘诀

- 挥手跺脚放鞭炮；
- 击掌握手和拥抱；
- 拱手弯腰与脱帽。

除了这些常见的仪式以外，如果你想继续寻找更多的仪式，那么可以在这段时间里，把家里的电视更多锁定在体育频道，从各种体育比赛中寻找灵感。

你可以关注在赛前、赛后举行的各种仪式，还有比赛过程中，运动员得分之后的庆祝仪式、失误之后的激励动作，都可以拿来作为你的仪式参考。

除了体育比赛之外，我们经历过的军训，还有公司组织过的一些拓展训练，当中也不乏可以参考的各种仪式。

发散完毕，找到你看到过、听说过的各种仪式之后，可以参考下面表2.1的格式，先梳理出一个备选仪式的清单。

表2.1 备选仪式清单

备选仪式清单	
序　号	仪　　式
1	军事化点名签到
2	升旗仪式
3	集体合唱
4	围圈/搭手打气
5	喊口号/问答口号 （类似阅兵时的"同志们好"/"同志们辛苦了"）
6	维京战吼
7	毛利战舞
8	列队握手加油
9	列队击掌道谢
10	微笑拥抱
11	左右拍肩

续表

备选仪式清单	
序　号	仪　式
12	互行拱手礼
13	彼此整理衣领帽带
14	集体赞扬先进
15	集体鼓励后进
16	大声重复三遍任务
17	颁发奖励/交接流动红旗
18	照片贴上荣誉墙
……	……

你可以写你知道的仪式，也可以参考上面清单里的这些仪式。总之，我们这一步要做的就是尽可能地发散。就像这样，把所有仪式通通写进这张表，能写多少写多少，即便暂时用不了，以后也能做参考。

描述仪式的意义

列举出大量的备选仪式之后，紧接着要做的事，就是赋予每个仪式对应的意义，或者能对你团队士气起到作用的方向。

接下来，进一步完善备选仪式清单，在仪式的右侧增加"意义"栏，把每个仪式的意义都继续写在备选仪式清单里，就像下面表2.2这样。

表2.2　备选仪式清单示范1

备选仪式清单		
序　号	仪　式	意　义
1	军事化点名签到	遵守秩序
2	升旗仪式	爱国主义、奉献精神
3	集体合唱	精神斗志、团队团结、文化认同
4	围圈/搭手打气	伙伴互信、合作精神、精神斗志
5	喊口号/问答口号	精神斗志、文化认同

续表

备选仪式清单		
序　号	仪　式	意　义
6	维京战吼	精神斗志、团队团结、文化认同
7	毛利战舞	精神斗志、团队团结、文化认同
8	列队握手加油	伙伴互信、积极鼓励、遵守秩序
9	列队击掌道谢	归属感、积极鼓励、遵守秩序
10	微笑拥抱	服务态度、合作意识、伙伴互信
11	左右拍肩	积极鼓励、归属认同
12	互行拱手礼	文明礼貌、服务态度、归属感
13	彼此整理衣领帽带	伙伴互信、合作精神、安全意识、服务形象
14	集体赞扬先进	积极鼓励、荣誉感、精神斗志
15	集体鼓励后进	积极鼓励、归属感、精神斗志
16	大声重复三遍任务	目标导向精神、责任感
17	颁发奖励/交接流动红旗	荣誉感、精神斗志
18	照片贴上荣誉墙	荣誉感、精神斗志

　　写完这些意义，你会发现每个仪式的意义可能有一个，也可能有多个，不同的仪式也可能会有相同的意义和效果，这些都是很正常的情况。

　　不要担心你写下的意义可能不太准确，或者是错的。只要有可以说得通的相关性，并且你能和伙伴们讲清楚你的观点和理由，即使和这个仪式最初或普遍的意义不同，也没问题。因为行为的意义本身就是人去赋予的，我们在团队中用这些仪式时，赋予它这个意义，只要大家都认可这个意义，那么它在我们这里就可以传达这个意义。

　　现在不要犹豫了，马上给你列出来的仪式写上对应的意义吧。

收敛：评估筛选确定仪式

　　发散收集到大量的备选仪式之后，你就可以从中筛选出最适合自己团队的仪式了。这个筛选过程有三步：首先要匹配目标，找到意义正好能够

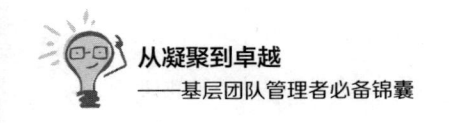

解决你团队问题的仪式；然后再从资源方面评估，保留可行的仪式；最后为这些仪式安排合适的时间。

筛选匹配目标的仪式

这一步非常简单。首先，描述团队现状的观点和对应的行为表现，事实上你都有了；然后，提升士气的目标也明确了；最后，每个仪式的意义同样都写出来了。现在只需要把现状与目标拿出来，和每个仪式的意义对比一下，能对得上的就保留，对不上的就划掉即可。

以我的车间为例，"开会有精神、干活节奏快、吃饭和下班有秩序"这些是目标，找出仪式清单意义里包括精神斗志、遵守秩序这两个关键意义的仪式就好。如果一些仪式还能附加其他的意义，那更是好上加好了。经过匹配，第一轮下来我可以保留的仪式就剩下如表2.3所示这么多了：

表2.3 备选仪式清单示例2

备选仪式清单（筛选后）		
序 号	仪 式	意 义
1	军事化点名签到	遵守秩序
3	集体合唱	精神斗志、团队团结、文化认同
4	围圈/搭手打气	伙伴互信、合作精神、精神斗志
5	喊口号/问答口号	精神斗志、文化认同
6	维京战吼	精神斗志、团队团结、文化认同
7	毛利战舞	精神斗志、团队团结、文化认同
8	列队握手加油	归属感、伙伴互信、积极鼓励、遵守秩序
9	列队击掌道谢	归属感、积极鼓励、遵守秩序
14	集体赞扬先进	积极鼓励、荣誉感、精神斗志
15	集体鼓励后进	积极鼓励、归属感、精神斗志
17	颁发奖励/交接流动红旗	荣誉感、精神斗志
18	照片贴上荣誉墙	荣誉感、精神斗志

第二章
仪式感——提升团队士气的秘诀

评估资源可行性

根据目标筛选出匹配的仪式之后，我们的漏斗继续缩小，再从资源的可行性方面进行筛选。

看看每个仪式举办时，要达成效果的最少或最多的人数是多少，如维京战吼这个仪式，如果你的团队只有三五个人，那是吼不出震撼效果的；还有举行仪式需要的场地和环境要求，如果你的团队深居写字楼中，只有园区里一个旗杆的话，那你想升国旗也很难；再就是必要的物资和道具有哪些，你是否能拿得到，这些都要考虑。

最终，通过全方位评估资源的可行性，你就能筛选出在你的团队中可以实现的仪式了。

评估可安排仪式的时间

团队仪式并不像自己对着镜子说话那么简单，也很难随时随地进行，所以最后你要给每个仪式安排合适的时间。在这一步里，需要找到你和大家能聚在一起的时间，或者团队中部分人能聚在一起的时间，同时这个时间还得是我们在仪式定义那一段里，提到过的"过渡"时期。

在我的车间里，我找到了下面这些符合要求的时间：

- 车间早会 —— 全车间人齐聚 —— 从社会人过渡到公司员工
- 班组早会 —— 各班组聚集 —— 从准备状态过渡到工作状态
- 午餐前 —— 全车间人齐聚 —— 从工作状态过渡到午休状态
- 下午开工前 —— 全车间人齐聚 —— 从午休状态过渡到工作状态
- 下班时 —— 全车间人齐聚 —— 从公司员工过渡到社会人

不同的时间，在不同的身份状态之间过渡，同时还有不同的目标，这需要的仪式意义也都是不一样的。所以在找出这些时间之后，你还需要进一步对每个时间所需要的对应仪式，进行更有针对性的目标意义匹配。

比如，开始工作前，大家需要的是精神斗志、团队意识、服务态度这些更能促进工作态度的仪式；而结束工作到休息，或者下班离开团队时，大家需要的是更侧重于归属感、认同感之类的了。

在我的车间里，还要加上遵守秩序这个目标，这个目标对应的最合适的时刻，就是之前出问题的吃饭和下班的时间。

考虑清楚了每段时间应该匹配哪些目标的仪式之后，就可以把这些仪式"塞进"对应的时间段了。在这个过程中，你还得考虑几个细节：

第一，要考虑仪式的时间长短，和对应的集会时间是否匹配，不要让仪式影响了正常的工作和过渡节奏；

第二，目前的仪式应该还比较多，会有一些在同一时间有相同效果的仪式可选，现在可以进一步筛选，只保留那个目标最匹配、效果最明显、成本最低的仪式就好；

第三，仪式的分布也得相对均匀一些。

把这些全都考虑清楚之后，为每个过渡期精准匹配的仪式，已经呼之欲出了，我们可以结合前面所有的信息，再简要描述一下每个仪式大致的流程，就可以得到一张相对完整的仪式日程表。

仍然以我的车间为例，整合前面所有内容得到如表2.4所示的仪式日程表（部分仪式下面的备注是供读者了解情况的注解，并不包含在实际的日程表当中）：

表2.4　总装车间仪式日程表

序号	仪式	简述	时间/周期	意义
1	军事化点名签到	各班长报告本班应到、实到人数，未到人员原因，以及公共区域值日人员姓名	每天四次：早会、午休前、下午上班前、下班前	遵守秩序
备注：这种点名方式提高了点名效率，之前点名方式是车间调度按照名单点名，没到的问班长原因，耗时很长。虽然公司有打卡机，但偶尔有人打卡进公司以后没出现在早会上				

第二章
仪式感——提升团队士气的秘诀

续表

	总装车间仪式日程表			
序号	仪式	简述	时间/周期	意义
2	维京战吼	一名鼓手按照节奏由慢到快地敲鼓,其他人高举双手随鼓点拍手,同时吼出"呼!"	每天早会点名之后	精神斗志 团队团结 文化认同
备注:当时车间没有大鼓,我们选择用大桶水的空桶和半截断掉的拖把杆来敲。你可以自行脑补一下画面,略显滑稽,但大家都沉浸在那个氛围里,吼得很投入				
3	集体赞扬先进	主任宣布昨日质量指标最优班组,其他所有员工齐声说赞扬口号	每天早会讲评完昨日质量指标数据后	积极鼓励 荣誉感 精神斗志
4	集体鼓励后进	主任宣布昨日质量指标最末班组,其他所有员工齐声说鼓励口号	每天早会讲评完昨日质量指标数据后	积极鼓励 归属感 精神斗志
备注:这两个仪式和车间的士气痛点关系较弱,但考虑的是车间提倡的重视质量的意识				
5	班组围圈加油打气	各班组成员围成一圈,高喊本班"班呼"	早会后班组小会前	伙伴互信 合作精神 精神斗志
备注:"班呼"是各个班组自己起的"艺名"加上班组自定的加油口号,这个仪式是各班组的仪式,所以定了形式之后,具体内容放权给各班组自行决定				
6	列队握手加油	每个班组一路纵队,逐一和相邻班组成员握手并互道"加油"	上午工作结束,午餐前	归属感 伙伴互信 积极鼓励 遵守秩序
备注:握手之后,由班长负责车间到食堂本班的一路纵队,班组与班组也是首尾相接地逐一带离方阵,自然能走出整个车间到食堂之间的一字长蛇阵				
7	问答口号	主任就质量和工作态度提问,员工统一回答,三问三答后主任致谢并说一起努力	午休结束下午上班前	精神斗志 文化认同 质量意识
备注:这是一个"承上启下"的仪式,三个问题的设计分别是上午有没有努力做、下午要不要更努力、如何更努力。既是对上午工作的自我肯定,又是对下午工作提更高要求				
8	列队击掌致谢	主任站在车间门口,各班组逐一纵队带离方阵,每个成员与主任击掌,并互道"辛苦啦"	下班离开车间时	归属感 积极鼓励 遵守秩序

065

续表

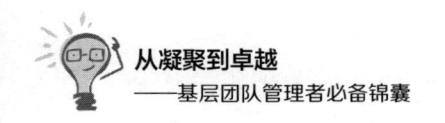

总装车间仪式日程表				
序 号	仪 式	简 述	时间/周期	意 义
备注：有些小兄弟特别"坏"，击掌时力气很大，每天我都会带着发红的手掌回到办公室。有时我并不急着走，而是从窗外看着那曾经的"一大波僵尸"，已经转身成为全公司员工举止的标杆了，我的脸上也会露出老母亲般欣慰的笑容				

如果你觉得这张表还欠缺点什么内容，也可以在右边继续添加列，写上需要增加的内容。大框架基本就是这样，有了这个日程表，你的第一次团队仪式设计工作，就可以告一段落了。

避坑：不建议选的仪式

在设计仪式的过程中，还隐藏着几个误区和陷阱。有的仪式看似热闹非凡，但实际上花里胡哨不一定适合你的团队，所以在设计仪式时，下面三个误区要注意避开。

误区一：不匹配目标，形式主义的仪式

在你设计自己团队的仪式时，要三思而后行，可千万别看哪个仪式热闹就选哪个。如果只是为了仪式而仪式，设计一些毫无目标意义的仪式。那不但不能帮你改善团队的现状，而且在浪费你和团队伙伴们宝贵的时间。

我之所以在锦囊一，也就是设计仪式的第一步，用那么长的篇幅来讲述怎么从各种蛛丝马迹中去寻找你的需求，确定仪式的目标，就是因为找准问题定好目标比仪式本身更重要。

误区二：滑稽搞怪，令人难以接受的仪式

有些仪式似乎能匹配到你的目标，但仪式的形式会显得特别滑稽，可能表现在动作上，也可能表现在语言上，那么这种仪式也不太推荐。

如果你的团队里有不少男士，那就别选一些需要翘臀顶胯的动作；也尽量不要为了蹭热点，去选一些搞笑的台词作为你团队的口号，如"抓鸭

子、抓几只""无情辣少，雷霆嘎巴""他来了，他来了"这些。

在你的团队里，并不一定每个人都能认可这些搞笑的"流行文化"，也不是所有人都能接受自己当众做出滑稽的行为。你要考虑到每个成员的感受，尊重每个人的观念，选择相对正式和严肃一些的仪式，即使效果不能火爆全场，也是人人都可以接受的。

误区三：难度过高，多数人无法完成的仪式

前手翻、后空翻、倒立……除非你的团队里都是体操运动员或舞蹈演员，否则，还是不要选择这些仪式。拓展训练里，像抬人钻电网、众人爬高墙这种仪式，也不要作为你团队的日常仪式，因为这些仪式难度对整个团队的大多数人来说是比较高的。

可能还有些仪式，就动作而言难度并不高，但仪式比较长，动作特别多，也很难完成。之前仪式列表举例中的毛利战舞就是这种情况，我观察了一下毛利战舞，其中用手拍的动作就包括了拍手肘、拍小臂、拍手腕、拍胸口、拍大腿，要有扬手、挥拳、胸前横拳头、叉腰等各种手臂动作，再结合上蹲马步、半跪、跺脚、碎步等各种步伐，还要念念有词、伸舌头加呼喊，没多少时间根本做不到全场整齐划一的完整仪式。

像这类仪式，你如果一定要用，那就只节选一小段再简化一下，让大家做一做倒是勉强可以，但千万别宣布"来，咱们接下来的半年一起学习完整的毛利战舞"。

明确了选择仪式的三个误区，你可以再打开自己的仪式日程表，逐个仪式检视一遍，如果没有踩雷的仪式，那就可以打开锦囊三，开始推动仪式的实施了。

锦囊三
推动执行三步走，定准带头勤回首

在《组织能力的杨三角：企业持续成功的秘诀》一书中，管理学大师杨国安先生有一个著名的企业成功公式：

企业成功=战略×组织能力

其中的组织能力正是"杨三角"的核心所在，它包含三大支柱：员工的能力（能不能干）、员工的思维模式（愿不愿意）、员工的治理方式（允不允许）。我们也可以简化理解为：能力、态度、环境。这三大支柱之间也会互相影响。

我们要用仪式去作用的，正是三大支柱中的态度，也就是员工愿不愿意好好工作。

虽然杨先生在理论中给出了三个方向的工具：自上而下、自外而内和自下而上，但很多组织在应用这些工具时，有一个顺序上的偏差。

我经常会听到一些企业或组织拍脑袋想出一些自己的"企业文化"，然后要求企业员工"保持思想高度统一"，接着就没有后续了。于是你会见到这些企业，不但思想没统一，而且行为很自由。

还有些企业时不时会安排一些老员工和大家追忆艰苦奋斗的岁月，或者安排模范员工分享自己的奋斗故事，甚至还会找来诸如"身心灵""成功学""宇宙能量"等所谓"大师"给员工做激励工作，但结果往往是现场心情激动，过后一动不动。刚才列举的这三种做法，前两种都是积极且有价值的，只是大多数企业在之后没有跟上相应的行为要求，所以效果不佳，而那些所谓的"大师"，我反正是不信的。

针对以上这些想改变态度但效果不佳的情况，主要原因是切入的目标层面和作用顺序有问题。我们中国有一句谚语："江山易改本性难移。"对应着的是心理学中经典的"冰山模型"，在水面之下的潜意识才是最难改变的。

所以这些企业和组织希望只通过发通知、贴标语、讲故事、讲道理、灌鸡汤之类的手段，就能直接改变员工的思想、思维模式和工作态度，实际上是选择了一个"地狱级难度"的开局，追求没有修炼的顿悟、没有量变的质变，再加上后面的促动手段跟不上，没有效果自然是可以预料的了。

如何降低这种开局难度呢？一个推荐的顺序就是首先统一行为，让员工在集体环境中通过不断重复的统一行动，逐渐养成习惯，再让这些习惯慢慢深入员工的潜意识，积累量变以求质变去拉动整个冰山，也就是成语潜移默化所蕴含的作用，军队中的各种仪式正体现了这种效果。

用统一的仪式营造仪式感带来改变，符合这个推荐的顺序。当你的仪式执行一个星期后，你会看到团队伙伴们能自觉坚持仪式；当你的仪式执行一个月后，你会看到团队伙伴们行为上的变化；当你的仪式执行三个月后，你会看到团队伙伴们脸上表情和气质的变化；当你的仪式坚持执行一年以上，你也许真的能从日常的点滴表现当中，体会到团队伙伴们态度的变化了。

但所有的这一切变化都基于你的仪式要去执行，而且是长期坚持执行这样一个前提。所以本章的第三个锦囊，就是给你一些在推动仪式执行的前、中、长期，更为具体和可操作的方法和技巧，帮你获得长效稳定并足以改变态度和士气的结果。

制定书面标准细则

先来到执行前的准备工作节点，想要让大家做出统一的行为，你就得先

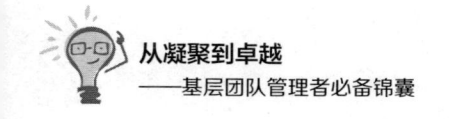

有统一的行为标准，并且确保这个标准在整个团队中被所有人清晰地知晓。

在这里你要做的具体工作，包括了对之前那个日程表中每一个仪式进行更为详细的标准描述；为了让伙伴们更有参与感和归属感，一些仪式也可以由大家共创确定标准；在标准制定之后，再准确地让每个人知道标准，学会正确执行。

写出仪式的标准要素

有了仪式日程表里的简述，这一步其实非常简单，详细描述每个仪式即可。你可以从人、时、地、器、法五个方面来描述。

- 人：一个仪式都需要谁来参与，每个人的角色和职责分别是什么；
- 时：各个仪式具体在什么时候举行，一起举行的仪式先后顺序是怎么样的；
- 地：仪式都要在哪些地方举行，场地范围多大；
- 器：仪式需要用到哪些物资和工具，这些物资工具放在哪里，如何获取；
- 法：仪式的流程是什么，每个人要做的具体动作是什么，仪式里统一和各自要说的话有哪些，等等。

针对每一个仪式，你都可以单独写一页纸的详细说明，这里再举两个我在车间里做过的仪式的案例供参考。

案例2.1

【仪式名称】维京战吼

【参与人员】车间全员。鼓手一人、主任面对方阵领吼、每班组一路纵队组成车间方阵、车间其他管理及后勤人员一路纵队

【仪式时间】每工作日车间早会点名后

【仪式地点】车间办公室门前空地

【仪式物资】"战鼓"一套（以大桶饮用水空桶与木棒代替）

【仪式流程】1.鼓手：左手持鼓，右手握鼓槌举过头顶，双臂斜向上；按照从慢到快的节奏击鼓，敲击节奏为：

慢敲2下，停5秒

慢敲2下，停4秒（循环2次）

中慢速敲2下，停3秒（循环2次）

中速敲2下，停2秒（循环2次）

中快敲2下，停1秒（循环2次）

（至此之前每次敲击完成后双臂打开回到初始状态）

快敲1下，停0.5秒

连续快敲，越敲越快，敲完无须回位

2.车间全员：双手高举过头顶，掌心相对斜向上；

鼓手敲完双臂回位，同时拍手并齐声吼出"呼！"

快敲阶段同步加速拍手和呼喊，直到现场"沸腾"

【备注】"沸腾"指节奏加快到全员节拍不统一，声音此起彼伏震耳欲聋。

案例2.2

【仪式名称】质量主题问答口号

【参与人员】车间全员。主任面对方阵提问、每班组一路纵队组成车间方阵、车间其他管理及后勤人员一路纵队

【仪式时间】每工作日车间午休结束点名后

【仪式地点】车间办公室门前空地

【仪式物资】无

【仪式流程】问答时全员跨立站姿

主任问：上午大家努力确保质量了吗？

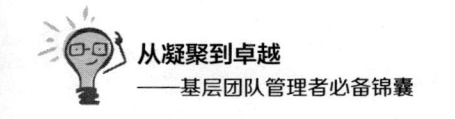

全员答：努力了！很努力！非常努力！

主任问：下午大家要怎么确保质量？

全员答：再努力！更努力！竭尽全力！

主任问：如何竭尽全力确保质量？

全员答：照章操作！件必检！活必查！精益求精！追求完美！

主任谢：感谢各位！相信各位！一起努力！

这两个仪式比较有代表性，维京战吼主要是动作，问答主要是语言。你的仪式可以参考这两个，也可以灵活地结合各种动作和语言，重要的是将仪式标准详细写下。这些具体的标准将是你的团队能统一规范地举行各项仪式的重要保障。

开放授权让伙伴参与制定

除了你自己看电视、查资料、因地制宜去制定标准之外，有些仪式的标准也可以授权给团队的伙伴去制定。

在刚才的两个例子中，质量主题问答的具体口号，正是我们车间的伙伴们一起确定的。我把重视质量的主题和问答的形式给大家明确之后，就开展了全车间的征稿活动，最终经过我的初筛和全员的投票，才定下这几句口号。自己想出来的口号、自己选出来的口号、自己喊出来的口号，对自己的暗示作用自然会更加强烈。

除此之外，每天早会讲评完昨日质量指标之后对头名班组进行赞扬，以及对最后一名班组进行鼓励，这两个仪式的具体话术也是通过车间全员投稿和筛选投票选出的。

还有各个班组的班呼，无论是班组的艺名还是班组的口号，我都全部交给各班组自己起自己定，于是每天早上，车间的各个角落都会传出一阵阵呼喊：

"战狼战狼！狼行天下！"

第二章
仪式感——提升团队士气的秘诀

"雄鹰雄鹰！鹰击长空！谁与争锋！嘿！"

"成功就在脚下，永远激情澎湃！"

"工作一步到位，减少铺张浪费，耶！"

"亮剑亮剑！亮剑在手，天下我有！加油！"

"追求完美！勇争第一！加油！"

甚至还有一些特别热血风格的，比如：

"传奇传奇！缔造传奇！耶！"

"战天战天！一手遮天！"

无论是像"雄鹰、战狼"这样热血的艺名，还是"一手遮天"这种夸张的口号，我在当时都没有做任何干涉，只要是班组自己讨论出来的，只要大家能在一起喊出来，那就是极好的。

所以在你的团队中，一些对话类的仪式、大家齐喊的口号都可以通过众创征稿的方式来确定，而如果团队里有更小的小团队，那这个小团队的仪式，你也完全可以就给个思路，剩下的全权交给他们自由发挥。

这里你需要记住，在制定仪式细则的时候，团队伙伴们参与越多，大家在执行时的认同感就会越强，也越能够充分投入进去。

依据标准培训和演练

标准制定好之后，你有几种不同的选择传递给大家，可以简单出个通知文稿告诉大家，也可以推送一些视频再口头说明。不过为了让推动仪式的过程也具有仪式感，我建议你做一次正式的培训，制作一份PPT然后把大家集中起来进行讲解，告诉团队每一个成员为什么要做这些仪式来培养仪式感；什么是仪式和仪式感，以及它们的价值；最后具体到团队里，你们要做哪些仪式和怎么做。

在锦囊一当中，你可能已经尝试着提炼了关于仪式、仪式感的定义和价值的PPT。而下面的表2.5则提供了一份相对完整的参考大纲，你可以再

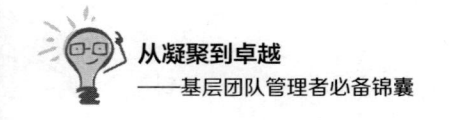

次对照，或者直接套用来制作你给团队培训仪式的PPT。

表2.5 仪式感培训PPT大纲

结构	页码	画面	讲解要点
封面	1	好看的封面模板+标题文字	开场问候并简单交代培训的主题
目录	2	目录模板+三大模块使用二级标题文字，如字数相同排版会更工整，同时如果能力允许，再让标题押韵会更好	说明培训的三大模块：为什么要举办仪式、仪式和仪式感的定义和价值都什么、我们的团队中如何举办仪式 如这份PPT页数较少，并且你在标题处就提到了要用仪式提升士气的目的，也可以不要目录页，直接进入"为什么要做"的内容
为什么要做	3	几张体育比赛加油鼓劲仪式的照片	让大家观看图片，问是否眼熟，从共识开始，以此与大家拉近距离 让大家感受一下图片中表现出的赛场上的氛围，讨论仪式的必要性和对运动员的鼓舞作用
	4	震撼的仪式视频（我用的是冰岛回国后在广场万人共吼的视频，你可以找和自己团队仪式最接近的，也是最震撼的仪式）	在前一页的铺垫之上，进一步给大家震撼的感觉，引发共鸣，让大家意识到仪式的力量； 再次渲染：在播放完仪式之后，一定要讲这个仪式背后的故事，如冰岛打进欧锦赛八强 氛围铺垫到位后，提出自己团队举行仪式的积极目的，即为什么要举行仪式
什么是仪式和仪式感	5	之前的体育比赛仪式照片，再加经典仪式的照片，如军队升旗和敬礼	快速讲解仪式的定义，关键词放在"过渡"上，回顾前面比赛照片，从候场到登场的过渡、从中场休息到下半场比赛的过渡等，再联系工作场景中各个身份角色的过渡； 讲解仪式感的定义，以及仪式感对过渡之后积极态度的价值，用军队的爱国和服从举例

第二章 仪式感——提升团队士气的秘诀

续表

仪式感培训PPT大纲			
结构	页码	画面	讲解要点
什么是仪式和仪式感	6	生活中频繁的仪式照片，如过年放炮、婚礼、握手、碰杯等	从效果显著的远处（军队），拉回到大家生活中常见的仪式，传达仪式就在我们身边的亲切感，同时表达仪式可以很简单 每个举例的仪式都要描述相应的仪式感效果和作用，如过年时，可以用一句"大过年的"化解大量矛盾，婚礼上表达的相爱相依的决心，握手能快速传达善意建立友谊、碰杯能增进感情表达尊敬等
	7	人对着镜子的图片或更聚焦并且能说明仪式感力量的图片	再度放大仪式感的力量，可以用熟知的例子，也可以讲一些仪式感改变人生的故事（像我的高三） 最后一定要回到团队，再次重申和强调，我们要举行仪式的正念和积极目的
做什么和如何做	8	仪式日程表 如果一页放不下可以按时间段拆分多页	在大家对仪式和仪式感有了共识，并且能够理解举办仪式的目的之后，聚焦到团队要做哪些仪式，按照日程表讲解仪式的时间地点安排，以及概括性信息
	9~N	每页一个仪式的详细说明	逐一详细讲解每个仪式的细则 可以授权众创的仪式现场说明，讲解形式和目的后，留下征集内容的时间与规则 如果条件允许也可以讲完一个就现场演练
封底	—	封底模板+致谢	感谢大家，说出自己对大家的期待

在你给团队伙伴做仪式培训的时候，还需要注意讲解措辞的积极性。之前你所观察到的各种问题和现象，就不要再多说了。那些问题说出来的话，听上去更像是在斥责和训话，很可能引起伙伴们的抵触情绪或辩解，甚至有人可能会当面指出你观察到的不对。

所以在培训时，你只要着重强调举行这些仪式是为了给大家打气加油，培养积极的态度就好。

这个培训的时间不要太长，前两部分讲概念和意义的时长最多半小时

075

就行。如果有伙伴有疑问需要你回答和解释的话，那在培训后，可以用锦囊一里的知识给对方解答。到第三部分如何执行的内容，如果时间比较充裕，你可以先在教室或会议室简单给大家讲讲安排、时间和流程，然后直接现场演练，或者带着大家去每个仪式的举行地点，进行实地演练。如果时间紧张、条件不允许，也可以单独再抽时间带着大家演练。仪式并不多，难度也都不高，所以半天时间，基本上够演练一两轮了。

当时车间正好赶上淡季没有什么生产任务，所以我在培训教室讲完之后，直接带队到车间门口，现场选拔出来三个身材高大、节奏感强并且自告奋勇的鼓手，带着大家进行维京战吼。后面几个仪式我们也逐一演练。演练接近尾声时正好到了饭点，各个班组按照演练的套路立刻应用，总装车间人员狂奔向食堂的身影瞬间了无踪迹。这种转变让一路的围观群众纷纷惊掉了下巴。

做完演练，并且保证每个人都能够正确完成每个仪式，那准备工作也就大功告成了，剩下的就是坚持执行和定期回顾调整了。

自己带头坚持执行

用行动改变习惯的开局方式，虽然难度比直接影响态度简单了许多，但相应的，起效时间会被拉长，几乎不会出现电影中那种主人公突然间大彻大悟的改变。

因此，坚持是改变能否发生的关键，而团队是否坚持得下去，你就是那颗定盘的星。你必须自己以身作则身先士卒，才能带领大家坚持下去。

根据仪式的范围和角色，给你三个不同情况下的执行建议。

统一的仪式全面参与

所有成员一起参加的仪式，除了生病、出差之类的特殊情况，只要你在，你就得全部参与。

"参与就参与吧，这有什么好说的呢？"没推行过仪式的人可能会提出这样的疑问。

但从我的实践经验里得出的结论是，有很多并不那么特殊，但是你可能会借故不去参加仪式的事情出现。

比如，时间一久你可能会倦怠，我还真就有那么几次直接让工段长或调度员去带着大家吼了，结果那几天自己都感觉状态不对劲，后来还是亲自带大家一起吼。

还有像身体不太舒服的时候，有些活就剩下一点儿收尾工作却到了仪式时间的时候，以及临到仪式前突然来电话了，等等。

这些事都可以作为你不去参加仪式的理由，但其实你仔细想想，真的就差那么几分钟吗？其实不差的，所以类似自己的倦怠和并非十万火急的情况，可以稍微放一放，先把仪式走完再去处理。

或者在你推动仪式的时候，在更大范围内广而告之，让经常会找你的领导、同事、客户都知道你们团队举行仪式的那几个时间段，这样相信大家也都会理解和支持你，并且遇到你即将参与仪式时，多数人也都可以稍微晚几分钟，等仪式结束再去找你。

不过要注意，让他们知道并不是直白地去说："喂，我们每天几点要搞仪式，你那段时间别给我打电话啊。"这么说像是给其他人下命令。你可以发朋友圈展示自己团队的仪式，或者在汇报仪式效果的时候顺便带上仪式的时间，又或者漏接电话后回拨时，跟对方解释一下刚才在和团队举行仪式没带手机，尽量自然而不刻意地让对方知道团员举行仪式的时间。

特殊的仪式扮好角色

在有些仪式里，你可能会扮演一些特定的角色，这些角色要做的动作和要说的话都跟大家不太一样。例如，维京战吼如果不选拔其他鼓手，可能我自己就要去敲鼓；问答口号的时候，我负责提问和感谢，伙伴们则进

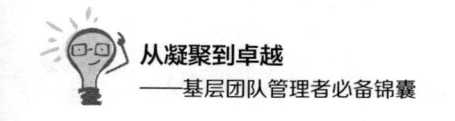

行回答和喊口号；还有下班的击掌，我要独自面对每个人去热情地招呼并与他们击掌。

在这些仪式中，你往往扮演的是一个"带节奏"的角色，那就得注意一定要扮演好这个角色，把节奏带对了。要是忘了动作、忘了该说的话，把节奏带到沟里去，那就会很尴尬。所以对这些仪式需要多加练习，做到能够下意识就做对所有的步骤。

另外，这些仪式也不能只有你一个人会"带节奏"，万一出现前面说的你生病了、出差了的情况，大家是做还是不做呢？所以你需要指定几个你不在时能够顶替你角色的人，可以是你的副手、团队里除了你之外职级最高的伙伴，或者团队里德高望重的老师傅。把你的特定角色要做的事情给他们交代清楚，让他们也练习掌握，以便在你有特殊情况时能及时有人补位。

小范围仪式多给鼓励

还有一些团队里小范围的仪式，可能你并不需要参与其中，像每个班组自己的打气仪式和班组之间的握手，这两个仪式都不需要我参与。

但是在伙伴们自己举行这些仪式的时候，你也不能事不关己高高挂起，要多去围观，看到大家的仪式之后给出赞许的笑容、掌声，或者竖起大拇指，这才是一个优秀的领头人——能在每时每刻都给到大家鼓舞的表现，同时这也是促使大家继续坚持下去的拉动力。

定期回顾检查调整

正所谓世事难料，虽然我们推动仪式的出发点是好的，但是你很难保证你所选择的仪式就一定合适，也不可能做到在一开始就计划得滴水不漏。所以在推动仪式的过程中，还要定期去回顾目标、检查效果，并对存在的问题和不足进行及时调整。这在长期的坚持中也非常必要。

持续观察行为，定期对标

仪式开始推动之时，也正是你对大家观察的第二阶段启动之日，时刻留心观察大家的行为和状态，看看通过举行仪式，有没有发生变化。

需要注意的是，仪式和仪式感对人的改变，是一个相对比较慢的过程。所以不要急着去下结论，而是保持耐心地持续观察，然后在这些仪式已经成为你团队的习惯之后再去判断。

初步做出判断的时间，建议至少在一个月左右，这个时间基本上能保证大多数人已经养成习惯，同时会有比较明显的改变。另外，这个时间也往往会暴露出一些瓶颈或问题。一开始在你的带领和要求下，以及来自上级的压力下，大家可能不会表现出太多的抵触，而且新鲜劲刚上来，多数人也会觉得有趣而参与。但一个月左右，压力会减小、监督会减弱、兴趣和新鲜感也会慢慢消退，这时如果仪式本身不具有足够强的力量，就会有一部分人失去最初的热情。

并且这时你所观察到的是大家这一段时间持续的改变，而不是某一次心血来潮表现优异或不如人意。所以在推行仪式一个月左右进行判断，不管是出现正面的改变还是负面的问题，你都能够得到一些有利于你进一步行动的结论。

判断的依据很简单，只要对照你在设计仪式之初，找到的团队各种问题的事实表现，看看行为上有没有积极的变化；以及对标你所期待的目标效果，看看有没有达成你想象中的优秀团队该有的士气水平即可。

以实例来说，在我的车间执行了一个月仪式之后，我观察到的变化如下：

在车间的早会上，除了战吼和鼓掌，其他时间我都要求全员跨立站姿。一个月后，不但早会上歪七扭八站立的情况消失了，而且最初跨立时个别人低着头和心情低沉的情况也没有了。我目光所及之处，大家都昂首

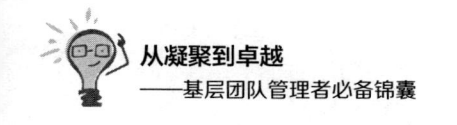

挺胸面带微笑。大家和我的眼神交流也越来越多，我甚至能在他们的眼中看到光，我所相信的那道光。

早会之后，大家不再是散步回班组，而是井然有序纵队带回。回到班组以后，也是每个班笔直的一排队列，保持跨立听班长安排工作。

之后车间的各个角落传来一浪高过一浪的呼喊，班组之间都在铆着劲比拼哪家班呼声音最响。

员工去生产线上的步伐似乎比之前都更快一些了。这个有一说一，没有具体测过速度，只是我的感觉，但我仍愿意相信改变已经发生。

中午吃饭的路上，从车间出去的队伍仍排列整齐，但有一两次我中午有事到食堂边的另一个车间去沟通，看到有些人在接近食堂时，又开始狂奔去食堂占座。这是团队成员还没做到位的地方，看到之后我就记下了，后续要指导成员改正。

午后集会，大家站姿都很规范，表情上也大多带着微笑，但偶尔会有几个刚睡醒的张张嘴，眼睛里有点血丝，这也是仪式还没完全起效的地方。

下班的路上还好，偶尔有几个插队的，但绝大多数人在下班后都能规规矩矩排队，甚至带动了其他部门的同事，一起加入我们的队伍。

有了这些观察到的变或不变、变好或变坏，你就有了一部分判断依据，但这还不够。

多方收集态度，评估效果

和在仪式前收集信息的方法一样，执行仪式过程中，除了自己的观察，同样要从多方面去收集信息，既包括领导的评价和来自其他部门同事的反馈。当然，也要去听自己团队伙伴们的反馈，他们是仪式最核心的执行者，自然也更有发言权。

在领导评价方面，你可能会听到领导的夸奖，也有可能会听到领导的意见和指导，这些都是很有价值的评价反馈，都需要予以足够的重视。但往往被人们忽略的，是领导没有说的话。假如在仪式之前，某位领导经常会批评你的团队，给你指出团队的各种问题，而执行了一段时间之后，这位领导的批评和指正变少了，甚至没有了，那你同样可以判断出，领导对你团队的评价是有所提升的。

而同事方面，在日常的闲聊中，或多或少你都会听到一些评价，或对你的团队伙伴们做过的事情的反馈。多留心听，找到对你来说有用的信息，你对团队改变的信息掌握得也会更全面。

一次早会之后，我在卫生间偶遇一个其他部门的同事，俩人并排"面壁"而站，他就对我说："你到哪个部门，哪个部门就立马风生水起，真厉害！"

听到这话我脸一红，连忙道谢，感谢兄弟看得起我，说他过奖啦。结果他接下来又一本正经地解释，真不是过奖，他在一楼待了一年多，过去这个车间啥样子他很清楚，我才接手多长时间，这些人就变得完全不一样了。

我和他没有上下级的关系，所以从立场上说，他也基本上没有恭维我的必要，而最后那段特别认真地解释，也让我觉得他确实没有在开玩笑。所以在简短的对话后，我再次表示了感谢，然后一身轻松地和他道别，走出了卫生间。这次对话说明了车间在其他部门同事眼中，有了明显的变化，我的仪式目的也算是在一定程度上达成了。

还有一次我路过物管科，正好看到一个班长手里拿了几个零件，侧背对着我。我听见仓库里的人喊他再坐会聊聊，结果这位班长回了一句班里急着用这些零件，然后就要走。他转头看到我，嘿嘿一笑打个招呼就回去了。

然后仓库里的小姑娘走出来，看着自己男朋友头也不回的背影，同时也发现了围观的我，就特别不好意思地说："唉，许主任，你看他这火急火燎的，我就是怕他干活太累想让他歇会。"我微笑着跟小姑娘说，再等

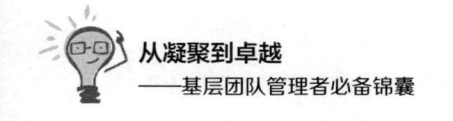

一会就到休息时间了，我到时候让他过来。

最后，你也需要多跟自己团队里的伙伴聊聊感受、听听想法。

你可以主动去找几个骨干员工，或者管理人员，问问他们对于仪式效果的看法，我当时就经常会去问工段长、班组长，看看他们眼中整个团队的变化。当然，在问的时候，千万别没有技术含量地直接去问对方觉得仪式效果好不好，善良的伙伴们往往不好意思直接批评你，所以你可以试着问问这些仪式里，哪个大家最喜欢、哪一步有人做不好、对哪些人的改变最大、还有哪些能改善的地方等。

如果有人直接向你反馈对仪式的看法——喜欢或厌恶，这样更加直接。我当年倒是没有遇到过这样的人，如果你遇到了，感谢对方，然后记录下来吧。

有时除了主动问和被动听，在一些其他事情上，你也能偶尔得到关于仪式效果的判断依据。

当时车间有一位姓孔的装配工师傅，为人很低调，工作也很认真。在工作了一段时间以后，突然隔壁的科室想调孔师傅过去。问了人力的同事才知道，孔师傅以前在某个中外合资的著名车企当过班长，后来因为离家远才到了我们公司，恰好隔壁科室的科长无意中听到这个情况了，就想趁我不备"挖墙脚"。

其实当时大家同事关系都不错，去对方科室对孔师傅来说也算是平调微升，是个好事，所以我还是把这件事告诉了他，想征求他自己的意见。

令我非常感动的是孔师傅特别明确地表示不愿意离开车间，虽然没有说出类似"车间里面个个都是人才，说话又好听，我很喜欢咱们车间"这种话，但交谈当中他真情实感地表达出对车间的认同感和在车间里工作的满足感，他觉得对方科室的科长才不会在每天下班时还跟他击掌说辛苦了呢。

所以最终孔师傅还是留在了车间，而且我观察了一段时间之后也很快让他做了副班长。不知道我离开这个公司之后他有没有再次晋升，但当时从他厚厚的眼镜片后，我能感受到被认同的幸福感。不过隔壁科室的科长后来开玩笑地抱怨说，想从我这儿调个人实在是太难了。这件事也说明仪式加强了团队伙伴的集体主义精神，提高了伙伴们在这个团队中真正的归属感。

经过多方面的信息收集之后，你将能够对仪式的效果进行相对全面的判断。一般来说，只要你用心去做，和伙伴们坦诚沟通，大多数时候举行仪式是会有比较明显的积极效果的，同时也会发现仪式中一定的不足和问题，这些都是你下一步改进仪式的参考依据。

不足与问题须及时调整

有了全面的判断，知道了仪式里哪些效果很好，哪些地方还不够，那就将效果好的保留强化，效果不好的及时调整。

仪式调整的思路和方法也非常符合常识。你可以：

- 增加新的仪式弥补不足；
- 取消或更换无效或效果不佳的仪式；
- 改变仪式的流程顺序去解决问题；
- 改变部分仪式执行者的角色分工。

在这四个基本的思路之下，根据你的团队情况和仪式的不同，你可以便宜行事、灵活调整，我在车间对仪式调整的例子也可以作为参考。

员工改不了在午餐路上狂奔，非常明显的原因是走到食堂的后半程我已经看不见了，所以可能缺少监督；而背后还有一个隐藏的原因，就是这个仪式在设计的时候，让方阵里各个班组从左到右依次带走，在后面的班组总是每天比较晚才能吃饭。

于是我稍做调整：每天让车间的工段长这些管理人员第一组带离，作为"龙头"带领"长龙"到食堂，他们本身就有一定的监督作用；再每天更改带离顺序，当时有分装段、总装段、试车段三个大工段，我就安排今

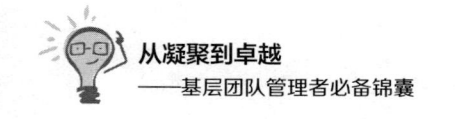

天从分装1班走，明天从总装4班走，后天从试车磨合班走，这样每次的先后顺序都不一样，大家也相对均匀地都能较早用餐（下班时的击掌也同步做了调整）；再要求各个班长一路上带好自己班组的队伍。三管齐下，狂奔的情况再也不见了。

中午休息之后，刚醒来时大家确实可能还有些困意，进入会议的状态会比较慢，于是中午开会前，我又加了一个小仪式——合唱《团结就是力量》。这首歌几乎人人都会，唱一遍也就一两分钟，不会耽误太多时间，正好用来做大家提神醒脑的闹钟。唱歌之后再开会，大家基本上就有精神了。

在改进员工去吃午餐的路上狂奔的案例中，我用了更改流程、改变角色分工的方法。而为了改变员工午休后开会的状态，我就是通过简单地增加仪式这一方式。你的团队可以如何调整，在做了一个月的仪式之后，相信你一定能找到自己的答案。

一个月的时间，只是第一次相对重点的对标和调整时间，在之后长期执行的过程中，同样要多加观察和及时调整。

最后，这个推动仪式执行的锦囊已经完全交到你手上了，里面的细节很多，技巧也不少，但这个锦囊里最为关键的是"坚持"二字。就像健身的过程，你不坚持几个月，根本看不到效果。

所以如果你打算开始行动，那么请先提醒自己无论遇到什么挫折，无论见效有多慢，都要坚持下去，把团队仪式看作你自己的仪式来执行吧！

第二章
仪式感——提升团队士气的秘诀

🎒 本章要点回顾

这一章的三个锦囊在实践时需要串联推进，从观察到思考再到设计和实施，所以相应的实践要求也是一个大作业：从下周开始眼观六路、耳听八方，去收集团队士气现状的蛛丝马迹，然后在一个月内举行你的团队的第一次仪式，并且坚持执行下去吧。

在实践时如果你需要快速查找要点，下面的表2.6能够帮到你。

表2.6　第二章锦囊回顾

	锦囊一：仪式价值须明晰，找准目标境界提		
仪式感的价值所在	仪式的概念： 场景关键词是过渡 行为多主动且重复	仪式感的概念： 仪式背后的情感 激发动机是作用	仪式感的力量： 小投入撬动大回报
	概念厘清，处变不惊。向伙伴传达重点，解答疑惑		
描述你的团队的士气现状	眼观六路看状态： 聊些什么话 节奏快或慢 过多其他事 在不在岗位 对问题态度	耳听八方听评价： 领导反馈 同事评价	描述士气心有数： 观点描述状态 事实具象说明 关注不足问题
确定你的团队要提升的士气目标	士气现状"反过来"，就是追求的目标		
	锦囊二：仪式要与目标配，避开误区莫踩雷		
发散： 搜集仪式并描述意义	寻找常见的仪式： 升旗唱歌喊口号 挥手跺脚放鞭炮 击掌握手和拥抱 拱手弯腰与脱帽 中央五套看比赛 军训拓展找灵感	描述仪式的意义： 仪式都会有意义 可能一个可能多 意义重复属正常 别怕写错你来定	

085

续表

锦囊二：仪式要与目标配，避开误区莫踩雷			
收敛： 评估筛选确定仪式	留匹配目标的仪式	评估资源可行性： 人数够不够 场地有没有 需要啥道具 获取难不难	评估安排仪式时间 寻找关键过渡期 三个细节要考虑： 时间长度需匹配 数量合理删重复 尽量均匀去分布
避坑： 不建议选择的仪式	不匹配目标，形式主义的仪式	滑稽搞怪，令人难以接受的仪式	难度过高，多数人无法完成的仪式

锦囊三：推动执行三步走，定准带头勤回首（重在行动贵在坚持）			
制定书面标准细则	写出仪式标准要素 人——参与人员 时——仪式时间 地——仪式地点 器——仪式物资 法——仪式流程	开放授权伙伴定标， 常见于口号或小范围仪式； 给出目标形式，内容大家发挥	依据标准培训演练 PPT更为正式 内容共三部分 为何是何如何 讲完记得演练
自己带头坚持执行	统一仪式，全面参与： 别因倦怠不去 有事稍缓无碍	特殊仪式，扮好角色： 自己带对节奏 安排助手补位	小范围仪式给鼓励： 多围观微笑 常鼓掌点赞
定期回顾检查调整	观察行为一个月对标	多方听取评价信息	不足问题及时调整： 增加仪式补不足 取消更换避无效 改序换角解问题
	一个月之后仍要长期观察，及时调整		

法治规范篇

　　如果你能够遵循我们最初提出的基础前提，信任团队里好人居多，并且秉承真诚待人的态度，你就可以结合人心齐聚篇中的技巧，快速融入团队并将团队的士气水平提升到一个高点。

　　这时你已经有了一支能够凝心聚力去战斗的团队了，但仅仅人心齐聚并不够，我们管理团队的目的也绝不仅是让团队伙伴空有一腔热血。更重要的是，需要用规范的法治思想将这一腔热血"长效加热"。

　　自商鞅立木为信，历经两次变法，秦国成为战国时期的一方霸主。而后即便商鞅身殒道消，秦国却依然奉行商法，这也是百余年后，嬴政能够横扫八荒一统六合，建立大秦王朝的重要基础。

　　还记得电视剧《芈月传》第70集中，大秦宣太后那段经典的演讲吗？其中对旧族的批判、对新法的推崇、对将士的承诺，无不传达出这样一个信息——公平公正的律例才能让众军将士活有所期、战有所望。

　　我们要把团队的凝聚力和热情，引导到能够创造组织所期待的价值的方向上去。因此，为了保证引导的方向正确、持续有效，就必须有一套对团队成员而言相对公平合理，能够让团队里每个人像秦军战士那样有所期盼的"律法"，这样才能让你的团队保有更为长久的战意与战力。

然而，除非你的团队就是整个公司，你可能很难像商鞅那样得到大老板的信任与支持，也很难像宣太后那般位高权重。那该如何在自己的能力范围内，去发挥更大的能动性，在团队中推动法治和规范呢？

本篇将给你正反两个方向的参考思路：正向的思路帮你通过制度，让大家把正确的事情做正确；反向的思路是在你遇到影响团队的冲突和问题时，通过更高维度的视角把这些冲突和问题正确地处理掉。

第三章

围绕价值定制度，团队超额完成目标

任何团队在所属的组织中都不是毫无意义地存在的，每个团队都会有自己的指标。但是你作为团队的管理者，有没有感觉到，有些时候尽管你和团队成员一直在努力，但团队的指标完成起来还是很费力？这很可能是因为制度不够给力。

从公司的角度出发去考虑，经营和管理方面的制度，往往是从宏观全局的层面设计的。经营方面的制度往往更加关注最终的结果，以及过程中最为核心的控制点；而管理方面，特别是人力资源相关的制度，也基本都是按照人才大类和岗位职级进行划分，然后统一规定。

所以到了你自己这个小团队的层面，公司的整体制度一方面可能无法

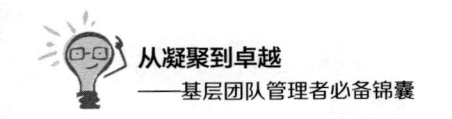

事无巨细地去继续拆分细节,把你团队中特有的一些细节要点照顾周全;另一方面,也不会特别针对你的团队成员,设计详细的考核激励机制。

所以,在这种情况下,如果你想提升你的团队战斗力,更加顺利地完成业绩指标,就需要有针对自己团队的制度规范,而且是有助于团队完成业绩指标的制度。

基于这样的背景和思路,本章的三个锦囊如下:

- 锦囊一　锚定价值拆指标,挂钩收入更聚焦
- 锦囊二　权限之内定制度,变通众创根基固
- 锦囊三　制度不是风景线,以身作则推实现

这三个锦囊逐步递进,能够帮助你围绕团队真正能达成绩效的价值,来重塑团队的制度,让你的团队在一个良好的环境下,超额完成目标。

锦囊一
锚定价值拆指标,挂钩收入更聚焦

在给你的团队"立法"之前,我们必须搞清楚其中的意义,那就是为什么要立法,立法之后期待达成的效果是什么,再就是从立法到达成效果之间,是以什么样的路径和逻辑起效的。

1982年,一位刚刚从武汉钢铁学院(现武汉科技大学)冶金系毕业的大学生,被分配到了一家国有企业——河南舞阳钢铁厂,简称舞钢。

他从热处理车间的技术员做起,仅仅一年时间就升职到了车间主任,并且在车间主任的岗位上工作了7年之久。在这7年的车间主任生涯中,他屡立奇功,获奖无数,更是把热处理车间打造成了舞钢最有活力的车间。

讲到这,或许你已经猜到了这个大学生是谁,他就是缔造恒大集团的

第三章
围绕价值定制度，团队超额完成目标

许家印先生。

在许家印的舞钢岁月中，流传最广的轶事，就是他在上班的第二个月制定的《生产管理300条》，当你在网络上看到关于许家印的人物小传时，几乎所有或长或短的文章里，都会提及《生产管理300条》和其中那条独特、严苛又有趣的"150度考核法"了。这个考核法中规定，当值班人员身体打开的幅度超过150度，就定性为上班睡觉，要接受罚款。

可能现在我们很难理解，为什么会出现这样奇怪的考核标准，但将时间倒推40年左右，看看当时的人与团队的情况：一边是雄心壮志的天之骄子，另一边是沉疴宿疾百弊丛生的老国企，想要谋求发展，就需要有所变革。而这种变革，最好的切入点就是从实际工作中找到问题，并用制度来解决问题。这种即便在日后的恒大集团，都遵循的"依靠制度来管人，制度最终都落实到利益上"的管理模式，正是在当年的特定历史环境下，以《生产管理300条》为起点而开始的。

而那一条"150度考核法"，也是针对着当时24小时轮班生产的节奏中，由于很多工人值夜班时打盹睡觉，存在极大的安全隐患，容易造成事故这个问题而制定的。在这个考核法的作用下，值班睡觉情况明显减少，而整个车间也在许家印的管理之下成为舞钢的明星车间，后期来此观摩学习的单位络绎不绝。

从许家印在舞钢及日后在恒大制定的制度中，我们尝试着去总结优秀制度所应该具备的特征。首先，一个制度最终的价值，是应该与其所作用的团队价值一致的，也就是这个制度要能为团队实现价值做出正面的贡献；其次，为了贡献价值，制度需要针对着影响团队价值的指标进行作用；第三，制度对指标的作用机理，最直接有效的办法就是找到影响指标的行为，把行为和行为人的利益挂钩。

以"150度考核法"为例，它所针对的指标正是所有企业都有的，在生

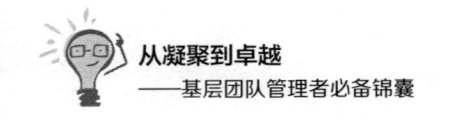

产型企业中尤为重要的安全指标。而安全指标的价值,从经济层面关系到企业的危机成本,从员工层面则是每个员工人身健康权益的重要保障。而许家印的制度,正是通过对违规行为的经济处罚来起效,从而提高安全指标的。

在你的团队中,也同样要让制度符合前文关于价值推论的逻辑,因此我们的第一个锦囊,会教你如何描述自己团队的核心价值,然后从价值中拆分出影响它的关键指标,再将指标、行为和员工收入挂钩,从而构建出制度的框架思路。

描述团队核心价值

如果我们想要让制度能够准确锚定团队的价值,那么首先要做的,一定是厘清团队的价值所在,即团队在所属的企业或组织中起到什么作用。

现在请先暂停你的阅读,尝试着在脑海中总结一段精炼的话,来描述你自己团队的价值,这样做将有助于你接下来的阅读和对照。

_____

_____

_____

好了,你是否已经思考完成,对你的团队价值有一个概括性的描述了?那么接下来的内容,我们一起来将其与你的描述对比一下吧。

一个公式描述团队的价值

这里给你一个经过整合与提炼的价值描述公式:ICCBD。为了方便记忆,你可以拆分一下这几个字母,一张IC电话卡,在中央商务区(CBD),是不是很好记?

这五个字母,各自代表了一个英文单词,每个单词对应着团队价值中的一个要素,我们一起拆解一下:

第三章
围绕价值定制度，团队超额完成目标

◆ I：英文单词也同样是I，也就是第一人称代词"我"。

"我"在这个公式里代表我的团队，其实严格来说也许用"My"或是"We"更为恰当，但一方面为了增强你对团队价值的主人翁意识，另一方面为了方便记忆这个公式，我们就用"I"来代表。

这里的要素就是对你的团队的主体描述，是整段价值描述中贡献价值的能动主体，同时作为句子的主语放在第一位。

◆ 靠前的一个C：对应的英文单词是Condition，代表"条件"，或者情况、环境。

这个条件，就是你的团队贡献价值时所处的环境和做出贡献的前提条件。

具体来说，条件可以是贡献价值的政策、法规或流程依据，也可以是工作所遵循的标准，还可以是用来创造价值的工具、设备、流程，或者需要保障和工作开展的基本前提、时机等。

一般来说，这个条件在公式里，可以直接写在句子主语之后，你可以用"在某某条件/前提下"的方式来描述。另外，需要注意条件可以有很多个，你甚至可以把刚刚提到的几种不同条件都写下来，如果你的团队条件确实有这么多的话。

◆ 靠后的一个C：对应的英文单词是Customer，代表"客户"，就是你团队的服务对象。

这里的客户是一个非常广义的概念，并不仅仅是最终购买产品的客户。

常见的团队类型和对应的客户身份大致有以下几种：

如果你的团队就是终端销售，那么客户很简单，自然就是购买产品或服务的实际客户了；

如果你的企业销售模式是渠道授权代理，而你的团队是企业中的营销团队，那么其实你的客户并不是最终的消费者，而是你和消费者之间的渠道代理商；

如果你的团队在企业内部的价值链上，如制造型企业的"产品设计-工艺开发-物资采购-（来料检验）-生产制造-（产品检验）-市场销售-售后服务"这种典型价值链中某一环节的话，你的客户自然也就是价值链的下一环节，你经手的产品／"半成品"要交给哪个部门，哪个部门就是你的客户；

而一些后勤部门或职能部门，不直接参与到价值链当中，客户就各不相同了。财务部门的客户可以是公司，而人力和后勤部门的客户基本上包含了公司的所有员工，公关部门的客户可能是要接待的访客，外宣部门的客户是媒体，内宣文化部门的客户是全体员工，战略分析部门的客户是公司高层经营团队，等等。

客户身份，是这个公式的第三个要素，你可以用"为某个/某些客户"来描述，只有清晰描述了你的客户是谁，你也才能真正明确团队价值的输出流向，以及工作结果要对谁负责。

◆ 字母B：对应的英文单词是Behavior，意为你团队创造价值的行为。

这个要素，其实是你团队的主体工作行为描述，也就是你的团队要为客户做些什么，供应什么产品，提供什么服务等。

如果客户只有一类非常聚焦的对象，那么行为在大多数情况下都能最终概括成一项行为，可以用通用的"提供什么"来描述，也可以用你团队的专属特征动词加上宾语来描述，如"生产什么产品""设计什么对象""撰写什么资料"之类的。

如果客户的类型有很多，那还要再看看给各类客户提供价值的行为是否相同，相同的话也可以概括成一项；如果行为完全不同，那还需要针对每一类客户写出不同的行为。

在写团队行为时还需要注意，这里的行为一定是能产生价值的行为，而诸如应付检查、维持内部团结这些行为，其实都只是为最终的价值产出行为提供保障的，并不用写在价值公式里。

◆ **最后的字母D**：对应的英文单词是Degree，就是团队行为的程度结果。

在职场中，有很多人工作都是说我把事情做了，但其实做了和做好是完全不同的两码事。一个工作行为真正要实现价值，那就不能止步在简单地做了上，而是必须把事情做好。究竟怎么样才能算是做好呢？这就需要给每一件事画出一个衡量的准绳，也就是行为的程度结果标准。

对于行为具体程度标准的描述，在只有行为而没有实际物质载体的情况下，可以是符合服务规范的正确行为，也可以是令顾客满意的服务；如果有了产品或其他物质载体，那么载体的状态描述也可以，如合格的产品、足够的产量，这都是具体的程度。

程度的描述，经常会放在句子里行为描述的动词和宾语之间，如"提供质量合格的产品"。这一句里，提供产品是行为的描述，质量合格就是程度的描述；少数情况下也可以放在行为描述之后，对行为进行补充。比如，"辅导学生作业，使其能正确完成所有题目"。这样的描述，辅导作业是行为，学生能正确完成题目就是后置的程度标准描述。

在你写下行为程度时，还要注意程度作为衡量价值的准绳，一定要明确、具体、可衡量。并不是让你把具体的标准数据写进来，而是在写的时候你的脑海中一定是能够清晰地聚焦到衡量程度的标准上。比如，写质量合格，那么质量标准就是标准；写产量满足，那具体的生产计划对产量的要求就是标准；即便是满意的服务这种描述，也要有像满意度百分比、单位时间内投诉数量上限等具体的衡量标准才行。

在描述团队价值公式的各个要素中，客户C是整个价值的导向，其他所有的要素都是要为客户服务的；而针对每一类客户匹配的行为B，则是条件C和程度D的中心词，也就是条件与程度，都应该对应着具体的行为。

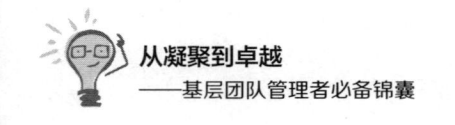

拆解完成各个要素，明确了描述团队价值时到底该写哪些要素，要怎么写之后，我们再来把这五个要素整合成一句完整的话吧：

"我的团队，在什么条件下，为哪个/哪些客户，做些什么/提供什么，达到什么样的标准程度。"

这句话，就是你的团队价值所在，也正是你的团队在组织中存在的意义。

工具与常见团队的价值描述示例

明确了描述你的团队价值的公式，知道了各个要素分别代表什么之后，你可以首先对照自己最初写下的团队价值，看看二者是否一致。不过仅仅知道写什么怎么写，可能你的心里还是没有十足的把握，那在这一小节，我们用一个填写公式各要素的工具表单和一些案例给你参考吧。

很多时候，要写一长串的文字可能并不好组织语言，所以你可以试着把你能想到的价值要素都填写在下面的表3.1中，再在表格的最后整合成一段完整的语言。

正如解读公式要素时所说，行为要与客户匹配，而条件和程度都要与行为匹配，所以在这个表格的填写顺序上，为了方便你逐项对应填写，我们把条件C后移，放在了行为B之后，而最终整合的文字需要注意调整语序把条件写在前面。

表3.1 团队价值描述表

团队价值描述表		
I：我的团队		
Customer：客户		
客户1	客户2	客户3

续表

团队价值描述表		
Behavior：行为（与客户对应）		
行为1	行为2	行为3
Condition：条件（与行为对应）		
条件1	条件2	条件3
Degree：程度（与行为对应）		
程度1	程度2	程度3
团队价值描述（完整描述）		

（在看填写的示例之前，先插一段在本章稍微有些"超纲"的工作小窍门。话说在科幻小说领域，流传着"遇事不决，量子力学；解释不通，穿越时空"这样的话，而在工作中如果你遇到一些比较复杂的工具和方法，思路难以厘清或害怕有所遗漏的话，也可以尝试"写不下去，表格工具"的思路，或者在你要教别人时，如果担心只教方法对方学不会，那就记住"方法难记，解析案例"，讲完方法给工具、给模板、给案例，这是保证教学方法的有效手段。记得活学活用，把学到的知识背后的套路，也作为你成长的养料吸收下来吧。）

好了，言归正传，先通过表3.2看看我在做车间主任的时候，对当时车间价值的描述示例吧。

表3.2　团队价值描述表示例1

团队价值描述表		
I：我的团队	××公司总装车间	
Customer：客户		
客户1	客户2	客户3
营销部		
Behavior：行为（与客户对应）		
行为1	行为2	行为3
生产用于市场销售的××整机产品		
Condition：条件（与行为对应）		
条件1	条件2	条件3
根据生产计划要求		
使用车间总装生产线		
保障安全生产和成本可控		
Degree：程度（与行为对应）		
程度1	程度2	程度3
质量合格、数量足够		
团队价值描述（完整描述）		
【我的团队】××公司总装车间，【条件】在保障安全生产和成本可控的前提下，根据生产计划要求，使用车间总装生产线，【客户】为营销部【行为】生产用于销售的【程度】质量合格、数量足够的××产品。		

一般企业的生产车间，这种价值链上比较靠近末端但又不在最末端的团队，客户往往是比较单一的。像这个例子中的客户，就只有生产出来产品之后，拿产品发往市场的营销部。

除了这种情况之外，还有些团队的客户既有内部又有外部的，我们接下来再通过表3.3看一个营销部的示例。

表3.3 团队价值描述表示例2

团队价值描述表		
I：我的团队	××公司营销部	
Customer：客户		
客户1	客户2	客户3
代理商	终端用户	研发与生产部门
Behavior：行为（与客户对应）		
行为1	行为2	行为3
配送××产品整机	提供三包服务	提供市场预测报告
Condition：条件（与行为对应）		
条件1	条件2	条件3
根据合作协议	依据《消费者权益保护法》	每个销售季度
按照每季度产品订单	在产品三包范围内	依据销售与调研数据
通过物流网络	在用户使用产品出现故障时	
Degree：程度（与行为对应）		
程度1	程度2	程度3
及时配送、规格数量符合订单、质量合格	服务及时、客户满意、服务后产品可正常运转	基于事实数据、符合行文规范
团队价值描述（完整描述）		
【我的团队】××公司营销部，【条件1】根据与代理商的合作协议，按照每季度产品订单，通过物流网络【客户1】为代理商【程度1】及时【行为1】配送【程度1】规格数量符合订单、质量合格的××产品； 并【条件2】依据《消费者权益保护法》，在产品三包范围内，在用户使用产品出现故障时，为【客户2】终端消费者【行为2】提供三包服务，【程度2】服务要求及时、客户满意、服务后产品能够正常运转； 还须【条件3】在每个销售季度依据销售与调研数据，为【客户3】研发与生产部门【行为3】提供【程度3】基于事实数据、符合行文规范的市场预测报告。		

在上面的例子中，这个公司营销部的角色非常多，要面对不同的客户，并且给这些客户都提供完全不同的服务价值，所以面对此类部门，你需要用一个主语表示团队，加上三段条件、客户、行为、程度的分句描

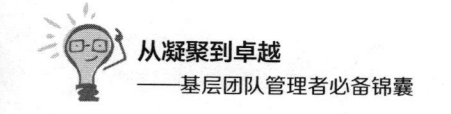

述，来诠释这个团队的价值所在。

大多数类型团队的价值，你都可以按照上面两个示例来参考描述。有个别团队虽然客户类别比较多，但是针对各类客户所提供的行为是几乎相同的，这种情况把所有客户都写在客户1的单元格里，然后由此展开一条主线的行为、条件和程度即可。

除了这些情况，还有一类非常特殊的团队，可能会将客户搞混。那就是人力资源部，特别是负责员工培训的部门。请思考一下：培训部门的客户是谁？提供的行为服务又是什么呢？是给参加培训的同事提供课程吗？

实际上，培训部门真正的客户是其他各个用人部门，而提供的服务或者说"产品"，是经过培训之后，某项能力满足用人部门需求的人才。类似的还有人力资源中的招聘、劳资关系模块团队，其实也都是给用人部门提供满足需求的人才，这里的需求包括了人数、能力、稳定性等多个方面的需求。

实践练习：描述你的团队价值

经过了公式的拆解和案例的解析，现在你应该已经能够相对准确地描述出自己团队的价值所在了，那就在认真地思考之后，完成练习3.1，正式写出你的团队价值吧。

练习3.1　填写你的团队价值描述表

团队价值描述表		
I：我的团队		
Customer：客户		
客户1	客户2	客户3
Behavior：行为（与客户对应）		
行为1	行为2	行为3

续表

团队价值描述表		
Condition：条件（与行为对应）		
条件1	条件2	条件3
Degree：程度（与行为对应）		
程度1	程度2	程度3
团队价值描述（完整描述）		

拆分量化关键指标

现代的企业中，几乎每个团队都有自己的指标，人们提到指标时，总是又爱又恨。有很多团队的指标，是公司或团队最初拍脑袋制定出来的，仔细分析以后会发现并不合理，也不科学。这些指标往往会牵着团队的鼻子，走向歧途。

燕子老师是人力资源方面的专家，她曾经给我们分享过一次企业请她讲课的经历。

这个企业的培训部门有一个写进KPI的指标，是"聘请老师的课酬低于市场价格的10%"，你可以细品一下这个指标的导向会造成什么情况？

能定出这个指标来，其实是这家公司认为培训部门是成本中心、费用中心，所以培训部门的指标就要节约成本。但市场上好老师的课酬一定是

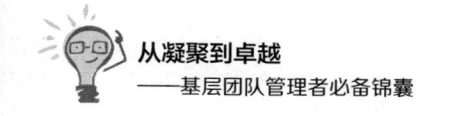

只会涨不会降的，一次降价就意味着以后都会有人来砍价。

你可能会说这家降价了别家怎么知道呢？其实老师们都不是直接和企业对接的，而是通过培训机构，每个培训机构都会服务多家企业，而且企业的HR们也基本都有社群，所以老师降价的消息是很容易传播出去的。也正因此，好的老师宁可给企业多干些活，甚至有时候免费去给企业做沙龙分享，但一旦涉及商业行为的交付都几乎不可能降价。

所以最终燕子老师在机构提出"那家企业特别想请你去讲课，但就一个要求，费用降低10%"之后，果断拒绝了这家企业。

回到这家企业，好的老师不降价所以请不到，为了完成培训任务，他们只能去找差一些的老师来讲课。所以这真的是为企业节省了成本吗？

在培训本身的成本中，老师的课酬只是一小部分，各种差旅费、场地费、员工参加培训但工资照发而产生的误工成本，都是培训更大的成本。而之所以投入这些成本，是为了让员工能在培训中提升技能，以便在未来的工作中灵活运用，去创造更多的价值。

请了差的老师，看上去节省了几千块钱的课酬，但培训效果和未来的成果产出，也极有可能被"节省"更多。与其这样不顾效果地省钱，倒不如干脆砍掉培训部门，不做培训更"省"不是吗？反正这样的培训做不做都没什么区别。

在上面这个例子中，指标虽然不合理，但其实也是经过思考的，而在其他一些组织里，还有各种各样不可理喻的指标让人啼笑皆非。

听说有公司给"扫街"的销售人员定下了每天步数不能少于10 000步的指标。这个指标合理吗？"扫街"时骑个电动车或共享单车，难道不会更快吗？和重点客户深入洽谈，确保转化，不比走过多少家客户更实在吗？

还有家公司要求员工必须关注老板的微信和微博，并且要求每天都要

第三章
围绕价值定制度，团队超额完成目标

转发老板的内容，转发完成率还会计入季度考核。

虽说随时和老板保持同步，有可能有利于企业的行动一致性，但这么生硬的指标，万一哪天专注去完成一项工作，忘了转发了，到底属于工作积极还是转发消极呢？再就是天天上班工作时还得惦记着去刷老板的朋友圈和微博，要不给部门里专门设置一个转发提醒的岗位？

这样要求的结果可想而知，大家都是不看内容直接转来完成指标要求。于是这家公司更绝的"指标"来了，每人每季度要交5篇老板文章的读后感，升职加薪时必须有公司系统内收录的老板精品文章的所有读后感……

除了这些企业里的诡异指标，在各种行政单位中，也出现过诸如违章罚款指标、烟草销售指标、结扎指标、灭"四害"活动半小时蚊子叮包数等非常奇怪的指标。

没有指标要不得，不合理的指标错误导向更要不得，那么一个团队的指标，究竟如何确定才是合理的呢？

从团队所属企业角度来说，团队的整体指标是需要结合公司的战略、企业的实际运营情况，还有企业所属的行业、市场的发展情况等多个方面来综合分析确定的；而从团队本身来说，每一个具体的指标确定都要遵循一个非常重要的原则，就是指标一定要与团队价值相吻合，即团队指标必须来源于团队价值。

我们在前面要描述清楚团队的价值，就是为了能够从中提炼重点，拆分出能实现价值的关键指标。

提炼关键词并整合

在团队价值的描述中，服务的对象是客户，提供价值的核心动作是行为，而对于行为的条件限定和程度的描述往往是关键指标的来源，所以你可以先从条件C和程度D的描述中，提炼出一些可以在后续被量化的关键

103

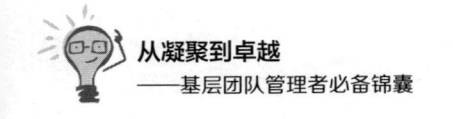

词，并把它们整合，作为指标的基本方向。

以前面的车间为例，条件是"在保障安全生产和成本可控的前提下，根据生产计划要求，使用车间总装生产线"，程度是"质量合格、数量足够"。

从这里面可以初步提炼出的关键词包括：安全、成本、计划、质量、数量，而没有提炼出关键词的条件是使用总装车间生产线。分析一下，生产线属于生产所需的工具，所以在使用生产线时，一方面要注意安全使用，另一方面，设备和工具的折旧、维护等，其实也都包含在成本之内，所以安全、成本两个关键词已经解释了使用总装车间生产线这个条件。

再进一步观察几个关键词，计划和数量实际上是统一的整体，在计划时间内生产出足够的数量，用生产管理中的一个通用称呼来说，就是"交货期"。

所以从价值中提炼的车间指标，就是安全、成本、质量、交货期四个大项。如果你曾经学习过与生产管理相关的知识，你可能会发现这些指标和很多经典理论中的指标非常吻合。这也说明科学的指标可能来自不同的路径、不同的理论，但最终的结果往往是殊途同归的。

在你自己的团队中，你同样可以像例子中的做法，将条件和程度的描述单独拎出来，分析其中包含的能作为量化指标的关键词，并且进行相同或相关的关键词整合，比如，设计质量、工艺效率、工具易用性、数据完整性、服务响应速度、服务后正常运转时间、服务态度、报销的便捷性、资金流转的及时性，等等，从价值里提炼你的团队所需的量化指标。

匹配上级组织需求

在设定指标时，你还需要关注所在企业的发展阶段、战略规划和整体策略，并且结合当前整个行业和企业的现状，以及你自己团队在企业中所扮演的角色，综合考虑，来确保你的团队指标与企业的整体方向是匹配的。

举几个例子，如果企业处在初创阶段，这时需要大量的招揽人才和进行软、硬件基础设施建设，势必要投入大笔的费用。所以在这个阶段，虽然不该花的钱不能浪费，但对成本控制相关的指标不能要求太高。

如果出现金融危机，或者像新冠疫情这种影响全球的重大事件，企业有可能进行战略调整，将增长目标放缓甚至收紧业务来维持经营。那在这种大背景下，公司计划销量10万台，你可千万不要定下20万台的生产目标，相反，这时合理有效控制成本才是更实际且更匹配组织策略的选择。

如果遭遇行业产业升级、技术跃迁、公司业务转型等情况，一方面会有新旧产能的更迭，需要大量成本的投入；另一方面员工在更迭期会经历一些不适应的磨合过程，在这个过程中，效率、质量都有可能下降。所以在这种时期，升级的进度和适应的速度是比传统考察产量、成本等更为合适的指标。

如果你的团队是研发团队，职责是研发一些比当前更先进的新产品，那团队面临的是许多未知的挑战和意外。这类团队的指标不要过高要求一次合格率或一次正确率，反而研发的速度、迭代的速度和发现错误后修复解决的及时性，是更有利于加速研发的指标。

还有像前面案例中提到的培训部门，成本绝不能单独作为一项绩效指标，而是要结合培训后员工能力提升，带来的公司业绩提升，以培训的投资回报率（ROI）作为合理的指标。

通过以上几个例子，你可以看出团队的指标在围绕团队价值的基础上又和上级组织也就是企业，以及多方面的因素有着千丝万缕的联系，所以在制定指标时，记得上下左右多看看、多思考，再确定最终的指标。

这里给你一套思考的"老中医疗法"——望闻问切，通过这四个方面收集到你需要的信息，来审视自己团队的指标。

- 力所不及处要"望"以匹配之：望外部因素（政策、经济、社会、

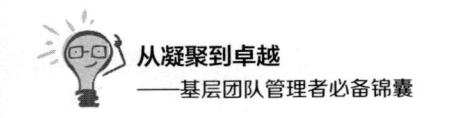

技术等）、望公司战略与未来方向、望内部现状（制度、流程、人员等）、望计划目标。

- **利益相关方要"闻"其真诉求**：闻客户需求、闻服务者供给、闻上级要求、闻下级期待。
- **长期不足处找"问"题之关键**：明确症结所在，准确描述问题，可以在制定指标时规避问题，或者让指标中带有解决问题的导向。
- **从团队的现状"切"指标起点**：指标的起点或切入点，要考虑当前团队的能力状态及角色身份。

这"望闻问切"并不是前后顺序关联的四个步骤，而是用于获取对确定指标有用信息的四个思路方向，只要能够灵活运用，你就一定能够确定出非常合理的指标。

确定团队量化指标

确定指标的项目之后，我们就要进一步给每个指标定下合理的量化标准了，在这一步骤中，前面提到的思路都要加以延续，重点指标、非重点指标也都要有针对性地进行量化。

在量化标准制定时，如果公司相对成熟，那么主要的数据来源有两个。你可以翻看公司的年度计划，去寻找具体的销售、生产等业绩指标的量化标准；也可以查阅公司的制度，为一些工作行为效果或比例/比率型指标找到量化依据。

但有些公司的计划并不是很明确，同时制度方面也存在不完善的情况，这时候你还可以查阅历史数据，并且结合团队的现状与发展预期，定下一些相比之前略有提升的指标值。

在我之前车间的例子中，我将四个大项的指标拆分出了下面几个可以量化的具体标准。

安全指标：单位时间内各级安全事故（含出现不安全行为操作）的发

生次数不多于××次；员工在生产区域内合格穿戴安全防护装备的比例为××%；安全隐患的处置（隔离、整改、复检等）应在×时间内完成。

质量指标：单台整机下线一次交检不合格项次不多于××项次；单台整机入库一次交检不合格项次不多于××项次。（当时的产品是比较复杂的大型机械，几乎做不到一次交检完美合格，所以定下了以一检不合格项次作为依据的指标，但我通过多种手段改善质量之后定下的指标，比我接手车间时的标准已经减少了一半以上的不合格项次。）

成本指标：车间生产成本核算结果与预算差异不超过×%。

交货期指标：月度生产计划完成率××%以上。

每个公司的情况不同，每个团队的具体指标也各有特色，总的来说你都可以通过看计划、查制度、分析数据三条路来找到大多数量化标准，偶尔还会有一些非常特殊的指标，需要你根据团队实际情况来确定。

挂钩收入构建框架

前面我们从价值拆出的量化指标是整个团队的指标，而团队的指标想要达成，就需要落实到团队中的每个伙伴，让大家的努力方向都朝着为达成团队指标而奋斗，这也是我们通过内部制度来达成指标的基本方针。

聚焦人为因素与指标关联

影响指标达成的因素非常多，能改善指标的手段也是多维的，你可能需要更合理的分工和流程、更好用的工具和设备、更明确的标准、更详细的指导等，这些都是在持续改善过程中要考虑的，也都对应着一些具体的方法和工具。

除了这些因素，还有一个非常重要的因素就是人的行为，并且人的行为也会影响到其他各个因素。所以我们在制定制度时，最需要关注的就是

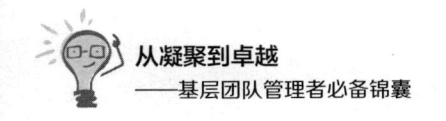

人的行为因素。

需要让制度引导团队的伙伴们做出能促进指标达成的行为，不去做阻碍指标达成的行为，一些工作结果的检查与考核也都要和指标密切相关。这时你就要首先厘清各种行为和结果与指标的关系，是正相关、负相关还是无关。

继续拆解车间的案例：与安全指标相关的行为，首先就是安全防护装备的穿戴了，这既是要考核的指标，也可以作为行为的标准，在制度中可以非常直接地提出行为要求；违章操作则是与安全事故的控制负相关的行为，所以制度里要禁止这种行为，而当时安全隐患的处置往往是偶发性的，并且从车间层面主导安排的，员工本身只作为执行者相对比较被动，行为相关性也不强，所以暂时不考虑纳入制度的要求中去。

质量指标方面，整机的质量数据，是由每一个操作工的生产操作决定的。理论上来说，只要员工使用合格的零部件，按照工艺规范装配和调整，并且正确自检就能够保证质量。这些方面都有比较明确的行为指导文件，而生产过程要去"揪出"不按规范操作的行为，实操性比较差，不可能天天盯着工人的动作看，所以这个指标我直接和个人的工作结果做了关联，而没有针对行为。每台产品的生产过程是可以折算成工时的，当时根据产品型号的不同，大约每台产品可折合130~160工时，而每个操作工的工序也可以折算成工时。所以我给装配工定的指标，就是折算到每100工时，出现的一次交检不合格项次。以130工时的产品为例，假设这个产品的一检单台不合格项次指标是8项次，那每个工人100工时的指标就可以计算成 $8 \div 130 \times 100 \approx 6.15$ 项次，但是为了保证最终的产品达成指标，每个人的指标都要更高一些才行，所以生产这个型号产品时，可以把工人的单台不合格项次标准定在每100工时平均5.5~6项次左右。另外入库的工作是每个试车工负责一台整车的调试磨合，所以直接就可以与团队指标对齐。

在成本指标上，我翻阅历史数据发现车间的成本和预算一直都控制得不错，这也和比较稳定的生产状态有关，按照规范使用工具设备，按照定额添加辅料油料，基本上既能保证质量，又让成本和预算相匹配，所以当时没有对成本的行为或结果做出额外的要求，但具体到你的团队里，还是需要你根据实际情况进行考量。

最后的生产计划完成率，也就是交货期指标，不出大的意外时也都能够保障，所以控制好安全和质量的话，交货期也就能控制好九成左右，但还有一小部分和人相关的因素，就是员工的出勤率。车间将近200人，请假的人几乎天天都有，有时赶上一个班组多人同时请假就容易在局部造成生产节拍延缓的情况出现。我观察了一段时间的请假理由之后，发现有相当多的事假要么理由中的事情没那么重要，要么理由写不清楚，甚至还有很多事假是先斩后奏的，这对排班有非常大的影响，所以关于请事假，也要规范一下理由填写的正当性和完整性、请假的时间提前量，以及极特殊情况的申请流程之类的行为。

就像这样，将与指标相关的各种行为和结果充分考虑，正相关的要规定，负相关的要禁止，无关的、目前正常的或在其他规范中已经起效的，可以先不去做过多考虑，存在问题的针对问题再拆分行为。我们就可以找到制度引导这些行为或工作结果的着力点了。

关键行为/结果挂钩收入

找到能关联指标的关键行为，接下来就可以把这些行为和团队伙伴们的收入挂钩了，基本的原则就是做得好了有奖励，做得不好要考核，但是具体的操作细节，还是有讲究的。考你一个判断题：针对影响指标的错误行为，查出一次就扣一次工资，这样的考核方式是否合理呢？

R公司和我之前所在的企业一样，也是一家生产大型机械的重工业企业，这种大型机械要用到的螺栓、螺母、垫圈之类的标准件，数量成千上

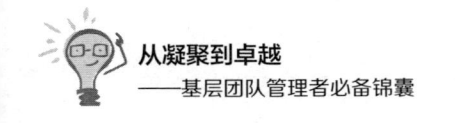

万，在生产线的装配过程中，偶尔会有散落在整机上的标准件。

于是在产品下线到跑磨合的过程中，经常会震下来一些标准件散落在路上，R公司的龙总是位非常重视成本控制和产品质量的老总，看到散落的零部件，他觉得要给制造部定下一些指标考核，来减少这种情况出现。

于是在R公司的试车场上出现了一道奇特的风景线，综合管理部每天都有两个人拿着袋子跟着车跑，一路跑一路捡掉下来的标准件，然后统计数量，每个5块钱，以此考核制造部。

在这之后的一次公司级会议上，龙总就散落零部件情况问责制造部的张经理，张经理解释了诸如手工生产、有些位置装配不便容易掉落、掉下去又不好拿出来等原因，说明这种情况是难以完全避免的，但龙总不依不饶地训斥。俩人争论一番之后，张经理在会议上直接摔门而出，留下一句"太欺负人了"，然后愤然离开了R公司。

和这个例子类似，如果这样惩罚，存在两大问题：第一个问题是如果有些人就是经常出错，这样按次罚款在极端情况下，有可能把他罚得一个月赚不到钱，反而还得倒贴，虽然有些人会觉得长期犯错就该走人，但对于有些非原则性错误，可能影响指标但不至于这么严苛；第二个问题是错了就罚，意味着要"追求完美"，但现实中完美是不存在的，我们要引导大家不出错，但机制上还是要有适度的容错余量的，甚至有时如果大家做得相对较好或进步较大，即便还存在少许错误，也可以考虑不罚或略加鼓励。

那怎样才能让这种负相关的行为既能和收入挂钩，又有一定的容错余量呢？推荐你用一个积分机制做过渡，出现错误行为要扣分，月底根据剩余积分数，对应不同的奖惩标准，比如，规定每次出错扣多少积分，月底核算96分及以上奖励，90~95分持平，80~89分轻微处罚，60~79分中度处罚，59分及以下确定一个处罚额度的上限，或者附带其他降级、调岗之类的措施，这样就既可以避免罚到0分，又能在员工觉得做得较好时更有期待了。

除了这种负相关的行为之外，指标中还有"多多益善""完成比例""符合程度"这三种比较常见的情况。

对于"多多益善"的指标，可以划出一个基准区间来，区间之内的合格状态不奖不罚，超额完成分档奖励，未达标分档考核，具体的指标和档位根据你的团队情况来定即可。

常见的"多多益善"指标，有销售额、客户数、投资回报率等。

"完成比例"类的指标和上面类似，也是以一定的完成度做不奖不罚的基准，上下划分出多个档次分别奖励和考核。

常见的"完成比例"类指标，有生产计划完成率、顾客满意度、响应时间及时性这些指标。

而"符合程度"类的指标，可以按照与标准值的偏差比例来划线，偏差小就分段奖励，偏差大就分段考核。有时还得注意偏差的正负，有些符合程度的指标可能"多了问题不大，少了会出问题"，比如，包装食品的重量，那可以把标准区间向正数方向稍微偏移，反之亦然。

常见的"符合程度"类指标，比较典型的就是成本核算与预算的匹配度、加工精度与设计要求的匹配度等。（这里补充个小知识，加工精度并非越高越好，精度越高需要的加工成本越高，所以精益生产的七种浪费中就有一种浪费叫作过度加工。）

根据四大类常见的指标与其对应的行为或结果，将其与团队成员收入挂钩的思路就有了。现在你不妨根据数据去尝试制定奖惩标准，在制定时，有个很重要的提醒：一定要代入一些实际的数据进行试算，算出来考核与激励的上限、下限、平均值、中位数和分布情况，要让你的激励考核在金额上基本持平或激励稍多于考核总数，同时每个人的考核激励符合正态分布，平均值和中位数尽量都略大于没有任何考核激励的状态，上下限

111

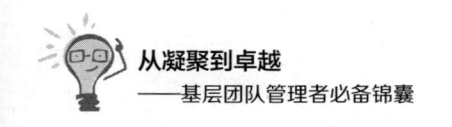

也不要过于夸张和离谱。这些细节在推导试算之后，可以进一步调整。

整合制度思路框架

最后，把我们前面所有的分析思路和设计思路都整合起来吧，形成你的团队内部制度的整体思路框架。

在整合的过程中，首先考虑一下制度的数量，是越多越好还是越少越好？答案当然是后者，每增加一个制度，对你来说不但后续按照制度进行监督考核的工作量是一个大的负担，而且对团队的伙伴们来说也是比较重的思想负担。

所以先对之前的指标、行为、结果进行精简和合并，在制度里只保留重点即可，而那些很好的、正常的、有别的制度管理的部分，就不用我们再重复劳动了；能够整合到一个制度里的，也不必再逐一出制度了。

我在车间时最终整合出来的制度仅有两个，一个叫《安全纪律管理办法》，对应的指标是安全和交货期，交货期中人为影响的请事假这些因素，就以纪律来管理；另一个制度叫《联质计件工资管理办法》，主抓质量，附带着通过计件工资的手段保证交货期。

这两个制度里没有直接作用的成本指标来说，当时车间的辅料有定额，设备折旧都还达标，主要波动的成本是工时成本。通过计件工资的激励，让员工提高工作效率，也能间接降低工时成本。所以这两个制度，基本上能够作用到所有关键的指标了。

考虑好出几个制度、每个制度针对哪些指标之后，下面就是把这些指标对应的行为、结果和考核标准整合到框架里。你可以列个表，或者画一张思维导图，这样就能有一个清晰的制度设计思路了。

通过描述价值、拆分指标、挂钩收入三个逐渐聚焦的步骤，制度已经跃然纸上了，那在后续工作中，我们就可以将锦囊一中所有的设计作为纲领性的指导，再在接下来的锦囊二当中，把设计的思路变成有效的制度。

锦囊二
权限之内定制度，变通众创根基固

当我们一步步从价值聚焦到制度的目标指标，并对指标定下量化的标准，再确定了与团队伙伴们的收入挂钩的方式之后，就可以在自己的权限范围内，开始制定制度了。

明确权限边界范围

先不要着急动笔去写，为了让你的工作效率更高，减少无用功或重复劳动，你可以先查一下无须重新撰写的制度，并且明确自己的权限边界范围。

查找现有制度

虽然公司的制度不能对你的团队面面俱到、无微不至，但仍有很多公司的制度和你的团队相关，可以直接拿来用，特别是通过了ISO质量体系认证或其他体系认证的企业，一定在体系文件中包含了一级的质量手册、二级的程序文件、三级的指导书和表格，还有四级的记录文件，这些文件里大概率会有与你团队相关的制度规定。

那么先找到体系文件的大纲目录，重点查找出和你团队业务相关的程序文件和指导书。这些文件大体有正在用、没在用和不好用三种类型。对于三种不同类型的文件，你可以采取三种不同的策略。

- **正在用的文件**。这些文件有些可能已经在执行当中，那保持应用就好。
- **没在用的文件**。这些可能虽然存在，但是很多人不知道，并且几乎没在用。怎么有体系文件却不用呢？别惊讶。我见过太多的企业虽然通过了认证，但是执行者对于程序文件的实际理解和应用程度非常低。所以你先看看，有没有已经制定好的制度，可以直接拿来用的。

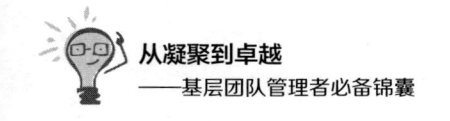

- **不好用的文件**。这类文件无论有没有在执行，都可能已经和现状不太匹配。所以要用的话需要一定的修订。

这三类文件来自质量体系，无论是保持、使用还是修订，都比重新撰写、编制要来得更快，能帮你省下大量的时间；对于你需要撰写的新制度来说，也是非常有价值的参考资料；同时，它们还能帮你让制度更符合公司整体的制度框架。

明确权力边界

查阅公司制度的另一个作用，就是能帮你明确自己的权力边界，这个边界既要关注你在业务、员工管理方面的权力，也要关注在文件管理方面的权力。

- **业务、员工管理方面**。你需要从现有的制度中明确自己的管辖范围，管哪些人，管这些人的哪些业务；自己团队的激励和考核标准有没有范围，你有没有执行的权力；团队和业务的指标由谁来定，如果是你最好，如果不是你，你和制定者的关系又是怎么样的等因素。
- **文件管理方面**。在很多公司里，各级部门的管理者是有权限定期去修改相关的制度，或者编制一些新制度的。比如，在ISO9000中有一个必备的程序文件——《文件控制程序》，这个程序文件规定了整个企业各种程序文件的编制标准、编制负责人，以及文件编制与修订等具体操作的规范流程。一般来说都是总经理办公室牵头，各个部门单位负责自己的文件编制与管理。找到这些依据，就能给你的行动提供支持条件，也要注意自己制定制度的流程，需要和规定中的一致，保证你的行动合规。

权限不足变通

"公司没有体系文件，查不到我的权限怎么办？"

"公司制度非常死板/完善，没有我的操作空间啊！"

第三章
围绕价值定制度，团队超额完成目标

"我管理的就是个小团队，级别够不到修订制度该咋办？"

在一些访谈和探讨的过程中，我遇到过类似的问题，对于有同样问题的小伙伴，我建议先默念十遍："只要思想不滑坡，办法总比困难多！"

然后，我再给你提供几个相应的变通思路：

◆ **法无禁止即可为**

既然公司没有对你有相关权限的限制，而你要定的制度又是实实在在对团队有利、对公司有益的，那就去做吧，无限制就有无限可能。

◆ **更名换姓再出发**

不要被"制度"这个名字限制住了，如果你没法参与制订或修订制度，那么做一些团队内部的条款或公约行不行？如果这也不行，写一个针对某项指标的"专题活动方案"，在方案里规定活动的范围和内容，以及对应的激励和考核，一样能够达到想要的目标。

◆ **借船出海抱大腿**

假如你的层级不够，可以尝试着和你的上级去沟通，给他摆事实讲道理，说明这个制度能够对团队带来的价值，相信明智的上级都是愿意听你说完的，而有远见的上级更可能会非常感兴趣而帮你推动。

这时你就有了足够能发布制度的上级支持。你理出内容并以上级或部门的名义发布，那包括你的团队在内的整个部门都会受益。

当然，变通的思路远不止这些，关键在于你到底想不想去做，所以加油吧，朝着你的目标去走、去做，遇到问题时想办法，就一定能够突破重围达成目标的。

撰写制度基础草案

接下来，我们一起把你的制度写下来吧。虽然每个公司的制度体系不太一样，公文写作规范也会有差异，但一份针对指标激励考核的制度大多可以参考这样三个模块来撰写：制度基础信息、制度主体内容、制度补充要素。

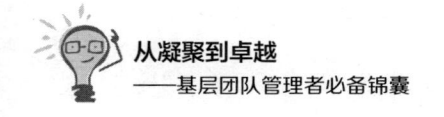

制度基础信息

从制度的标题到正文的前几段，一般用来描述制度的基础信息，相当于一个制度的"户口"，在这部分里，你需要写清楚制度的名称与编号、一些基本的要素，以及各单位部门的职责分工。

◆ **名称与编号**

在给制度命名时，你需要做到言简意赅、直截了当。让人从名称就能看出来这个制度是管什么的。所以制度命名一般可以用"**目标指标+制度标称**"这样的格式来命名，其中制度标称就是你的公司一般把制度叫什么，有的叫管理办法，有的叫管理规范，有的就叫制度，总之公司惯例和文件管理程序规定叫什么，你的制度就可以叫什么。

以上格式还不一定够用，因为这个格式往往是公司级别的制度，这些制度都是公司通用的，所以大多没有特定的管理群体描述。而你的团队制度，最好在标题里就明确管理的人员范围，所以最终的完整标题可以写成"**管辖范围+目标指标+制度标称**"这样的格式。

例如，之前提到的我给车间写的《安全纪律管理办法》和《联质计件工资管理办法》，全称是《生产车间安全纪律管理办法》和《总装车间联质计件工资管理办法》，前一个办法经过整个制造系统讨论，是在总装、涂装、焊接车间都要实施的，而后一个办法只针对我的总装车间。

除了制度的名称，文件控制程序中往往还有针对文件编号、版本号、格式标准、归口单位等各种文件身份信息的规范，这些就按照你自己公司的行文标准去规范就好。

◆ **基本要素**

接下来，在制度的正文中，一般在最开始需要明确几项基本的要素。

第一项：制度的制定目的。

这里言简意赅地写出你制定这个制度是为了提升哪些绩效指标、达到什么样的效果就可以了，一般一两句话。

第二项：制度的适用范围。

这项要素也很简单，用一句话说明制度适用于你的公司哪些部门单位即可。

第三项：制度的引用文件。

这里需要把你之前查阅的和这个制度相关的文件编号与名称都罗列出来，还有在制度中提到的一些文件，有多少写多少就好。

第四项：制度的术语解释。

如果制度里有一些专用术语，可能难以理解或容易造成歧义，可以在这里对这些术语进行解释说明。

常规的制度基本要素就是以上这些，如果你的公司行文规范中还有其他要求，也要记得加上。

◆ 职责分工

在我们的制度中，还需要明确在执行制度时，要参与的部门和单位有哪些，并且明确每一个部门和单位的职责分工。

常见的分工一般包括：谁来制定什么标准或文件、谁来提供哪些资源和支持、谁来负责执行、谁来负责监督和核算、谁来负责兑现激励与考核等。

唯一的编号和名称等身份信息、四项基本的制度要素、参与制度执行的部门职责和分工，这三部分制度的基础信息写好之后，制度的"包装"就完成了，接下来我们就可以继续往下撰写制度主体内容了。

制度主体内容

制度的主体内容，就是把我们前面分析的各种与指标相关的行为进行明确的描述，让它们按照你设计的考核激励标准与团队伙伴们的收入挂钩，并且明确监督检查机制。

◆ 内容要求细则

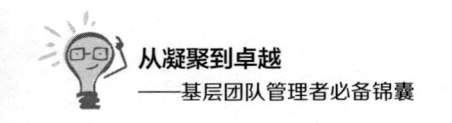

这一部分要把制度的行为或结果要求进行重点阐述。你可以根据制度中对应的行为或结果分类，对各种要求进行说明。

首先是行为规范类要求。用来说明根据制度的要求，所辖的员工要做哪些行为、行为依据的标准规范有哪些、行为的流程是什么，以及行为的时间空间限制说明等。

其次是禁止行为类要求。根据制度要求，员工在特定的时空场景下，不得出现哪些行为、不得处于哪种状态等，逐一明确写出来。

再次是结果衡量的说明。也就是前面我们制定的量化指标，拆分到每个人身上的标准。

最后是特情应对的说明。遇到一些特殊情况，可能无法按规范操作，或者衡量结果因客观原因无法完成时，可以走什么样的流程进行报备和调整。

除了以上四类主要的内容要求之外，如果还需要一些其他的辅助性工作，或者其他部门单位的协助，也都可以在这一部分写出来。

◆ **考核激励标准**

相信通过锦囊一中的思路和你的设计试算，量化指标与收入对应关系的标准你已具备。那么在这里，就把这些标准明确成制度条文吧。

在这一部分，你需要先划分出团队伙伴工资参与考核激励的份额，这里有两种具体的思路。

第一种思路是指标独立份额。也就是每项指标的考核激励都对应一部分工资比例，根据员工指标达成情况对应的系数，乘以这部分工资的基数来计算。最后再把各项指标对应的工资都加在一起。

第二种思路是指标比例连乘。这就是把所有的指标连乘得出最终的工资系数，再乘以工资的基数进行计算。

无论哪种思路，你都可以选择激励考核的工资，是只占大家基本工资总数的一部分，还是包括了全部的基本工资。

基于以上的不同思路方向，确定过之后，在这里具体要写出的内容，一般要有计算公式、核算流程、补充说明三大项。

第一项，激励考核计算公式。就是能够完整计算出每个员工具体工资的公式。

需要提醒的是，这里往往不止一个公式。一般需要嵌套一系列的公式，你需要对公式中每个部分的核算标准再进行说明。针对不同岗位、不同时期也经常会有不同的公式。

用我之前车间的部分公式举例（公式中具体的参数系数、计算方式这些不用深究，因为具体到每个团队考核中所需的公式很可能不一样），我们重点来看看嵌套公式、分岗公式、分期公式。

首先是淡季和旺季两个总的公式：

车间级淡季工资=（基础工资+绩效工资）×出勤天数/标准出勤天数+安全纪律工资

车间级旺季计件工资=基础计件工资+质量工资+安全纪律工资

然后依次拆解总公式中各个部分的计算公式：

装配基础计件工资=生产工时×生产时值+临时工时×临时时值+索赔维修工时×索赔时值

调试基础计件工资=调试台数×单台调试费用+临时工时×临时时值+索赔维修工时×索赔时值

在这两个公式之后，还有针对班组长、工段长、辅助工种、管辅人员的基础计件工资计算公式，就不一一列举了，再往下是质量工资的计算公式：

一线员工质量工资=基础计件工资×质量系数

班组长质量工资=基础计件工资×min[班组长质量系数，班组平均质量系数]×1.12

工段长质量工资=基础计件工资×工段平均质量系数×1.25

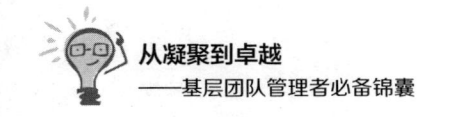

后面当然还有安全纪律工资的各岗位计算公式，这里不再列举，相信你已经知道如何从一个总的公式，拆出各个部分、针对各种指标、结合岗位特点和不同时期的撰写方法了。

接着，就是包含公式中各项数据的来源和统计周期在内的，整体核算流程了。这里要明确谁在什么时间，统计哪些数据，如何核算和审批。

还是用我的制度来举例。

旺季工资核算流程：

各车间每月初在3个工作日内统计上月员工各类工时、安全纪律项目得分，并确定安全纪律系数，同时将员工工时经制造部经理、分管副总审核后以书面+电子版的形式提报制造部。

质量部每月初在3个工作日内统计车间上月员工质量指标得分，并确定质量系数，将结果经质量部经理、分管副总审核签字后，以书面+电子版的形式反馈各车间。

各车间每月接到质量部反馈并完成车间统计后3个工作日以内，筛选出符合计件工资条件的员工并进行工资计算，同时计算不符合计件工资条件的员工及其他管辅员工工资，将核算结果经制造部、分管副总审核后以书面+电子版的形式提交综合管理部。

综合管理部于每月13日前将完成全部工资核算工作，提交财务部。

财务部于每月15日发放工资。

淡季及后勤管辅员工工资核算流程：

车间每月5日前（法定节假日除外）将上月考勤及员工纪律安全系数提报综合管理部。

综合管理部于每月13日前完成全部工资核算工作，提交财务部。

财务部于每月15日发放工资。

最后的第三项，是其他事项流程的补充说明。这一项往往针对一些特殊情况，如果你能在设计时就考虑到，那就写下来；如果一般不会出现问题，或者暂时想不到，那也可以先不写，等制度执行一段时间后，复盘修订的时候再补充。

我当时的制度中，主要写了临时工作的工时，以及因为不合格零部漏检上线，造成返工的质量索赔工时的说明。

需要安排车间进行非生产临时工作的单位，应向制造部计划调度科提出书面申请，计划调度科审核确认后通知相关车间进行临时工作的执行，并拨付车间相应临时工时。

质量问题索赔工时由生产车间开具索赔单，经制造部审核，质量部、采购部确认，分管副总批准后，记录索赔工时，在当月工资核算中加入索赔工资，并将索赔单提交采购部及财务部，财务部负责落实索赔款项。

考核激励标准就是这三项：计算公式、核算流程、补充说明。你可以现在就尝试着组织一下文字，把大家的工资到底怎么算描述清楚吧。

◆ **监督检查机制**

主体内容的最后一个模块，是制度执行过程中的监督检查机制。

数据要统计、行为要记录，所以少不了检查和记录。所以在这一部分，需要明确检查的时间频次和检查的具体项目；同时，还要有检查的主体，也就是谁去查、谁去记录，你可以指定你的副职，或者某个具体的下属来检查和记录。

为了防止出现类似历史上的文字狱，或者一些检查者"拿着鸡毛当令箭"这种情况的出现，也为了保证检查的公平性，还需要由被检查者担任的监督主体，来制约检查者的权限，并且你要在制度中，确保监督主体的反馈渠道通畅。遇到双方有分歧的情况，至少在你这里可以有一个公平的裁定。

什么时间查、查什么、谁来查、谁监督、监督如何反馈，再加上你自己的观察，基本上就能保证这个机制的完整了。到这里，整个制度最核心

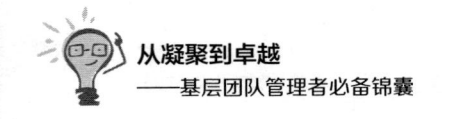

的主体部分也就完成了。

制度补充要素

最后，我们来给制度收个尾，把一些需要进一步明确和补充的要素写出来。一般补充要素包括辅助考核、附件附则、流程落款等内容。

◆ **辅助考核**

除了制度中本身对于指标相关的激励与考核之外，你还可以设置一些对于制度执行的激励与考核，对照基础信息中的职责分工，以及数据的正确性、监督检查行为的规范性、各流程节点执行的及时性等执行表现，制定出失职或执行不到位的考核。

这一项并不是必需的，如果你判断最初可能有人会掉链子，或者有些动作非常关键，不容有失的话，就可以写上。

◆ **附件附则**

在制度里提及的各种系数和激励考核比例的分档、各种违规行为对应的扣分标准你可以用附件列表的形式来呈现；一些监督检查过程要用到的统计表单模板也可以作为附件。

这些附件一般放在正文之后，正文中只需要列出包含哪些附件就行，这样操作对于制度的修订来说会更加方便，发现有问题时直接修改附件，不必对制度正文进行修改。

还有解释权归属、试行周期之类的内容，你可以作为附则放在正文的末尾。

◆ **流程落款**

最后的补充信息，就是按照文件控制程序中规定的审批流程，留下编制、校对、审核、会签、批准的落款位置，再加上签批和下发的时间就全部完成啦。

一份完整的制度，主要包含的内容就是以上这些，按照上面的方法，你已经可以根据公司的行文规范和团队的具体情况，编制出这份能帮助团队更好完成目标的制度了。

最后我们把这份制度总结成一份模板见表3.4，你在撰写自己的制度时可以参考。

表3.4　制度模板

这里可以放公司logo	××部门××××管理制度（文件编号）		××公司管理制度
基础信息按需	基础信息按需	基础信息按需	基础信息按需
1. 目的 　　为达到××效果，提高××能力，确保××指标顺利完成 2. 适用范围 　　本制度适用于××公司××部门 3. 引用文件 　　3.N 引用文件编号+引用文件名称（如有多项文件，每项一行） 4. 术语解释 　　4.N 术语+解释文字（如有多个术语，每个一行） 5. 职责与分工 　　5.N ××部门负责完成××工作（如有多个部门每部门一行，如一个部门有多项任务，继续拆分到5. N. M编号） 6. 内容与要求 　　6.1 行为结果规范要求（详细展开） 　　6.2 核算方式与标准（详细展开） 　　6.3 监督检查机制（详细展开） 7. 考核与激励 　　7.N 各种制度执行过程考核激励标准 8. 附件附则 　　8.1 附件列表 　　　　8.1.N 附件名称（如有多个附件，每个一行） 　　8.2 附则			
制度提出部门		制度归口管理部门	
制度起草人		制度审核人	
制度审定人		制度批准人	
制度会签人			
批准时间		下发时间	

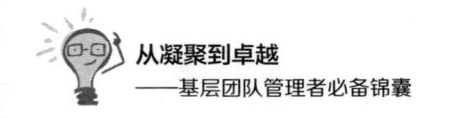

收集多方反馈意见

制度编制完成后，先不要急着下发，征求一轮意见非常关键，这是你的制度能否顺利推行的重要保障。

上级逐级沟通

首先你得跟自己的领导沟通好，获得领导的支持。

你可以跟领导说明这个制度的意义和价值，期待提高的指标，还要简单说说执行策略和思路，让领导觉得这个事情值得做，让领导判断出这个制度可以做，让领导清楚你打算怎么做，这样才能更容易获得领导的支持。

如果在制度审批的流程上，有多级领导的话，你也需要逐级上报去沟通，确保制度在上层方向没有阻力。

另外给你两个实用的小窍门：

第一个窍门，你可以在编制制度时，留几处准备两种方案让领导来选，或者留下一些"困惑"请领导指点。这样的话，领导在选择方案和指点你时，也参与了制度的制定。那么这样一来，你获得领导支持的概率会更高。

第二个窍门，你平时和领导在沟通过程中，如果遇到领导批评或指出你们团队的一些问题，这反而是你制定制度的绝佳时机。把制度的解决方案对应到领导提出的问题上，那么领导既会觉得你重视他的意见，又会觉得你对工作有思路有想法，一举两得。

下级公示收集

除了领导，制度能在你的团队中获得成员们的支持也同样重要。毕竟这些制度是和大家的收入相关的，所以执行前要保证团队的伙伴认可才行。

你可以把写好的制度草案公示出来，给大家讲解一下执行之后的好处，重点可以强调指标达成、绩效提升后，大家的平均收入都会增加，同时为了保证达成，可能会有少量的不合格情况受到考核，总体上只要大家做得好，每个人的钱包都会鼓起来。以这样一个思路去宣贯，只要能算清账的伙伴，大多也都会很支持的。

在公示和介绍之后，可以收集一轮匿名的建议，再仔细地分析和思考这些建议的合理性。接下来，针对每一项建议是否采纳，要在公开场合予以说明，被采纳的建议直接说，不采纳的建议要说明理由，这样小伙伴们也都会觉得你是一个开明的管理者。

平级协助请求

最后，在制度的职责分工内容中，你可能给很多平级的部门安排了工作，所以你必须到这些有职责的平级部门去沟通一下，请求对方的协助和支持。

在我当时写的制度中，质量指标的统计职责是在质量部的，所以我得请质量部定期给我反馈数据；而工资的最终核算要经过人力（当时在企业中叫综合管理部），那自然要把制度中的工资核算方式告诉人力，并且请对方在执行过程中配合我的方案来核算最终的工资；还有完成工资兑现的是财务部，那财务部也是需要去沟通说明的。

你编制的制度中，很可能还有诸如提供物资的、提供后勤保障的、管安全的、管设备的、管计划的等各个部门。需要谁协助，就找谁去沟通，最后在制度的会签栏里，请所有相关部门的负责人签上字走一轮会签，那我们的制度在执行过程中，就能够得到各个部门充分的支持和协助了。

明确自己的权限范围后，按照公司规范撰写出制度草案，再分别从上级、下级、平级那里获取支持，完成制度的签批流程，你的制度就正式制定完成，可以进入推动执行以求实现目标的阶段了。最后一个阶段才是"真刀真枪"上阵了，我们将在接下来的第三个锦囊中，继续给你实际执行中的操作方法和要点。

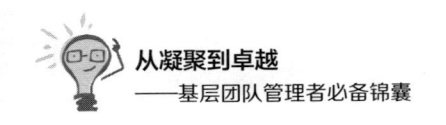

锦囊三
制度不是风景线，以身作则推实现

制度的签发才是执行真正的开始，如果你不希望自己的制度像其他那些被束之高阁的文件一样，被人遗忘在文件柜中，那就在签发之后立即向大家公示，宣布要开始执行了，并且从这一刻起以身作则，和伙伴们共同推动制度的执行吧。

以身作则

首先这个制度是约束团队里所有人的，也包括你在内，所以你必须和大家一样，用制度的规定约束自己的行为，做到令必行、禁必止、错同罚。

令必行

凡是制度中规定的行为规范，你都要和大家一起遵守，让自己的行为和大家同步，和制度的要求同步，这是必须做到的。

制度中要求的工作流程，你要带头做得合规；制度中要求的工作标准，你要首先做得达标；制度中要求的行为规范，你要和大家做得一样；制度中要求的作息时间，你要严格遵守。

当时我的车间里，为了避免大家随意请事假，在制度中规定了请事假的提前天数要求和事假理由填写详细程度要求，并且重申了按照公司考勤制度中的请假流程标准。

我如果要请事假，一天以内的请假申请流程需要到经理处，一天以上的请假申请流程要到分管副总处。从制度颁布之后，但凡我要请事假（虽然不多），都一定会详细填写请假事由，然后至少提前一天去和领导申请，请假条也都会交给综合管理员归档。

还有日常在公司中如果要出门办事，虽然我和门卫认识，但不管多急，我都一定会去开一张出门条，到了门口也会主动把车的后备厢打开让门卫检查。

从这些点滴小事开始，不要给自己搞特殊化，即便有些流程可能比较复杂或麻烦，都要严格遵守，这样才能给你的团队伙伴们做一个良好的表率。

禁必止

凡是制度中禁止的行为，你也要时刻提醒自己不能去做，如果看到有团队伙伴做了，同样需要制止。

工作期间禁止饮酒，那中午出去吃烧烤的时候也不要喝酒；工作区域禁止吸烟，那你就得到指定的吸烟区去吞云吐雾；一些非管理人员禁止触动的设施、禁止进入的区域，你就不要好奇心太重；公物禁止私用，你家孩子的作业就到外面的打印店去打印吧；如果你看到有人上班睡觉、玩手机时安排记录员记录了下来，那你自己再困也需要以身作则，不能打瞌睡。

错同罚

虽然你很注意，但老虎也有打盹的时候，如果一不留神，出现了错误或违规的话，那自己一样要按照制度进行考核。为人做事不怕犯错，怕的是藏着掖着或犟着不认，你犯错和大家一样接受处罚，这才不会让大家觉得"只许州官放火不许百姓点灯"。

甚至有的时候，你在自己表现得"过于完美"时，还可以主动地给自己制造一些考核出来，比如，团队的指标如果没有达到预期，你自己和大家一起按照不达标的程度核算工资；如果团队出现了一些安全事故或人为的安全隐患，你也去主动承担管理的责任，并且该扣分就扣分，该罚款就罚款。这样就等于向大家宣告，这个制度对团队里的所有人都是一样的标准。

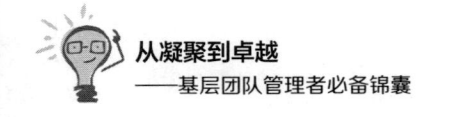

推动实施

在实施制度时，也需要保证制度在围绕团队价值、作用于关键指标的目标下，能够坚持执行，所以你还得保证制度的结果用数据说话，制度本身要公开、透明。这样才能为实施过程保驾护航，避免半途而废执行不下去。

持续采集数据

制度中的各种核算离不开数据，这些数据必须持续采集，特别是第一次采集数据的行为非常重要。

如果有一些数据是通过监督检查获得的，那你可以在制度颁布当天就组织第一次的检查。借鉴诸葛亮让赵云在抵达东吴后先大肆采买，让整个东吴都知道刘备来娶亲的思路，你在第一次采集数据时，也可以大张旗鼓来造势。

准备好制度文件和检查的记录表单，带上所有记录数据的人员和各级管理人员，在团队里走上那么一圈，检查大家的状态。

看到表现很好的伙伴，告诉包括这位伙伴在内的身边所有人，这就是典范，然后让记录人员在表单上记下好或达标之类的标记；看到出现问题的，上前先询问情况，然后动之以情、晓之以理、诱之以利，说明制度执行的要求和利害关系之后，再"绳之以法"，让记录人员记下错误情况。这个过程也可以用到我们在第一章中提到的有关批评的发展性反馈模型。最后，记得还要授之以渔，告诉他如何不犯错，如何补回来。

经过一两次这样大张旗鼓地检查采集之后，就可以安排记录人员按照规定周期，有规律地去采集数据了，而其他一些数据的采集工作，也可以通过在办公室贴一张数据采集日程表，明确采集的时间、周期、内容和负责人等内容。接下来，就是在平时提醒督促各负责人去收集数据了。

高频公示结果

数据在收集之后，千万不要等到发工资前才去公布结果。过程中的动态数据，需要按照检查和统计数据，及时核算，然后高频公示。一般来说，一周一次更新公示，每个月最后的统计结果整体公示，都是很必要的。

毕竟和大家的收入有关，要让每个人都清楚自己为什么多了或少了钱，多了或少了多少，保证制度的执行透明。高频公示还能够帮助你的团队成员在执行的过程中，及时发现自己的问题，调整工作方向和状态，也更利于指标的最终达成。

所以，用好你团队里的公告栏，把每次核算的过程数据都打印、签字，然后贴出来。如果没有公告栏，也可以在每周给团队的工作群里发布结果，或者以群发邮件的形式进行公布。

结合错同罚的原则，每次公布的结果中，你的数据也一定记得让大家都看到。

及时听取反馈

在收集数据和高频公示的过程中，你很有可能收到来自团队成员的反馈，这些反馈也是你分析和判断制度有效性的重要参考，要认真和及时地听取，有些反馈也要及时解释和处理。

面对反馈，先要甄别一下这些反馈是什么类型的，再去做出相应的处理。

如果对方承认自己有错，只是想来和你求情、诉苦，希望你能网开一面，那你要做的是坚持原则的同时给到关怀。一方面明确告诉求情的人，按照规定这个面没法开，你也可以拿自己的错误来例证；另一方面，你还要帮他分析问题想办法，找到能在后续尽量弥补的途径。

如果是对一些检查结果的质疑或异议，那你就得找来检查记录人员，翻出记录的原始表单，然后大家一起再次核对确认了。

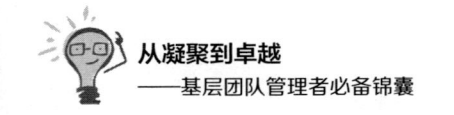

如果是对检查项目、指标、标准提出改进的建议，那更是要在感谢对方的同时，仔细听并认真分析，有必要时去亲自操作一把、体验一下，到能听到炮火的前线去感受这些制度的状态。

定期复盘

我们必须清楚，一个制度绝不是一成不变的。设计制度时，必然会有考虑不周之处，执行过程也会由于时过境迁，造成有些内容要求与团队状态不再适应。所以我们需要定期对制度进行复盘，并根据复盘的结论及时调整。

设置复盘周期

首先我们需要确定一下复盘的周期。指标的变化并不像第二章中的行为和态度那样与仪式感这一个主因——对应，相反它们不仅受到制度的影响，也会受到来自政策、经济形势、工具技术等多方面多种因素的影响。所以制度对指标变化的影响效果，我们并不能在短短的一个月就有准确的把握。

复盘时间太短难以看出效果，但复盘时间太长则会造成问题不能及时解决的窘境，所以建议你对制度的复盘周期可以以3个月为一个基本单位。

第一次复盘和修订，在签发制度之后的第3个月时进行。之后第6个月可以再进行一次更为深入的复盘，并且6个月这个节点一般都可以作为制度的试行期限。如果制度合适，6个月就从试行版转为正式版，如果不合适，6个月后可以做比较大的调整甚至终止。再往后第9个月、一年的节点上，都可以再度复盘和修订。基本运行一年以上的制度相对都会比较完善，而且能够深入人心了。一年之后我们再要修订制度，大多只会在业务或团队结构出现重大变化的时候进行了。

如果你采用的是主题活动项目这种变通的形式,那一般项目周期也可以设置成3至6个月,在项目完成后整理项目成果,形成总结报告。最后,再尽量将独特的项目转化成长久的制度。

分析数据结果

在复盘的时候,客观的数据分析结果是必不可少的,你需要关注统计的行为数据、业绩指标结果的变化两个方面。

行为数据方面,把历史的检查记录统计分析一番,看看大家在实施的过程中,规范行为的正确性有没有提高,禁止行为的出现次数有没有减少,行为过程的流程记录是否完整规范。

还可以整理这段时间反应大家行为状态的积分分布、考核激励实际数额及分布情况等数据,看看与预期的"持平略正"是否吻合。

业绩指标结果方面,可以把执行前和执行后的指标做对比,执行过程中各个月度的指标走势也可以进行环比分析。需要注意在分析业绩指标时,你得充分考虑到其他各方面因素的综合影响,不能只归结于制度。

如果仅靠实施过程的环比数据分析还不能完整反映情况,你也可以结合历年同期的数据进行同比分析。而执行过程中一些特殊的情况、重大的事件对指标的影响要从分析中摘除,这样才能更准确地判断制度起到的作用有多大。

为了让你的分析思路更清晰,总结报告更有说服力,你还可以用各种图表来对数据的变化进行可视化呈现。

可以用条形图来对比各成员或小团队的成绩排名,以及各类行为出现的频次。

比如,我用条形图对各班组安全纪律的平均分进行了排名分析,平均得分最高和最低的班组一目了然,见图3.1。

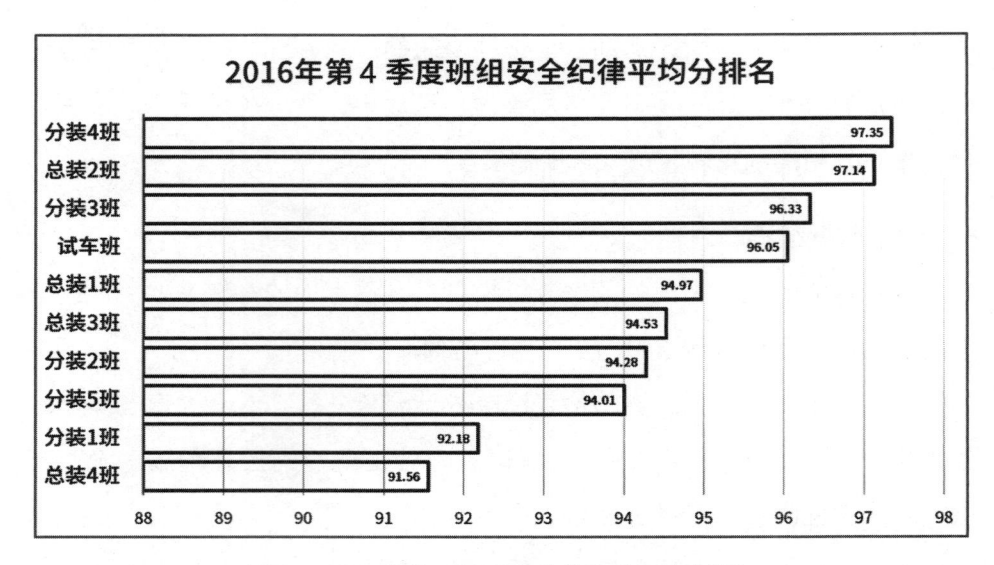

从凝聚到卓越
——基层团队管理者必备锦囊

图3.1 2016年第4季度班组安全纪律平均分排名

还可以用柱形图来分析这段时间的走势，或者考核激励的分布区间等。

像当时我在车间，就用柱形图和折线图分析了推行制度之后，单台下线及单台入库一检不合格项次的走势，从图3.2可以看到不合格项次在半年里都有了明显的减少。

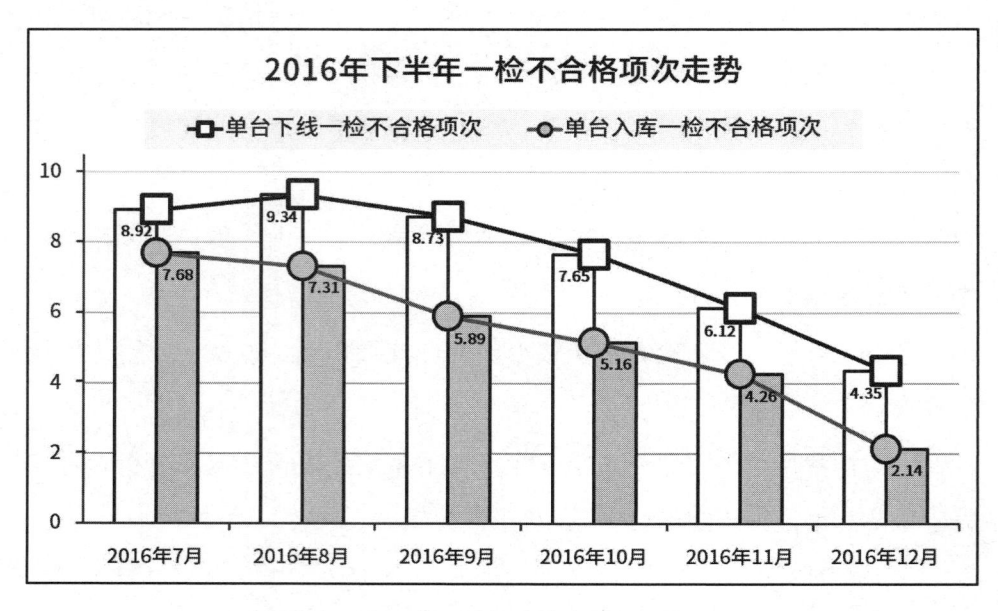

图3.2 2016年下半年一检不合格项次走势

其他的饼图、雷达图等图表，在你需要分析数据时，尽管使用就好。

分析之后，记得一定要有结论能得出，有效还是无效？效果有多大？哪里做得好？哪里还需要改进？要从数据中明确提炼出结论，这些结论在你调整的时候，就是一个指导方向。顺便也可以用在总结报告中，作为报告和各章节的主题。

主客观结合修订

复盘结果出来了，接下来就可以用复盘结果中的结论，结合平时收集到的各种主观反馈建议，对你的制度进行调整修订。

具体的修订内容需要结合你的制度和结果来定，但一般情况下，复盘时的修订，你可以考虑以下几个重点方向：

◆ 修订不恰当的指标

对比定下的指标和实际完成的情况。如果总是不达标，有可能指标定高了，可以稍微降低；如果指标都能很轻松甚至加倍完成，那大概率是指标定得太低，可以提高一些。

◆ 修订不合适的标准

看看一些行为的规范和标准是不是重要和必要的，同时大家能不能做到。如果和价值关系不大，或者是大多数人做不到的，那就别做强制要求了。

◆ 修订不合理的公式

如果实施过程中，有些伙伴的工资最后算下来出奇的高或低，或者大家的工资算下来普遍偏高或偏低，分布不符合预期，可能你的计算公式、分档区间，以及上下限都需要进行调整。

◆ 修订不顺畅的流程

流程是否顺畅，很重要的一个判断依据就是是否存在瓶颈，假如有些工作流程，在某个岗位上出现了一堆待审批或待办理的事，需要排大队，或者一人不在大家都进行不下去，那这个流程你就需要调整优化，给瓶颈

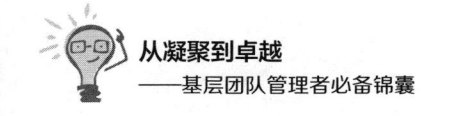

减压、设置多通路，或者简化一些环节等。

◆ 修订统计的数据项

也许经过一段时间的数据统计，你会发现有些数据意义不大，或者难以获取，那在这些数据中，没意义的可以删除，同时对于难获取但确实需要的，你可以用另一个比较容易获取的数据进行换算。当然，替换的数据一定要和原本的数据存在必然的换算关系才行。

◆ 修订检查的项目和方法

大家反馈的建议中，还很有可能对某些监督检查的项目或方法有异议，检查的人员也可能会因为项目或方法不合适，在检查过程中遇到困难。在前文中我们也提到了处理的办法，去落实、去体验，然后修订这些内容，让检查变得更为合理和可行。

在你的制度中，也许除了以上方向之外，还有其他需要修订调整的地方，那就一并在复盘之后，围绕着价值和指标，结合数据分析的结果与大家反馈的主观意见进行修订。

温馨提示，如果你在制度编制之初，按照我的建议把各种系数、比例、分档、积分、表单这些作为附件，那修订的时候会更加方便。

本章要点回顾

通过本章的三个锦囊，在团队中用制度来推行法治，进而帮助你的团队完成指标、达成目标的路径已经被描绘出来了。现在，你不妨思考一下自己团队的核心价值并把它写下来，之后就可以一步步激发制度的能量，去更好地实现这个价值。

第三章 围绕价值定制度，团队超额完成目标

本章的核心内容总结见表3.5。

表3.5 第三章锦囊回顾

锦囊一：锚定价值拆指标，挂钩收入更聚焦			
描述团队核心价值	价值公式：ICCBD I：我的团队 Condition：条件 Customer：客户 Behavior：行为 Degree：程度	工具： 团队价值描述表 填表客户要前移	常见情况： 行为与客户匹配 条件程度配行为 特殊产品要思考
拆分量化关键指标	提炼整合关键词： 从条件中提炼 从程度中提炼	匹配组织需求： 望环境大势 闻利益诉求 问题找关键 切现状入手	确定量化指标： 看计划 查制度 分析数据
挂钩收入构建框架	人为因素关联指标	行为结果挂钩收入： 禁止行为算扣分 多多益善划区间 完成比例定基准 符合程度按偏差	整合制度思路框架： 制度整合求少 导图梳理思路

锦囊二：权限之内定制度，变通众创根基固			
明确权限边界范围	查找现有制度： 正在用的保留 没在用的复用 不好用的修改	明确权力边界： 业务员工管理 文件管理权限	权限不足变通： 法无禁止即可为 更名换姓再出发 借船出海抱大腿
撰写制度基础草案	制度基础信息： 名称编号 基本要素 职责分工	制度主体内容： 内容要求细则 激励考核标准 监督检查机制	制度补充要素： 辅助考核 附件附则 流程落款
收集多方反馈意见	上级逐级沟通	下级公示收集	平级请求协助

续表

	锦囊三：制度不是风景线，以身作则推实现			
以身作则	令必行	禁必止	错同罚
推动实施	持续采集数据： 大张旗鼓启动 制定采集日程 提醒坚持执行	高频公示结果： 每周一次 正式公示 包含自己	及时听取反馈： 拒求情但指路 异议多方核对 建议致谢细听
定期复盘	设置复盘周期： 3月首次复盘 6月试行转正 1年剧变再改	分析数据结果： 行为业绩数据 图表可视呈现 分析需有结论	主客观结合修订： 不恰当的指标 不合适的标准 不合理的公式 不顺畅的流程 统计的数据项 检查项目方法

第四章

遇到矛盾问题时,你到底该解决"谁"

　　有人的地方就有江湖,江湖上总是难免会有各种纷争,在团队中,也是如此。几乎每个团队或多或少都会存在一些内部纷争,团队成员之间可能会因为各种原因出现矛盾或其他种种问题。

　　而法治的另一面,就是在出现"违法"情况时,对"违法"的人和行为做出相应的处理。

　　那么在你的团队中,如果出现了伙伴之间的矛盾冲突,或者其他的各种问题,作为管理者,你该怎么解决呢?是解决问题本身?解决出现问题的人?还是解决什么呢?

　　其实上面所说的,都应该被解决。如果有伙伴之间起了冲突,冲突的

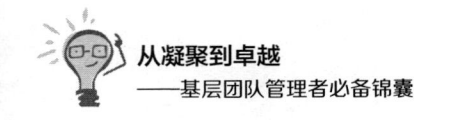

双方当然不能不去处理。

但是，也绝不能仅仅把当事人处理了就结束。你需要从冲突中进一步分析造成冲突的原因，找到团队广义"环境"中存在的问题，也就是环境中会滋生矛盾冲突的缺陷，再进一步去解决这些缺陷，才能够避免更多同类的矛盾冲突再次出现。

在团队成员的矛盾冲突中，打架这种肢体冲突可以说是比较严重的情况了。所以在这一章里，我会用三个自己处理过的打架事件作为案例，来和你聊聊冲突背后几种常见的"环境问题"的解决锦囊：

- 锦囊一　争夺资源闹矛盾，供给调配有法门
- 锦囊二　工作干扰坏情绪，时空分布和工具
- 锦囊三　偷懒耍滑非正道，先查流程减内耗

在锦囊中，你会看到我处理这些问题时的实际做法；然后，可以从问题分析中对比你自己的团队，看看有没有类似的情况；最后，再通过锦囊中的解决思路，来解决你的团队中存在的实际问题。

锦囊一
争夺资源闹矛盾，供给调配有法门

我们的第一个故事，从两个工人为了争夺工具而打架开始。

案例4.1

那时我刚刚接手车间不久，车间的各种仪式也刚开始推行。

当完成了一整天的工作，和伙伴们逐一击掌致谢之后，我甩着发红的右手，照例回到办公室，休息一下喝口水，接着整理这一天的工作。

正当我填写一张电子表格时，突然办公室的门"哐啷"一声开了，没等我抬头就听见车间技术员的声音。

第四章
遇到矛盾问题时，你到底该解决"谁"

"许哥！公司门口有人打架了！分装2班和分装3班的俩人在公司门口打架，围了好多人，公司大门都堵住了。孙总带客人来参观，车都堵着进不来啊！"

这火急火燎的消息，让我瞬间头皮发麻，我撇开电脑赶紧和技术员出了办公室。

走到半路一个坡上，就看到孙总的车已经进来了，他从车窗里冷冰冰地看着我。车还在继续往下开，我也顾不上解释道歉，点头表示歉意以后就继续往前跑。

之后自然少不了一顿训斥，孙总那时的尴尬肯定比我更大，所以第二天直接把我叫到办公室去劈头盖脸说了一顿。

当然，这些都是后话，时间还是回到打架的下午。

等我赶到公司大门口一看，门口的通道已经让出来了，围观的人也把两人拉开了，一人身边围了几个。

他们俩一个头发乱糟糟，另一个鼻子淌着血，互相不服地坐在地上看着。两人的班长也都在，看到我过来以后都主动跟我打了招呼，然后我也没直接问打架的两个人，想让他俩冷静一会，所以先从班长那了解情况。

"跟我说说怎么回事？"我皱着眉头看了看两个班长。

"俺也不是很清楚，听意思他俩好像是上班时抢一个气扳机，小宋没抢过小赵，当时撂下话让他等着，这就下班堵门口等着打小赵了。"其中一个班长跟我说了个大概，另外一个班长说得也差不多，是因为抢一个气扳机。

当时我很纳闷，你们是两个班组，各有各的气扳机，怎么还会抢呢？没等我再继续问班长，小宋先吆喝起来了。

"许主任，你给评评理他欠不欠揍，我今天正用着气扳机呢，刚放到架子上回头去拿俩螺母，他'呼嗵'一下就给我拔走了，我追着他去要，

139

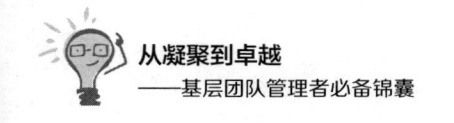

他还仗着他班人多不给我。"

"那个气扳机是俺班的,我拿回去是应该的,凭啥给你?你拿了俺班的东西,现在还堵门口要打我,你咋这么牛呢?"旁边的小赵也忍不住喊起来了。

"那个气扳机明明是俺班的,我都用了一个礼拜了,你今天跟我说是恁班的?"小宋也不甘示弱地继续争辩。

……

就这样两人又吵了几句,都信誓旦旦地说那个气扳机是自己班里的,我制止了他俩以后接着问两个班长,到底这个气扳机是哪个班的。

结果两个班长也说不清,都用了"应该""大概"这样的词说可能是自己班里的。

当时我也上了点火,直接跟俩班长说:"自己班里的东西都不知道有什么吗?家里东西丢了知不知道?"

分装2班的班长就很委屈地解释道:"许主任,现在车间里工具可能……不太够,反正我们班里是不够的,线上经常有互相拿工具、互相借工具的事,工具又都长得一样,拿来拿去真都分不清是谁的了。这次他俩也是平时不太对付,所以不是借而是直接抢开了。"

这段解释提供了关键信息:工具不够是一个问题,长得一样又是一个问题,同时目前大家习惯性地互相拿或借但没有手续,也容易造成混乱。

于是在对这次打架的当事人该安抚的安抚,该处分的处分之后,我仔细拆解了暴露出来的问题,无论是从工具的数量,还是管理模式来说,都存在着造成这种情况的缺陷。

公司的工艺卡片是按工序来分的,在我刚接手的时候,各班组的工具都是班长之前按照工艺卡片统计,然后合并整理明细领用的,以班组为单位管理。

而实际的岗位操作，是以工位为单位的，每个工位上有对应数量的若干个工序。

讲到这里，你应该发现问题了，班组和工序都不是实际操作的工位，所以就会造成一些工位拥有的工具和实际的需求不匹配，特别是同样型号的工具。

举个例子，某一个工具在A班组的工艺卡片里，有可能5个工序都需要，班长在统计的时候，发现这5个工序要用的工具一样，所以合并同类项，只领了2个。而实际操作中这个班组的工位分布，有可能将这5个工序分到了3个不同的工位，所以操作时，有3个工位都会用到这个工具。

这样就会有一个工位缺少这件工具，从班组的柜子里拿工具时，谁先拿到谁就用。拿不到的怎么办？以车间当时的习惯，拿不到工具的人就会再去别的工位找，去别的班组借。

而当时各班组对工具的持有和保管也没有特别明确的规范。从小的方面看，工具上都没有任何的班组归属标记；从大的方面说，什么全面生产保养（Total Productive Maintenance，TPM）之类的管理也都没有推行，当时公司管设备的只有一个新来的科长加两个维修工，想推行也推不动。

所以真正要想避免因为抢夺工具引发的冲突，就要在处理这两个打架的人之后，对车间的工具进行一次系统地梳理，再制定明确的管理流程。

梳理的大致过程是这样的：

我首先组织车间的班组长，把各班的工艺卡片从厚厚一本拆开，单页加膜挂到对应的工位上。说来也不怕你笑话，这种成熟生产型企业的基本操作，在我们当时那个成立没多久的公司却还没有做……

工艺卡片分发之后，让每个工位的操作工在班长和技术员的协助下，整理出工艺卡片中列出的所有工具明细，保证每个工位的每个人都能同时拥有对应的工具来完成生产。

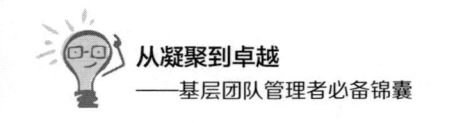

整理的同时，我顺便还让大家根据现场的操作顺序、工艺器具和操作的位置，给每个工具做了接近操作位置，员工伸手就能拿到的"定置"工作。

梳理和优化之后，每个班组都补发了一批工具。我还安排每个班组把本班的工具按照"班组+工位"的规则进行编号，直接在工具上做出标记，这样哪个工具是谁的，一清二楚。

最后，我还对每天上下班的工具领用归还流程、工具维修和更换流程等相关的制度都做了进一步优化和修订。

经过这次梳理和修订之后，因为抢工具而引发的冲突在我的车间里再也没有出现过了，而且整个车间的工作效率也有大幅提高。

问题及环境原因分析

我的第一个故事讲完了，两个人打个架，全车间跟着忙活了一个月，你从中看出些什么了吗？我们一起来分析一下吧。

矛盾表象：争夺资源

资源，一个深深刻在全人类骨髓当中的词语。古今中外，有无数次因为资源不足引起的灾荒与饥饿，也有无数因为争夺资源而带来战火和破灭。资源是宝藏，同样也是引发祸端的导火索。

而在企业当中，同样存在着对资源的渴求和欲望。无论是实质性的生产，还是虚拟的构建，无论是对物操作，还是与人沟通，所有的工作都需要用到相应的资源。而对于资源的争夺，同样也是企业中最容易导致各种矛盾和问题的引信。

所以当你的团队成员中出现矛盾时，你在处理的过程中需要判断一下，是否是由于争夺资源而造成的。判断的方法其实没什么高深的，全在常识范围之内，无非就是争夺"人、财、物、信"这几种最常见的资源。

第四章 遇到矛盾问题时，你到底该解决"谁"

◆ **人际/人力资源**

人是社会性动物，人的活动也大多需要与其他人互动，所以在职场当中，人际关系是非常重要的资源；想完成一些工作，足够的人力也是必要的保障。因此经常会由于对人的争夺，产生一些突出的矛盾。

销售人员之间"防火防盗防同事"，往往是因为怕被同事撬走了自己的客户；下属经常到上级那去打小报告，可能是嫉妒对方被上级赏识或信任；团队内部拉帮结派，是想获得更多人的支持；团队之间互挖墙脚，有时也是对优质人才求不得导致的。

这些关乎于人的矛盾一旦出现，我们基本上就可以归类到与"人"相关的资源争夺这一大类当中。

◆ **财务/资金资源**

天下熙熙皆为利来，天下攘攘皆为利往，这句话充分说明了人性在社会中对钱的渴望。钱不是万能的，没有钱却是万万不能的。作为投入的成本、业绩的准绳，无论是团队还是个人，在面对钱的时候总是会显得不够淡定。

采买物资需要花钱，培训学习需要花钱，维护客户关系需要花钱，改善工作环境也需要花钱，但有限的金额总是很难满足整个团队各个方面，以及所有人对资金的需求；而除了为工作花钱，工资、绩效金、项目奖、年终奖，各种酬劳的分配也都是真金白银。

因此团队中也经常会出现以争夺团队投入，或者对酬劳分配不满，而引起的这一类关于"财"的矛盾。

◆ **物料/空间资源**

钱花出去了，很大一部分会换来物，那么同样有些人即便不去争夺钱财，也会争夺一些物资、物料或空间资源。

像案例4.1里2位员工对工具的争夺，就是典型的物资争夺。其他团队

143

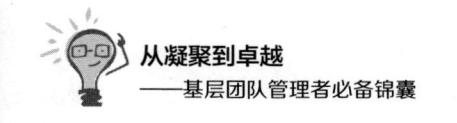

中，可能大家会争某个设备的使用权；或者像新冠肺炎疫情初期的口罩争夺战那样，争夺应急物资；还有企业里的会议室、会客厅、酒楼里的包间、酒店里的房间，这些空间也是争夺频发的空间。

无论是对工具、物资，还是空间的争夺，都可以归为"物"的资源争夺，这类争夺也是很常见的矛盾爆发点。

◆ 信息/身份资源

最后还有一类是比较虚拟的资源，一些信息类资源和一些身份类的资源。

很多生意都是靠着信息的不对称或认知的不对等而开展的。在你的团队里，如果有一些技术或信息（非机密）只有某一两个人掌握，那他们可能会藏着掖着不愿意分享，怕众人皆知后自己无法获利，也就是对常说的"教会徒弟饿死师傅"的担忧；有时一些表彰、荣誉或是职位这样能象征身份的资源，也容易引起没有获得的人的嫉妒和非议。

于是团队围绕着信息资源，经常出现师傅抱怨对方不会做，徒弟反击说没教，或者得了奖、升了岗的人得不到其他人的认同等矛盾。

环境原因：资源不足或资源管理机制不当

这些常见类型的资源，为何会引起团队成员之间的冲突呢？抛开每个伙伴人性深处我们无法触及的因素之外，在团队中最主要的原因大抵有两个：资源本身的稀缺和不足，以及资源管理机制的不恰当。

◆ 资源稀缺不足

如果告诉你一个理财产品的年化收益率是5%，给你10 000元的本金，让你一年时间买这个理财赚5 000元，能做到吗？

我们不用去考虑网上那种"圆珠笔换别墅"的套路，或者贷款买房来回套现的谬论，就以目前这个要求来说，那肯定是无法做到的，这显而易见。但是在企业里、在团队中，经常会有同理不同形的情况出现，明明资源条件有限，却设置一个高得离谱的目标，不让马吃草，还要马快跑。

所以团队的伙伴们想达成目标，却发现所需的资源完全不够用，结果肯定会对资源进行争夺，进而产生冲突。

◆ 资源管理机制不当

有些团队原本资源就不富裕，再加上管理机制的不当，会让资源的稀缺性矛盾更加突出；还有些团队可能资源本身是充足的，但是同样由于管理机制不合适，也会造成一种"稀缺"的假象，在这种假象的背后，可能还会隐藏着很多像浪费、公为私用等并发问题。

因此，无论资源充足还是稀缺，如果没有非常适合的资源管理机制，都可能会造成争夺和冲突。

回想案例4.1中车间员工对工具的争夺，正符合了这两个原因。也正因如此，针对两方面原因对症下药、双管齐下，自然能取得良好的效果。

问题解决思路

在面对争夺背后的资源问题时，你得先有一个接受现实的心理准备。没有人是全知全能的，我们也很难解决掉所有问题，特别是扎根人性中的自私所带来的问题。所以上面提到的常见四类稀缺资源当中，一些人际关系、钱财分配、身份之类的资源，可能我们无论多努力，都仍然无法根除部分伙伴心中的不满和欲望。

但反过来讲，尽自己最大努力，在能力范围内去解决你管得到的问题，做到无愧于心，无愧与己，那即便不能全部解决，也可以让现状有所改善。

所以这里给你一些针对你能解决的资源问题，可以采取的思路和方法。

为团队争取更多资源

首先，作为团队管理者，你有责任为团队的伙伴们提供充足的资源。在你能够提供的范围之内，前面提到的四类资源都可以尽可能满足团队伙伴们达成业绩要求所需要的资源。

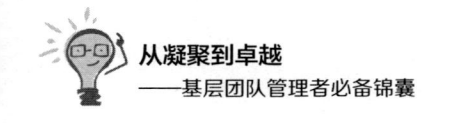

给新来的销售对接一些客户、给新开的项目小组拨发启动资金、给团队增补工具、给优秀的伙伴争取荣誉或晋升，这些都是可以去做的。

在你为团队伙伴提供资源的时候，往往还需要向上级去申请。申请的时候可能面对不同的领导，需要用不同的策略。但有一个原则基本上能在大多数场合都适用，就是在申请的时候，只要你能说明这些资源的必要性，计算出投入资源和回报之间的投资回报率，或者资源缺口对业绩的影响，用数据和事实来说话，那么一般只要能算清楚账的领导都会支持你的。

而有些小伙伴又该说了，申请不下来怎么办啊？资源就是不够怎么解决啊？还是那句话，办法总比困难多！

A方案不行试试B方案，这个资源搞不到，想想有没有其他的替代品，只要你真的想，是大概率能想出办法的。

不过在给团队的伙伴争取资源时，你还得注意自己的团队与其他团队之间的资源配置和平衡关系。毕竟公司里不是仅有你一个团队，而你的领导也可能面临和你一样的处境，所以要懂得换位思考，才不至于在你的层面上再度造成资源争夺引发的更高一级冲突。

还有，资源的充足并不等于溢出和浪费，这个度你得把握好，不要矫枉过正。

建立资源保护机制

在有了足够的资源之后，当然还要看看资源的管理机制是否可以优化，一个可行的操作是设置一些资源的保护机制。

比如，我所做的给工具上打刻"班组+工位"的标记，就能够有效防止工具归属不明被反复争夺。在你的团队里，一些物资也同样可以用加标签方式标明归属；而针对客户，可以用首问负责制，接触客户后在团队内备案负责人，这样就不会在团队内部出现互相抢客户的情况；像资金、信息，或者其他辅助的资源，也都可以用定额分配、注明权限等方式来保护。

这样做的目的是让成员之间不会出现一些讲不清楚归属的资源，或者无限度占用资源的情况。

建立资源共享机制

除了资源保护机制，还建议你设置一些资源共享的机制。

这种共享和保护并不冲突。详细来说，一般保护和共享的资源对象是不重叠的，或者同样资源的使用场景是分开的。这两个机制，是能够从两个方向共同确保资源高效利用的手段。

资源共享机制的设置，目的在于应对实际工作中突发的紧急资源需求，或者因为使用者出现状况而导致的资源闲置浪费。这些需求和状况并不少见，而出现之时，也正是资源共享机制可以派上用场的时刻。

比如，在梳理车间工具的工作中，除了案例4.1中提到的一系列操作，我还给每个班组和工段都配了一些备用的工具。这样就能够很好地缓冲一些突如其来的紧急订单，一些部件返厂的额外集中返修，一些班组常规工具突然损坏，或者由于员工调岗等情况造成的临时工具需求了。

除了上述的物资共享，其他类型的团队也可以根据团队类型设置资源共享机制。比如，由于销售人员长期离岗或工作调动造成无法服务部分客户时，需要有一套合理有效的客户转接流程；或者针对一些每个人不常用，但整个团队加起来使用频率比较高的设备，比如，打印机、复印机、饮水机、咖啡机等制定共用机制。只要制定好规则，资源都能够得到更高效的利用。

最后还要叮嘱你一下，无论是资源的保护还是共享，都要从团队的业务实际和资源的应用实际出发，才能真正对团队起到作用。甚至，你还可以用第三章的方法单独出一个制度来约束，让这些机制变得更加规范。

锦囊二
工作干扰坏情绪，时空分布和工具

我们的团队伙伴大多数时候会在一起工作，在这种情况下难免会彼此干扰。有时赶上别人心情正糟糕的时候，干扰可能会是引爆情绪的一个导火索，比如，案例4.2中的老孔。

案例4.2

总装3班的老孔个子不高，体型精精瘦瘦的，平时头发梳得黑亮，看起来很斯文。他实际年龄并不老，只是在当时那个"90后"居多的车间里，他相对年纪大一些，所以大家都叫他老孔。

我在车间挺长时间了，一直知道有这个伙伴，平时话不多干活也不错，但直到那个冬天的上午，我才对他有了进一步的认识。

当时正值业务淡季，车间里的工作不多，当时甚至开始每周每人只上四天班，大家错开排班，生产线上的人也比平时少一些。

那天上午，我在办公室刚刚整理完了一些汇报的材料，然后换上劳保鞋，戴上安全帽，准备去生产线巡视一圈。

刚刚出门，我就看到生产线中段围了一圈人，还有尖锐的喊声传来。这显然不太正常，于是我快步走过去看看怎么回事。

走到跟前，总装2班和3班的人都在，工段长和技术员也都在。人群中总装3班的老孔和总装2班的小殷在大家的注视下争辩着，旁边的人时不时会说"算了，算了"。

我看到小殷的眼眶有些湿润，脸颊红红的，两股清鼻涕在鼻孔下摇摇欲坠，一副受了委屈的表情。

"什么情况？"我开始询问。

第四章 遇到矛盾问题时，你到底该解决"谁"

小殷看到我就像看到亲人一样，低着头向我抱怨："许主任，刚才我吊一个升运器，行车（工厂里挂在厂房上方横梁上的吊车，可以沿着横梁轨道前后移动吊装重物。）不小心撞到前面的车了。一看他在前面，我马上就给他道歉了，结果他二话不说就骂我，还从车上下来打我。"

"什么不小心？你就是故意撞的！仗着自己活少干得快，天天吆喝跟催命似的。今天老子不想搭理你，你倒好，上来撞老子？"老孔那副瘦小的身躯里爆发出一阵嘶吼。

到这里，事情的经过算是搞清楚了。如图4.1所示，总装3班的老孔在车上动作慢了点，生产线往前走，吊着老孔那台车大件的行车却没动，但总装2班的小殷已经开始下一台车的吊装了，行车也要跟着车往前走，两台相邻的行车相撞，老孔正在操作时被吓了一跳，所以才会出现刚才的一幕。

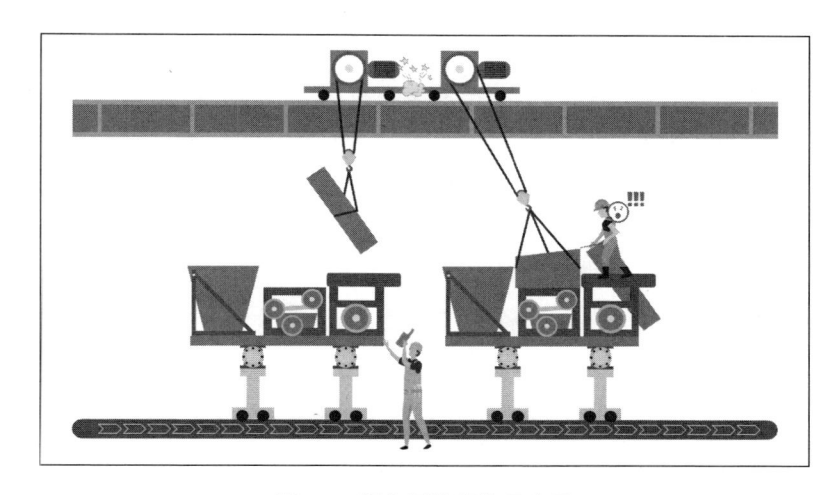

图4.1　行车相撞事件示意图

原本以为到这里，再劝两句就完事了，结果小殷一听老孔说他是故意的，也不甘示弱道："你自己干活慢还好意思说？干一点活跟乌龟爬一样慢，你不想多拿工资我还想拿呢！"

接下来的一幕，让我到今天还记忆犹新。原本两人面对面站着，隔了

149

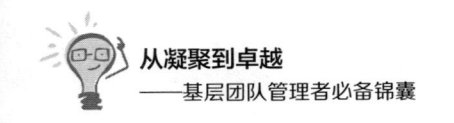

有一米多远,我在他俩之间的侧面,就在小殷说完老孔干活慢之后,比我低了大半头的老孔一步冲上前,跳起来扇了比我高出许多的小殷一巴掌。

当时老孔扇完这一巴掌还不算完,嘴里喊着:"你不是年少轻狂吗?今天就让你这小青年学学做人!"

我和在场的班组长、工段长、技术员全惊呆了,老孔这一巴掌完全出乎了在场所有人的意料。这么一个平时沉默寡言的老大哥,当着主任的面打人,我事后想想他得是下了多大的决心才跳出这一步,挥出这一巴掌啊!

被打了的小殷马上怒了,直接往前跨一步准备动手。虽然周围的人在老孔动手时没反应过来,但震惊之余还是想起了拉开两个人,这才使冲突没有进一步升级。

当时我明显感觉到老孔的状态非常不对,所以俩人被拉开之后,我安排大家迅速将两人隔离,让工段长、技术员和班组长带着小殷回班组好好安慰,我则把老孔带回到办公室详细询问。

我先让老孔坐在办公室的长凳上,递给他一杯水,然后没有急着说什么,等着他开口。

过了一会,老孔的情绪似乎是平复下来一些,放下水杯开始说:"许主任,你都不知道总装2班那帮小子多气人,这不是他们第一次撞我行车了。是,我承认他们可能干活快,都年轻力壮的,班里几个大件搬得快吊得也快,但每次他们活干完了就跑我们班来催,你让他们试试我们班这些操纵杆啥的,不都得一个个调啊?"

"有这种情况该先跟我说呀,咱们想办法去解决,打人恐怕解决不了问题。"我当时说话听起来有些"官方",但心里确实在盘算着怎样去解决这个问题。

"主要是好几次了,今天实在没憋住火,就动手了。这样吧,许主

第四章
遇到矛盾问题时，你到底该解决"谁"

任，我也不让你为难，我辞职得了，不干了。"

本该平复下来了，怎么又要辞职。其实老孔的工作表现一直不错，听他这么说，我当然不能同意，就又开始劝他："你是车间里的老大哥，这我还没说怎么处理今天的事呢，你咋？这就要逃避？"

"不是，真不想给你添麻烦了。刚才当着你的面打人，怎么说都不应该，确实最近心里憋着气，在这儿也干不下去了，不是许主任你不好，你管车间特别好，主要是我自己。你知道营销那个徐经理，还有财务那个宋经理吧？他俩之前和我在一家单位，当时我们在老单位的级别都差不多，现在看着人家一个个当了经理，我还是个工人，见面都抬不起头来，最近又上四休三工资拿得少，我在家里也抬不起头。"

实话说老孔到车间比我还早，我在技术的时候他就已经在车间了，后来我调任车间主任，关于他的过往工作经历自然是不了解的。而那天到最后，老孔才终于说了心里话，和原本差不多的老同事拉开了差距，加上家里受了气，所以最近就憋着火，刚才被小殷那么一撞，火气彻底被点爆了，接着又被小殷激两句，所以才不顾后果地在我面前动手。

后来再聊了几句，我发现他去意已决，于是最终还是出了通报处分，扣除了纪律分数，然后同意了他的辞职。小殷那边我也去和他们整个班组了解了一些平时的情况，虽然有些皮，但他本质上还是个吃苦耐劳的乖孩子，加上小殷一直被打没动手，我就在通报里批评了一下，相关当事人的处理就到这结束了。

接下来，老孔在聊的时候提到的几件事让我始终很在意。"不是第一次撞行车""总装2班活干得快""总装3班有很多操纵杆要调整"这些都是导致这次打架背后的环境因素。

一方面，行车能撞上，这说明前后两个行车之间没有防撞保护是一个工具功能的缺陷。

151

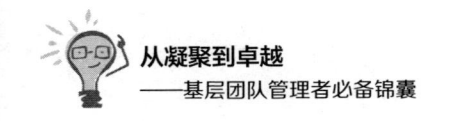

另一方面，两个大件吊装工位距离太近，而老孔工位上又有一些小工序是吊装之后操作的，这就会造成操作节奏的不匹配，从时间上给了撞车发生的可能性。

搞清楚原因之后，解决的办法就非常明晰了。

首先，我联系了设备科，请他们在车间里所有行车的前后两端，都安装上限位传感器，一旦两个行车之间的距离小于一米，传感器就会自动切断向靠近方向的控制信号。这样一来，现场就是想撞车也撞不上了。

然后，我还安排现场微调了一些小工序的操作，把老孔那边可以提前分装的工序放在分装班组里，而另一些可以晚装的工序，调整到下一个工位来装，调整之后，两个班组的工艺节拍也就基本同步匹配起来了。

问题及环境原因分析

分析一下案例4.2的打架事件，虽然老孔的心里有其他事导致情绪不佳，但最终引爆冲突的，正是行车相撞这样一个彼此工作的干扰。

矛盾表象：工作干扰

不知道你上小学的时候，有没有和同桌在课桌中间，用修正液画一条"三八线"？我上学时就和同桌这么干过，现在脑海中还有一些关于此事残存的记忆碎片。当时我和同桌因为过线而不客气地用胳膊肘互相撞，还有些同学甚至从撞一撞到直接打了起来。

随着年龄的增长，那条"三八线"慢慢从我们的桌子上消失了，但在心里，还依然有各种无形的"三八线"存在，我们希望能够有自己的空间，同时和别人之间有一定的边界。当有人越界时，我们的心里就会不舒服。

工作中的很多情境也是这样，同事之间的种种越界和干扰，无论有心还是无意，都可能造成彼此的冲突。再加上一些不好用的工具"推波助澜"，造成干扰时间延长或影响变大，就更容易引起冲突了。下面几个场景，不知道你在工作中有没有见到过。

- 炎热的夏天，办公室里老旧的空调吱吱作响，由于氟不够，只能开大风量。于是正对着空调的同事苦不堪言，时不时会去关掉，再有人去开的时候，就开始互相指责对方只顾自己了。

- 办公室里有个"打印专业户"，天天打时时印，喷墨打印机散发出的气味和吱吱嘎嘎的声音，都让其他人不愿意待在办公室。

- 老旧的办公室里突然传出一声惨叫，一个200斤的胖同事坐塌了弱不禁风的活动椅，后面工位的隔断玻璃也被撞碎。正沉浸在工作中的同事先惊再气，看到眼前的景象后又忍不住坏笑嘲讽一番：整天用靠背碰隔断玻璃干扰我，现在自作自受了吧？

- 安静的设计部或其他办公室里有一个大嗓门的同事，每天在办公室和客户打电话"沟通方案"，方圆20米内的同事都戴着耳机却也效果寥寥。每当他打电话时，叹气、咂嘴、摔鼠标、拍键盘的声音此起彼伏却无法引起他的注意，终于有人忍不住问能不能出去打电话，结果却换来他理直气壮的回怼。

- 相邻两个工位，一个工位都是精细的小操作，另一个工位却要抡大锤。大锤一抡，旁边的仪表就没法组装；装仪表的人一生气，隔壁大锤也不敢再抡。

- 公司配的电脑或装的软件不好用，于是每个办公室里都会有一个被大家喊出来的"电脑高手"。每次自己忙得不可开交的时候，最怕听到"你能来帮我看看吗？这破电脑怎么回事啊？"

不止上面这些，还有很多类似的情况。虽然看上去都是些鸡毛蒜皮的小事，可小事多了，积累得久了，再有点意外情况的出现给紧张的气氛火上浇油，就容易突破人们心中的防线，从而引起冲突。

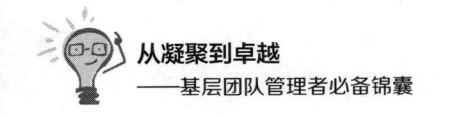

环境原因：工具功能难以满足与工作时空重叠

上面那些工作干扰的场景及我故事中的冲突，其诱因主要就是工作中使用的各种工具功能的不完善造成的"被动越界"，以及多人的工作之间，因时间和空间的重叠，为了完成自己的工作而无奈的"主动越界"。

◆ **工具功能难以满足需要**

勤俭节约的精神是提倡的，但在工作中，我们更多的还要考虑本书已多次提到的投资回报率。如果一些工具的功能很差，或者性能差到早该被淘汰了，那么再"新三年、旧三年，缝缝补补又三年"地凑合，让工作效率始终得不到提升，让使用者总是一用就来气，可就是真的得不偿失了。看似勤俭持家过日子，实则是拖后腿的败家之举。

再加上由于功能不足，所以团队里的伙伴们想要完成任务时，往往会采取一些非常规的手段，或者向别人求助，这也会对他人造成影响。

◆ **工作时空重叠**

如果不仅是工具功能不能满足需要，同时这个工具还很热门，会有大量的伙伴需要用。那不仅用起来慢，还有很多人同时需要抢着用，谁都想早点完成任务，这种时间上的重叠也是冲突的一个诱因。

还有团队里每个人的工作或多或少都会有些不同，对工作环境的要求也可能有所差异。如果把两种不同环境要求的工作，放在同一段时间、同一个空间里，也会造成彼此干扰。

在分析原因之后，你会发现这类冲突本身已经变得不那么重要了，而真正重要的，反而是冲突背后的原因。它们本身可能并不致命，但长期积累就会像沉积在身体里的慢性毒素一样，最终由量变引起爆发式的质变。

所以勿以善小而不为，勿以恶小而为之。勿以工具功能和时空重叠本身表现得并不严重而不去管，这两个会导致冲突或其他问题的原因，我们是一定要处理的。处理之后，团队也会从很小的投入中获得化冲突于无形,乃至对团队整体更有价值的收益。

问题解决思路

解决这两个问题原因的思路,简单说对症下药去优化就好。工具哪里不好用就及时调整,让功能满足工作需要;时空有重叠的话就调整分开,让大家彼此不干扰。

优化工具功能

优化工具这件事说起来轻巧,但实际上在操作的时候,简单粗暴地买买买、换换换,未必是最佳的选择,甚至购买和更换只能作为你最后的选择。在它之前,你至少有其他的三种选择可以优先考虑。那么我们的优化思路,一共有四个非常通用的,我会用生活中比较常见的情况来帮你简化理解。

◆ "垫桌脚"——增补功能模块

如果一张桌子有条桌脚磨损了,桌子总会晃,你该怎么办?当然是找东西垫上而不是去再换一张桌子。

有些工具本身大部分功能是满足需要的,仅仅是缺失了某个小的功能或某些功能模块,那么在这种情况下,缺什么增补什么就行。

比如,在案例4.2里在行车前后加装限位传感器,就是典型的增补功能的优化方法,而其他常见的同类方法,有诸如空调加氟、电脑加内存或加硬盘、软件装插件补丁等,只要把缺失的那一小段"桌脚"给它补充完整,让支撑桌子稳定的功能得以实现,就用最小的成本获得了足够的功能。

◆ "包电线"——维修不良状态

一根很长的电线意外破了外皮,我们也没必要整根电线都更换,只需要拿绝缘胶带给它里三层外三层地缠起来,让这种不良状态得以修复,问题就迎刃而解了。

有时一些打印机、办公室的大门吱吱作响,只是内部润滑不好,加点机油就可以；热水器烧水慢，很可能是加热棒上水垢沉积影响了热的传导速度，清理一下就又成了"热得快"；电脑卡顿，如果配置本身很高，拆机看看是不是灰尘把风扇堵住了，杀毒软件扫扫是不是有病毒木马或垃圾太多，一番清理之后可能又快如闪电。

所以如果你能找到工具明显的不良状态点，直接去修复，也不必更换了。

◆ "婚纱照"——租用通用物资

你结婚的时候拍婚纱照，应该不会把自己想穿的衣服全都买来，然后挨个穿着拍吧？除了专业的角色扮演玩家，大多数普通人拍婚纱照基本上是去婚纱影楼拍，直接挑选影楼的衣服来穿。

在工作场景中，很多的通用物资、设备也都可以租用，比如，我在拍摄本书同名视频课程的时候，要双机位拍摄，而团队里只有一台单反，再买一台成本又太高了，所以当时我在支付宝上免押金租用了一台，这比买可便宜多了。

现在面对公司的租赁业务非常多。接待重要客人时办公楼里的鲜花盆栽可以租，打印机复印机可以租，公司班车可以租，网站的域名空间也可以租。你会发现很多本身很贵的工具，用租的模式，不但可以节省成本，而且功能方面能通过换租更新的产品来提升。

◆ "洗衣机"——更换全新设备

我们的奶奶那一辈人，家里一般都会有一个大盆和一个搓衣板。但早在几十年前，洗衣机就逐渐进入了家庭，一步一步发展为替代搓衣板。到了今天，可能很多家庭里已经没有用来洗衣服的搓衣板了。

电脑隔几年就得从硬件上全面升级换新，软件的版本也是越高越好用，手动工具的效率远远不如电动或气动工具，电子化的审批流程既高效又节省资源。这种工具的升级换代，就已经不是增补和修理能解决的了，那这种情况下，该换就换吧！

调整工作时空分布

优化工具的同时，你还可以进一步观察团队成员工作时的时空重叠问题，然后再用分离的总原则，以下面四个思路进行优化。

◆ 同用一地，错峰安排

如果团队的伙伴们有些工作必须在某个地点完成，必须占用某个空间，或者必须用到某个工具，那就尽量让大家不要同时去用。

有些事情并不是非常着急，错峰排起来也不是很难。比如，财务的报销，如果团队的出差或招待量大，需要报销的次数比较多，你可以安排不同的人在每周不同的时间去报销；如果团队的人数众多，餐厅位置有限，可以安排不同时间段错开用餐；如果团队经常有文件要打印，也可以安排新来的实习生，每天定点收集大家要打印的文件去一并打印。

在时间上进行分散，是可以在一定程度上减少彼此干扰的。

◆ 同时工作，空间拉开

有些团队因为公司的制度要求，或业务流程的需要，必须集中在同一时段进行工作，那这种情况下要避免互相干扰冲突，比较适合的方法就是拉开空间。

这里的拉开空间，包括了实际意义上的物理空间。增加同时工作的员工彼此之间的距离确实会减少干扰，但我们也绝不仅有简单地增加物理距离这一条路可走。

还记得30年前在银行排队的场景吗？每个窗口前都有一路纵队，排队的人需要一直站在队伍里，要不然自己的位置就没了，还得时刻提防着有不自觉的人插队。现在去银行怎么排队呢？一个叫号机，每个人根据业务打印号码条，舒舒服服坐在大厅里等着叫号就行。

人数一样的情况下，两者有什么异同呢？相同的是银行大厅的面积和窗口的数量，不同的是排队的模式。过去的模式是"多窗多队"，把若干支队伍挤在一个空间里，即便每支队伍本身会更短，但队伍间的干扰、各队速度的不平衡，都会对整体效率造成影响。而现在的银行排队模式是"多窗一队"，本身的排队秩序提高了，也不会出现插队、混队的干扰，即便某个窗口或某个客户办事效率比较低，也会有其他快速的窗口继续给后面的客户办理。

所以这种模式的变化，也相当于给银行里每支队伍增加空间。

在你的团队里，是不是也可以统筹调度去安排这些原本多人多队各自为战的工作呢？空间无法增大的话，就减少空间里的单位或队伍数量，相应的也等于增加了每个单位队伍的空间。

还有些时候，为了增加空间，可以先压缩空间。听上去挺矛盾，解释起来其实就是拆除一些占用空间的物体，叠放一些特别不常用的物资，或者把工作需要密切配合的岗位拉近，这些做法都能够让整体的富余空间增加，减少干扰。

◆ 环境不同，时空不同

我在之前的那家制造业公司可以算是元老之一，从最初的十人团队干技术开始，和公司一起经历过从租用厂房，到和集团旗下的其他公司共用厂区，再到后来公司建设了一个独立使用的新厂区。

在新的生产基地里，主办公楼是紧贴着车间厂房而建的，有一面墙直接和厂房共用，我清楚地记得那位负责规划新厂区领导，在带我们去看新厂区的时候，很自豪地讲解三层楼各部门的安排依据：一楼的办公室，都是和生产强相关的，制造部、质量部、采购部三个部门，下设车间、检验科、物资管理科等科室，这些部门科室的办公室门都是朝车间方向开的，能第一时间赶到现场；三楼，对，他接下来直接跳过二楼讲三楼，都是一些需要相对比较安静环境的办公室，主要就是技术部和工艺部，这两个大部门放在最高层，一般情况下没有人来打扰，能让他们更安心地搞技术；然后二楼就是财务部、综合管理部这些职能部门，还有各个老总的办公室，承上启下，接待客户都是更加合适的位置。

这个厂区规划的思路，相信很多工业企业都是有的，那我们在安排团队工作空间的设计中，也完全可以借鉴。

一些精细的，或者需要安静环境来激发灵感的岗位，尽量安排到不容易被人打扰的位置；而一些相对粗犷的操作，或者需要频繁走动、频繁和人交流的岗位，放在相对靠外一些的位置。还可以安排一些单间的会客室、接待区，来把特殊的环境与常规的工作环境隔离开。

同时各个岗位的位置安排，也尽可能按照岗位对环境要求的相似度、同类环境下工作时间相同的标准来考虑。

◆ **工作节奏，彼此匹配**

最后，关于时间方面，还可以用匹配工作节奏的手段来进行优化。特别是在同一工作流程中的前后环节，如果前后环节一个快、一个慢，一个忙、一个闲，那这个工作流程中，肯定会出现类似案例4.2里那样，一头天天催，另一头不耐烦的情况。

面对这种情况，你需要进行一些干预，让双方的工作节奏尽量匹配，比如，工序的重新分配调整，岗位之间人员调配，业务流程的改进等，都可以因地制宜，根据你的情况去选择。

需要注意的是，上面四个调整工作时空分布的思路，并不是排他的。在许多问题的背后，你可能需要用到多个思路组合使用，也可能会搭配对工具的优化，或者我们前后文中提到的很多方法，一起进行调整，这样才能融会贯通，达到优化的更高境界。这样也会帮助你的团队提高效率，并且让气氛变得更加融洽。

锦囊三
偷懒耍滑非正道，先查流程减内耗

网络上流行着一句话："别跟我谈理想，我的理想是不上班光拿钱。"虽然有些可笑，但反映了很多人趋利避害的特点，以及追求安逸的态度。你愿意拿起这本书来读，说明你是一个努力上进的人。但在职场里，你不要奢求每一个人都能像你一样努力和优秀。

能够和大多数普通人、不完美的人合作，才是你更加优秀的体现。而别人的种种不够努力，经常表现为在工作中偷懒的情况。

在接下来的案例4.3里，试车工小徐就是想偷点懒，结果却被打了。

案例4.3

正值生产旺季，员工们每天在车间里干得热火朝天。

按照流程开完了车间的早会后，各班组有序离场，从试车班开始，然后是总装4班、总装3班……

大家走得差不多了，我也转身回了办公室，稍做调整就戴上安全帽要去隔壁的涂装车间催催喷好漆的钣金件。没想到却因为一个意外，导致这天早上的催货工作，让工段长替我去了。

我刚走出车间门，迎面走来了一位外协厂送货的师傅。我之前经常去他们厂里，所以和这个师傅也互相认识。

他一见到我，紧握着手里的单据快走了两步，我刚冲他笑着点个头，他却表情严肃地告诉我："那边两个小青年打架呢，我看都动家伙了，一只手都破皮了。"

一听这个消息，我也顾不上去涂装车间了，转身就往线上跑，到了总装4班一看，试车工小徐右手拿卫生纸擦拭着左手的血迹，总装4班的老孙

第四章
遇到矛盾问题时，你到底该解决"谁"

被班长和几个同事拉着，手里还拿着一根角钢。

当时两个人还在吵着，小徐歪着头不依不饶地质问老孙："我拿件是我不对，回头我给你补上就行，你打我干吗？你凭什么打我？"

老孙是个暴脾气，这会正盛怒之下，显得有点得理不饶人。

"你个小贼，成天从我们班偷件，一盘点我们班就对不上，都是你们这些试车班的偷的，揍你一顿都是轻的，以后再来偷个件试试？"

老孙一边说着，一边还抽起角钢要继续动手，好在身边的同事比较多，把他按住了。

为了不影响正常生产，我让老孙放下角钢，把两个人一起带回办公室。一同前往的还有总装4班的班长。

回到办公室，总装工段的詹段长正好也在，我就安排他帮我处理一下其他的事情。

"詹，你去涂装催催今天的件，顺便把小龙给我叫办公室来。"

詹段长答应之后就出了门，我也开始了对老孙的问话。

"老孙啊，是不是最近工作太忙？今天怎么就动手打人了？"

"许主任，这小贼是惯犯了，以前我们班经常丢件，都不知道谁拿的，每次班长丢了就去重新领，今天我开完早会回班里就看到他从我们班货架上偷件，估计以前丢的都是他干的。"

小徐听到这，自知理亏却还在争辩。

"你这话说得就过分了，都是干活的别张嘴闭嘴'小贼小贼'的叫，我又没偷你家东西。是，我承认，今天从你们班拿件了，以前我也拿过，但你打我是不是你不对？"

"打你怎么了？我们那抓到贼打断手的都有，你从我们班偷件你还有理了？"

"我拿件，是因为好几次你们班装的件不好，动不动就坏了，没装好

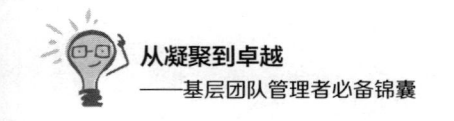

又不下来修，我跑仓库比你们远那么多，所以才拿的。真要论起来，你们要是把件都装好，我也不会去拿啊！"

"你放屁！我们班干的活自己不知道？你跑车跑坏了别给我们甩锅！"

听着两个人又开始杠上，旁边的总装4班班长急忙开始劝老孙少说几句，办公室里的人也都上来安抚双方情绪。我知道老孙的脾气，所以大家安抚一会之后，我也想先努力让气氛缓和下来。

劝导之后，我又切回正题："这样啊，也别互相怪罪了，今天的事就是小徐去线上拿件，这事小徐你是真不应该，人家班组的零件都有账，少了以后对不起来肯定很麻烦，这都是你拿件造成的。"我先严肃地批评了小徐。

"不过你俩之间，平时没啥仇吧？啊？有没有仇？"我笑着看向老孙。

老孙看到我的眼神，也有点不好意思，同样微微笑了笑，说没有什么仇。

小徐也很机灵，见缝插针地参与进来："许主任，俺俩没啥仇，以前还一起喝过酒。"

我看气氛差不多了，接着开启和事佬模式。

"就是，既然你俩无冤无仇的是吧，那也别继续怄气了。大家都是为了工作，互相理解行吧？俩人互相都认个错，今天这事处分通报我就不出了，纪律分给你们各扣一些，这么处理你们没意见吧？"

两个人也基本都平复下来，对我的处理没有提出异议，我就让总装4班的班长带着老孙先回了班组。

接着，我进一步教育了小徐，领件有流程，不能随便自己到线上去拿班组的件。正好试车班的班长小龙也到了办公室，从和两人谈话的过程

162

中，我听到了他们对现状的描述。

"许主任，你给我们做的计件工资特别好，以前吃大锅饭都不太上心，现在是入库一台车赚一台的钱，所以都很有干劲，就比谁入库更快更多。"

小徐抱怨前还不忘先恭维我一番，然后就话锋一转。

"不过现在许主任你知道我们试车的时候最怕啥不？最怕的就是有件坏了要去换，随随便便一个小件坏了，要换个新的来回跑近一个小时才能换到。要不我也不会回去路上经过他们班，顺便就拿件了。我就是想赶紧给换上入库。"

事实确实如此，当时他们试车员想领换个新件，就必须拿上旧件开领料单，找班组长、工段长逐一审核签字以后，再去仓库换。

如图4.2所示，厂房车间很大，试车场在车间的东边，仓库在车间的西边。所以领换的这个过程，来来回回光走路就得横跨车间走十几分钟，再加上审批、等待的时间，没有一个小时也差不多了，确实挺浪费时间的。

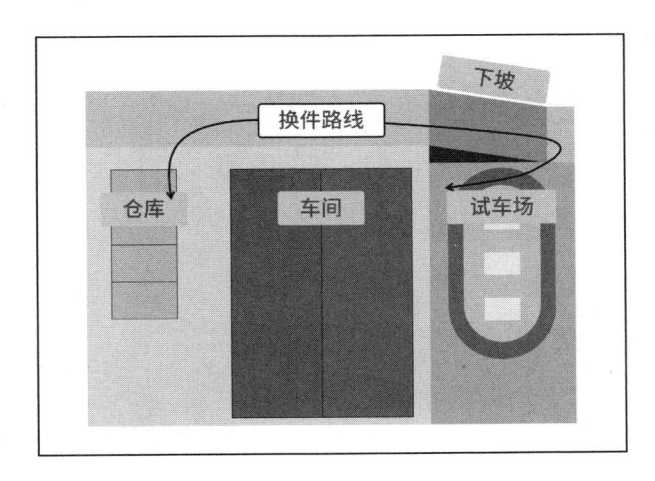

图4.2　厂房车间示意图

可以说小徐是想偷懒，但他偷懒的原因也可以理解。

"行，这事我知道怎么回事了，我会安排处理。你先回去，走车间外

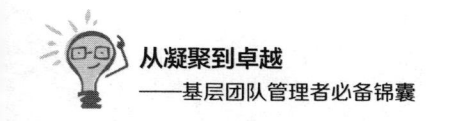

面，这会别再经过总装4班了，再坚持一周，下周我保证你们领件会比现在快很多。"

"那行许主任，你先忙，我回去了。"小徐起身要走，临出门时我又叮嘱他一句不许再去线上拿件了，这小伙子满口答应着就走了。

"小龙，试车班长你也干了好几年了，平时哪些件容易磨损经常要换的，有数没？"

"必须门清啊，平时他们换件我都要签字，换的啥件我都知道。"小龙也毫不含糊。

我接着交代："那你等一会回去了以后，给我拉个试车过程的易损件明细出来吧。"

"没问题许哥！"

接着我转身又跟旁边的技术员小赵安排："这样，等小龙的明细过来了，你按照现在的产量和节拍，跟他一块估算一下每周大概需要多少易损件的当量。"

"行，许哥，小龙一会你过来找我就行。"小赵抬头推了推眼镜，似乎已经知道了我要干什么。

"走，去你试车场转转！"我一边说一边站起来，拉着小龙去了试车场。

后面的事情简短点说。我们到了试车场，先物色一块角落里的空地，找人打扫一下之后，给圈了出来。

正好车间那会有一些储备的物资，直接用得上，我们就在空地里码放了一堆货架，周围扎上围栏，围栏留一个门并且准备了一把锁，钥匙直接交给了小龙，一个简单的试车过程易损件库就搭起来了。

之后没两天，跑通了各个部门，给易损件库里铺上了第一批货。这个库就算是正式建立好了。

建库之后，我还定了一些易损件领用的流程和规定。要求试车员每次有损耗需要换件的时候，先在易损件库台账上登记，然后就近上交旧件领取新件。

每个周末，由小龙负责整理台账，然后以试车班的名义，开一个总的领料单，去和仓库对账结算。仓库在周末收到领料单之后，会在下周一一早专门给试车场配送相应数量的零部件。

这样一改流程，大家的效率都提高了。试车工不用再跑太远就能换到零件，入库速度明显提高，大家每个月的收入也能多出千把块钱。而各级的审批人员和仓库的保管员，也不用频繁地填写、审核、收集来自试车班的领料单了，每周一次核对，工作量大大减少，可以说是一个人人叫好的改善动作。

自此之后，主任我再也不会担心试车工被生产线上的员工打了。因为不会再出现小徐那样偷懒去顺件的情况了。

问题及环境原因分析

回顾案例4.3，小徐这次被打事件主要原因是自己想快点入库，又不想按标准流程去领件，于是偷懒直接从生产线上拿，却碰到了暴脾气的老孙。真的是好巧不巧，几个情况赶到一起了。

矛盾表象：偷懒不走流程

近些年来，我国国民的素质有了明显的提升，在公共场合及各项事务的办理流程上，也越来越注意礼仪规范及秩序。但社会上依然存在着一种投机的思维，瞧不起循规蹈矩的人，觉得这些人很傻很迂腐；相反，那些能找人托关系办事的，靠着不正当手段插队的，还有钻制度空子发财的，在他们自己及身边人的眼中，却成了"牛人"。

在这种思维方式和风气环境下成长起来的人，到了职场也时常表现出

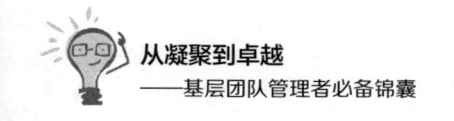

偷懒耍滑、不守规矩，不愿意自己被条条框框的流程所约束。殊不知自己这样仿佛占了便宜省了力，但实际上是把自己职业生涯健康发展的道路越走越窄了，得不偿失。

所以首先我们要呼吁每个人在职场中，能够遵守所处团队的规则，大家在同一套规则体系下办事，在同一套流程下走业务。这样即便不能让自己变得轻松愉悦，但长远来说，和整个团队同频同步的发展，也会给自己在能力和品质方面，打上优秀的标签。

但是人和流程之间是彼此作用、相互影响的，有些人不遵守流程和规矩，除了自己的问题，流程本身可能也存在着问题。

环境原因：流程有内耗

爱耍滑头的人进入一个团队里，一开始可能也不会表现出来，因为大多数人还是会遵守团队流程的。但时间久了出现不按流程办事的偷懒情况，那要么是这个流程本身有漏洞被他发现，要么就是因为一些不合理的流程内耗，让他不愿意再忍受下去，于是乎就寻求更加快速的方法。

所以我们先剥离人的思想因素，单独来看看流程环境方面可能存在的内耗问题有哪些具体表现。

◆ 审批环节太多

"哥们儿，我就领两包A4纸而已，用不着签四个字吧？"

有些公司的审批流程看上去很正规很严谨，但实际上存在过多无效浪费的审批环节，领一点物资也要领用人、保管人、双方科室负责人签字才行，像这样烦琐的审批环节，势必会让怕麻烦的人不愿意去领，而是转身到隔壁办公室"借"几张纸。

◆ 流程反复过多

"你们这商场真好，就那么两个收款台，我每逛完一家店都得回收款台这一趟！要是攒一堆票一起来收款台付款，倒是少了这个次数，不过交完钱我又得挨个店再去跑一趟，你们就这么玩上帝？难道不能让每个店自己收钱？"

估计你也见过这样的商场吧？为了自己的统一管理，让店家和消费者很是无奈地多跑好多路。有些企业也类似，会把一些流程做"集中管理"，每完成一步都要去到某个地方确认或报告。类似这种流程的反复，对整个组织来说，无论是效率还是形象，都会造成负面影响。

◆ 等待时间过长

"我倒是想快点干，你这非得攒满一筐货才给我送过来，每次干完我都得干瞪眼等着你那边，这么小的东西，这么近的距离，你就不能做好一件给我送一件？"

像这样节拍非常不均匀的生产线，根本不能称为流水线，倒是叫"脉冲线"或"步进线"比较合适。

这种一个环节攒够数了再给下一个环节的节奏，你可以想象一下，每两个环节之间都会因等待时间而造成效率降低，而整个流程中不止两个环节，所以一环一环地放大下来，就会产生等待浪费的"牛鞭效应"，即在初始端的轻微波动，会随着鞭子逐渐扩大，在末端引起巨大的偏差。

◆ 库存积压太久

"哥，你看我面前这一摞文件，都还没复印盖章呢，还往上堆啊？底下压的那几份都堆了两天了，就两页纸，你辛苦一下自己去印呗。"

有个综合的文员，的确能让大家都节省下大量的文档处理工作时间，不过如果量太大，都堆积在文员那里，也会造成文员忙不过来，你要等好久的情况出现。

还有在各行各业的各种流程中，都可能存在实物产品、虚拟信息或工作量的库存积压。卖不出去的尾货、生产线上的大批半成品、待处理的文件、待回复的邮件、待审批的单据等库存比比皆是。请记住，库存即成

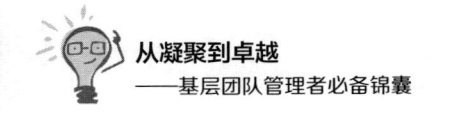

本，堆得越多，说明你的流程中没有产生价值的浪费越大。

◆ **流程不均波动**

前面提到的等待时间和库存积压，往往是成组出现的，它们的上一级问题是流程的效率不均衡造成的。

你可以简单计算一下我描述的这个情况：如果一个流程里有4个环节，每个环节的处理周期都是2小时，那么一个产品从输入到输出，一共要经历8小时，而当这个流程运转起来之后，每2小时都能把产品往下一个环节传递，也就是每2小时都能输入一个、输出一个，所以流程的输出率是每件产品2小时。

那么我们假设另外一种情况，流程总的时间还是8小时不变，但第1个环节的处理周期是1小时，第2个环节是5小时，第3个环节和第4个环节又都是1小时，这个流程会变成什么样呢？平均的输出率是多久输出一个产品？流程里的库存会有多少？

答案是平均5小时才能输出一次！效率成倍降低！而且假如按照第1个环节的效率，每1小时就会输入一次，那么半成品在第1个环节和第2个环节之间堆积严重，而第3个环节和第4个环节每工作1小时却要再等待4小时才能获得从第2个环节里送来的半成品。前面的环节面对堆积如山的库存发愁，后面的环节总是无尽的等待很着急，大家的情绪都好不了。

这样1-5-1-1的流程问题很明显，所以我们一般的流程设计会追求均衡，可能不会偏差到1-5-1-1的情况，而是向2-2-2-2靠拢。但实际操作起来，每个环节本身的效率有可能会在2小时上下波动，比如，第一次是2小时，第二次2.5小时，第三次是1.8小时，第四次又因为出现故障成了3小时。这种波动的情况也非常普遍，额外的工作打扰、电话、会议、吃饭休息、工具损坏、电脑卡顿等因素都有可能导致波动的发生，而随着流程的重复次数越多，前一环节的波动延迟累加峰值，将是后一环节波动延迟的起点，这也是在实际工作中，经常出现有人干不完，同时又有人没事干的原因。

这时，你不仅要考虑库存和等待这两个问题本身，更要上升到流程效率的高度去核实问题。

◆ **流程变动频繁**

我们先来做个测试，你可以准备一张纸和一支笔，打开手机的计时器，记录一下你写出下面一段字符的时间：

A○1B□2C△3D○4E□5F△6G○7H□8I△9J○10K□11L△12M○13N□14O△15P○16Q□17R△18S○19T□20U△21V○22W□23X△24Y○25Z□26

怎么样？用了多久？2分钟？1分钟？

那接下来，再写一段字符，还是记得要计时：

A B C D E F G H I J K L M N O P Q R S T U V W X Y Z
○ □ △ ○ □ △ ○ □ △ ○ □ △ ○ □ △ ○ □ △ ○ □ △ ○ □ △ ○ □

1 2 3 4 5 6 7 8 9 10 11 12 13 14 15 16 17 18 19 20 21 22 23 24 25 26

这次又用了多少时间？一定比上一次快了很多吧？根据平时我在课堂上的统计，平均效率差距大概在3倍左右。

但其实两次你所写下的字符，都是完全一样的，只是调整了分组顺序而已。

这个小测试说明了人的大脑在处理信息时，集中处理同类信息的速度要比不断切换信息类型快很多。

工作中的流程也有和人脑一样的这个特点，如果流程中处理的产品或信息不断发生变化，那整个流程的效率也会随之降低。这个很好理解，信息的处理就和刚才写字一样，人脑在不同类型信息之间切换就是会慢；而实际的产品方面，每种不同产品的规格不一样，需要的物资物料和工具也都不同，所以切换不同产品的话，要么整体调整生产线，需要一定的"换模时间"，要么就把所有种类产品的工具物资全都堆在生产线上，那每次寻找物资所花的时间，也会比只生产一种产品更多，这其实也是另一种形式的流程波动。

虽然"丰田模式"告诉我们，要不断缩短换模时间来应对小批量甚至单件流的状态，以满足多变的市场需求，但其实如果条件允许，变化没那么迫切的话，流程的模式还是可以在一定颗粒度的范围内尽量趋同的。即便我们做不到每个人只管一摊事，每条线只做一种产品，但至少在流程的安排上，一小段时间里、一个小批量当中，尽可能安排同一类型的工作，不要切换得太过频繁了。

问题解决思路

流程上的问题想解决，并不是一蹴而就的，你得有打持久战的心理准备。在制造业，人们倡导持续改进，而在职业生涯中，前辈告诉我们要每天进步一点点。这两个原则异曲同工，即进步是缓慢但需要长期坚持的，像一只乌龟一样不停歇地向前爬行。慢，是状态；坚持，是核心。

在此基础之上，能够做流程优化的方法就非常多了。

你可以通过5S现场管理法来切入，注意，5S绝不是制造业专属的，更不是简单的打扫卫生，任何行业任何团队能够做好5S工作，都将有质的变化。

在5S的基础上，你也可以进一步用精益的理论和方法来优化自己团队里的流程，这是一套基于丰田成功经验的，已经被学界和社会广泛认同的成熟理论。

当然，在现代科学管理之父弗雷德里克·泰勒（Frederick Taylor）的

《科学管理原理》中，你也会找到很多可以用于优化流程的思路。

以上提到的理论和方法都是非常成熟并且成体系的，因篇幅的关系在这里断章取义可能无法向你准确表述其中的原理和具体操作，所以在这里我推荐几本精选的图书给你，你可以通过系统地阅读，来学习优化流程的方法：

（1）《科学管理原理》，[美]弗雷德里克·泰勒；

（2）《丰田模式：精益制造的14项管理原则》，[美]杰弗瑞·莱克；

（3）《做事的科学：细节与流程》，龚其国；

（4）《目标：简单而有效的常识管理》，[以]艾利·高德拉特、[美]杰夫·科克斯。

在这4本书中，我个人最推崇的，也是最有特色的，就是最后一本：《目标：简单而有效的常识管理》。

这本书有两位作者，其中第一位艾利·高德拉特（Eliyahu Goldratt）。他所提出的约束理论（Theory of Constraints, TOC），可以让一个系统的产出大幅提高。

而在这个约束理论中，高德拉特主张用近乎常识的逻辑推理解决复杂的管理问题，方法简单但极为有效，是不可多得的流程优化绝招。

《目标：简单而有效的常识管理》一书不仅有这样独特的理论，更有趣的是另一位作者杰夫·科克斯（Jeff Cox），居然主要写作方向是小说，对，他是一位小说家。

于是这两位作者把常识型的优化方法用小说的文体呈现出来，如果你是一个爱读小说的老书虫，那这本书既能让你享受阅读故事的快感，又能让你学会如何优化流程。

书的篇幅很长，不过核心的方法可以用浓缩的常识性文字来提炼。接下来，结合我自己在实践中的经验与理解，向你介绍TOC理论中最核心也

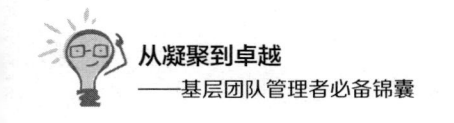

是最经典的消除流程中瓶颈的5个步骤。

步骤一：找出系统的制约因素（找到瓶颈）

决定一个系统输出率的并不是这个系统的输入率，也不是系统中最高效环节的效率，反而是系统中效率最低的环节决定了系统整体的输出率。这个效率最低的环节，也就是我们所说的"制约因素"或"瓶颈"所在。

要找出制约因素，方法非常简单。不需要搜集大量的数据信息，不需要建立数学模型去计算。你只要深入现场，问问大家总在哪卡住，看看哪个环节的耗时最长，哪个环节的库存积压最多，那它大概率就是系统的瓶颈了。

在找瓶颈的时候要注意，瓶颈环节的工作者本身的效率并不能直接等同于环节的效率，而相反往往一些效率更高的人成了系统的瓶颈。这句话是不是听起来有点矛盾？有一个成语"能者多劳"就是这种矛盾现象的实际体现，想象一下假如某个人自己工作效率非常高，那很可能会被安排更多的工作任务，这样安排的结果就有可能是这个人的工作总量除以他的工作效率，得到的工作周期反而比其他工作效率低但工作量少的人更长。这样一算，他所在的环节是不是就成了系统的瓶颈？

甚至有时一个团队里最严重的瓶颈，反而很可能是这个团队效率最高的"领导"，为什么呢？如果领导什么事都要审，下面几十上百人做的工作最终都会堆到他这里，他就是再快也需要很长时间才能处理完。

所以请记得，我们寻找瓶颈的时候，一定是看系统和环节的工作量、效率、工作周期、库存这几个参数，而其中最容易看得出来的就是库存，无论是产品的多少还是文件的数量，其数据都比其他参数更加一目了然。

常见的瓶颈载体，有以下几个：

◆ 原料瓶颈

原料太多堆积浪费，原料不足系统闲置，刚刚好才是真的好。

◆ 能力瓶颈

能力不足、沟通不到位、信息处理速度慢，也会让系统卡壳。

◆ 市场瓶颈

做了一大堆产品，卖不出去，堆在仓库里"发芽"会相当闹心。

◆ 政策瓶颈

环保要求严了、业务透明度高了，这些外部的因素都会限制企业当前不符合政策的业务。

步骤二：决定如何挖尽瓶颈的潜能

定位找出瓶颈之后，你可以看看导致瓶颈效率低下的原因，除了本身的能力不足和工作量过大，还有没有其他的因素，这里主要是指瓶颈的闲置、等待或返工时间。然后尽可能去挖尽它的潜能，也就是提高瓶颈当前状态下的利用率。可以参考以下几个思路采取操作。

◆ 减少无故闲置

虱子多了不痒，债多了不愁。有些人总是完成不了任务，就会破罐子破摔，不再努力了。所以你可以先看看瓶颈环节伙伴的工作状态是否饱满，如果有上班混时间摸鱼的情况，先要求他提高标准时间的利用率。

◆ 更高效者接手瓶颈

之前我们说可能效率高的人会在瓶颈环节，但也不一定，有时瓶颈上的工作者效率可能本身也会比较低，所以可以安排一些效率更高的人来接管这个环节。

◆ 加人或倒班安排

如果一个人在这个环节上速度太慢，可以安排更多人同时参与，如果别的环节工作8小时能完成任务，你可以在这个环节上"人停岗不停"地

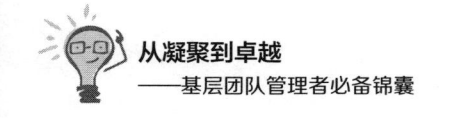

安排轮换倒班来追齐其他环节。

◆ **瓶颈之前设置缓冲区**

如果瓶颈环节本身效率低但相对稳定，而瓶颈之前的环节效率会有波动，偶尔甚至会因为一些意外情况低于瓶颈，那这些情况出现时，原本效率就低的瓶颈会因为等待变得更慢，所以在瓶颈之前设置一些少量库存的缓冲区，将避免这种风险。

◆ **瓶颈之前设置预审预处理环节**

为了避免输入瓶颈环节的"原料"存在问题，导致这个环节做无用功，可以在瓶颈环节之前，增加一些预审或是预处理的环节。

比如，在生产线上，在瓶颈前设置一个质检单元，提前确保输入瓶颈环节的原材料都是合格的，就能减少瓶颈因不合格输入而造成的返工浪费；而企业老总的办公室外，先由秘书预审一下各个部门提上来的申请，不合格、不合理的打回去重写，合格、合理的可以进行预分类，或者给老总按照可行性、紧急程度之类的维度分批审核。

◆ **改善瓶颈环节的工作方法**

有些瓶颈环节的产生，是因为工作方法不科学导致的效率低下或返工较多。所以面对这些问题，也可以分析一下瓶颈环节常见的错误，找到引起这些错误的工作步骤，分析步骤中员工采用的方法偏差，再想办法去改变这些方法，减少错误率，这样也可以提高瓶颈环节的利用率。

步骤三：其他的一切迁就上述决定

在约束理论中，瓶颈环节指产能等于或小于需求的环节，非瓶颈环节指产能大于需求的环节，对瓶颈环节和非瓶颈环节的效率关系，有这样两个原则：

瓶颈环节损失一小时，相当于整个系统损失一小时；

非瓶颈环节节约一小时，没有任何实际价值。

第四章
遇到矛盾问题时，你到底该解决"谁"

所以我们在提高瓶颈环节效率之前，千万不要浪费精力去提高非瓶颈环节的效率，甚至还要主动降低非瓶颈环节的效率，让它们和瓶颈环节相匹配。

也就是对于非瓶颈环节来说，"宁可让他站着看，也别让他再多干，否则就是在添乱！"

这一条似乎和我们熟知的常识有了矛盾？让人闲着不干活真的好吗？回想一下前文中提到的那条四个环节组成的工作流程，每个环节的时间分别是1-5-1-1，如果按照之前的说法，第一个环节每小时都要输入一个工作单元的话，后果就是第二环节跟不上，造成两个环节之间的库存大量积压。

所以这个时候，第一个环节的效率你就是压缩到10分钟一个工作单元，也不能提升整个流程的效率，甚至连目前的产能也不能充分利用。输入不能是1小时1个，而应该和第二环节的效率一致，5小时输入一个。剩下的4个小时，如果他没法到下一环节或团队中的其他地方去帮忙，那你真的可以让他站着看，直到下个环节还剩1小时干完时他再继续。

步骤四：给制约因素松绑(打破瓶颈)

瓶颈不能放着不管，我们还是需要打破它，让这个环节不再成为瓶颈。打破瓶颈的方法那就多种多样了。步骤二提高瓶颈利用率的操作，其实已经在一定程度上开始打破瓶颈了，而除了那些方法，你还可以考虑把瓶颈环节的工作量分摊到其他环节上，或者更改流程简化瓶颈的操作，还有像使用新工具、增加资源投入、给员工培训提高能力，各种方法都可以去用。

其实我们三个锦囊的案例当中，无论是给车间补充工具、把老孔班组里可以分装的小件调整到分装班组，还是在试车场建立易损件库，都是打破瓶颈的具体方法，你也可以将其作为参考，结合你的团队情况去消灭一

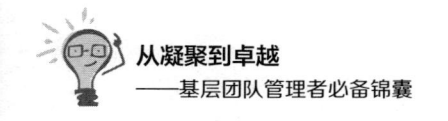

个个制约系统效率的瓶颈。

步骤五：如果步骤四打破了原有的瓶颈，那么回到步骤一找新的瓶颈

"警告！！！千万不要让惰性引发系统的制约因素。"这是《目标：简单而有效的常识管理》一书中的原文。

人都有惰性和惯性，当我们采取了迁就瓶颈的措施，又彻底打破了一个瓶颈之后，原有的迁就措施可能就不那么适用了，而且下一个瓶颈也会随之出现，新的瓶颈将再次制约你整个系统的效率。假如你还按照第一次迁就和打破瓶颈的措施继续进行，你的惰性和惯性将在自己脚下埋下隐患。所以，需要你再次找出新的瓶颈，用前面的方法去打破它，然后接着找新的瓶颈。

你的团队整体系统也将随着一轮一轮消灭瓶颈的优化，呈螺旋式上升，变得越来越高效和优秀。

本章要点回顾

读完这一章的三个锦囊，也许你会像我一样体会到，打架也好冲突也罢，它们本身都并没有那么可怕，也不是我们作为团队的管理者，需要过多劳心费神去纠结的点。真正重要的，是隐藏在这些冲突背后的各种环境因素。所以当你下次遇到团队成员有冲突的时候，别再仅仅批评教育或斡旋调解了，在处理人之后，深思一些，优化整个团队的环境吧！

作业简单留一个：请尝试着找出你团队目前流程中的瓶颈所在，并且用五步法去优化消灭它吧。

最后表4.1是第四章的锦囊回顾，请收好。

第四章 遇到矛盾问题时，你到底该解决"谁"

表4.1 第四章锦囊回顾

锦囊一：争夺资源闹矛盾，供给调配有法门				
矛盾表象	团队伙伴之间争抢资源。常见稀缺资源： 人际/人力资源；财务/资金资源； 物料/空间资源；信息/身份资源			
环境原因	资源稀缺不足		资源管理不当	
解决思路	为团队争取更多资源		建立资源保护机制	建立资源共享机制

锦囊二：工作干扰坏情绪，时空分布和工具		
矛盾表象	团队伙伴彼此工作干扰	
环境原因	工具功能难以满足	工作时空重叠
解决思路	优化工具功能： "垫桌脚"—增补功能模块 "包电线"—维修不良状态 "婚纱照"—租用通用物资 "洗衣机"—更换全新设备	调整工作时空分布： 同用一地，错峰安排 同时工作，空间拉开 环境不同，时空不同 工作节奏，彼此匹配

锦囊三：偷懒耍滑非正道，先查流程减内耗		
矛盾表象	团队成员偷懒不走流程	
环境原因	团队流程存在内耗： 审批环节太多；流程反复过多；等待时间过长； 库存积压太久；流程不均波动；流程变动频繁	
解决思路	经典体系推荐书单： 《科学管理原理》 《丰田模式：精益制造的14项管理原则》 《做事的科学：细节与流程》 《目标：简单而有效的常识管理》	约束理论核心五步骤： 找出瓶颈 挖尽瓶颈潜能 其他环节迁就瓶颈 打破瓶颈 寻找新的瓶颈

177

文化上进篇

近些年，创新一词在各行各业不断被提及，也成为推动社会发展的重要手段。同时，各种组织为了追求创新，也在积极地探索，希望能把自己打造成"学习型组织"。那么在这个时代的浪潮之下，面对变幻莫测的未来，你的团队是否也应当成为一个能够进化的学习型组织呢？答案是肯定的！

一方面，现在各行各业、各种组织都在学习、都在创新，你的团队如果原地打转，其实是"不进即是退"的。

另一方面，现在你的团队，也已经非常适合被打造成一个学习型组织、一支能够不断创新的队伍了。因为通过前两篇的方法，你已经有了一个人心齐聚并且法治规范的团队了，这种团队具有超强的凝聚力和超高的执行力。

所以，在你有了一个优秀团队的现在，不要沾沾自喜，而是要在保留好对团队自信的同时，继续带领团队再攀新高，把你的团队变成一支能够不断进化提升的，人人心中都有上进动力和方法的学习型团队。

第五章

让你的团队高手涌现，带飞全场

每个团队里或多或少都存在着一些高手，他们是整个团队重要的财富。高手的优异表现，能在顺境中带领团队勇攀高峰，也能在逆境中鼓舞士气解决难题，甚至能在绝境中力挽狂澜扶大厦于将倾。

但是很多团队当中，有相当多的高手并没有被发现出来，而是一直默默无闻地沉寂在人群中，这对于团队来说是一种浪费，更是一种悲哀。

如何避免这种浪费和悲哀，让高手不再沉寂呢？

在这一章里，我会从单点激发到条线串联，最后升级到全面铺开，提供三个层面的团队改进小锦囊，让你团队里的高手不断涌现，带飞全场：

- 锦囊一　单点激发——用心发现高手，激发他们的主动性

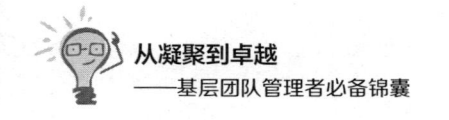

- 锦囊二　条线串联——抛出研究课题，组织攻关小组探索
- 锦囊三　全面铺开——设立专项机制，激励团队改进提升

有了这三个锦囊，作为团队的管理者，你在面对这些高手时，就能够充分识别和发现他们，进而给他们提供充分的条件和舞台，让他们秀出自己的风采了。

而高手涌现的团队，会像动车组列车那样，每一节车厢都能够推动整个团队加速前进。

锦囊一
单点激发——用心发现高手，激发他们的主动性

世上高手千千万，精准寻找不能乱。每个人都有自己独特的闪光点，也有自己擅长的方面。但是我们在自己的团队中要寻找的高手，可不能像孟尝君田文那样广罗门客，只要有哪怕鸡鸣狗盗般的一技之长就笼络麾下。

举个例子，如果你的团队是很传统的制造业，那么唱歌、跳舞、琴棋书画这些才艺显然在绝大多数场景下是不适用的；如果你的团队是新媒体或营销方面的，那可能某个伙伴会开挖掘机也不能算是你团队中的高手。

所以我们真正要寻找的高手，是其特长能与团队的业务和价值相匹配的，能够发挥所长为团队的绩效指标实现做出贡献的那群人。找到他们，和他们建立良好的互信关系，最后激发他们的带头模范作用吧！

两看一听，发现团队中的高手

怎么寻找与团队非常契合的高手呢？只需要通过常识性的两看一听：看数据、看状态、听评价，就能够把握个八九不离十。

第五章
让你的团队高手涌现，带飞全场

第一看：看业绩数据

一个人的工作到底做得怎么样，不是嘴上说好就是好的，俗话说"是骡子是马拉出来遛遛"，是高手还是菜鸟拿业绩数据来说话。

业绩数据是最基本的信息来源，你只要找到记录团队里成员业绩的数据，自然能找到长期名列前茅的员工了。

在我多年前做车间主任，每个月还只拿5000多元工资的时候，有一个月，我给车间里的一位试车工发了9000多元的工资，甚至比公司里当时很多经理级的干部都多。

这位老兄姓薛，高高瘦瘦，头很扁脸很白，双颊有些凹陷，是一位看上去挺文静的大哥，但他工作起来，效率高得令人惊叹，绝对是当时我们车间里的高手。

当年我们在车间里实行计件工资，每合格入库一台整机产品，试车工会有400元的计件工资，这个数据是根据试车工的基本工资和普遍水平计算出来的。当时车间里的大多数试车工，每月能入库整机产品10台左右，慢一点的7台、8台，稍快一些的能到13、14台，而唯独有个例外就是老薛，他每月平均的入库数在20台左右。发9000多元工资那个月，正好赶上旺季，连晚上带周末的加班，一个月入库了整整24台，基础工资就9600元。

再加上他的入库报检记录中，单台一检不合格项次只有平均值的一半以下，远低于标准，以及平时纪律和安全表现良好，各种系数一乘，直接过万，最后扣了保险扣了税，也实发了9000多元的工资，让其他员工羡慕不已。

还记得我们在第三章中提到的由团队价值拆出来的指标吗？安全、质量、成本、交货期，老薛的优异表现完全符合这几个关键的指标，那这样的人不是高手，谁又是呢？

所以从老薛的案例中，我们可以看得出来，只要你明确了团队的价值，拆出来围绕价值的各种指标，那发现高手所要看的数据就是大家在这些指标方面的表现数据。产量、质量、销量、满意度、闭环率等，都是你可以根据自己团队的情况去关注的指标。

指标是一定要看的，但也不能机械地去看，有些特殊情况，指标可能并不能完全反映一个人真实的能力水平。

有一个笑话，在某个公司里，有位销售业务员一直是全公司的销售冠军，每个月、每个季度的销售额都远远甩开其他同事。

公司领导知道这个情况，也知道在这背后的一些隐藏原因，所以一直对他很客气但没有委以重任。

直到后来，新来了一位人力资源的经理，想把他的经验和诀窍复制给公司里的其他销售业务员。

人力经理找到这位销售冠军，想通过访谈的方式萃取出他的经验，结果没问两句，发现问不下去了。因为这位销冠告诉他，公司最大的客户单位的老总就是自己的爹，所以销售做得好，主要的原因是自己生得好……

像类似这种的特殊情况，我们真的就很难说这位销售冠军的实际销售能力到底如何了。

笑话归笑话，但笑过之后，你得提醒自己，在看数据的同时，也要分析形成这种数据表现的环境原因，以及特殊因素。当大家基本都在同一个条件下工作时，所呈现出的数据才能更为准确地反映谁才是真正的高手。

第二看：看工作状态

为了弥补只看数据的局限性，我们在寻找团队中的高手时，还要去看大家的工作状态，练好眼功，多在伙伴们工作时去观察状态，你也能够发现那些与众不同的高手。

往往高手在工作时，会展现出一种人、工作、技能融为一体的状态，这种状态有以下两个非常明显的特征。

第五章 让你的团队高手涌现，带飞全场

◆ **第一个特征：在工作时全身上下散发出来的自信**

也许有些人平时看起来沉默不语，内秀且腼腆。但是只要进入了他的工作领域，就会像变了个人一样，无论是眼神、表情还是谈吐，都充满自信。这种特殊的气质，只要你走近他，是一定能够感受到的。

2014年，一档全新风格的语言类综艺节目——《奇葩说》第一季上线。在节目第四期里，有位体型丰满的小姑娘在选手备战区尴尬地看着其他选手聊天，完全没法加入其中，直到轮到自己上场时，才摇摇晃晃走进了演播室。

一进屋，她扶了扶厚厚的眼镜，手足无措地整理黑色西装的下摆，面对导师的问题，低着头抬着眼简短回答。

第一次看到她时，我的感觉是这样一个沉默的人去参加辩论类节目是认真的吗？可是当她开始正式对论题进行论述之后，我整个人都惊呆了，因为她整个人发生了颠覆性的变化，身体前倾、下巴上扬、手势挥舞、眼神犀利，配合着不是很标准的普通话，在短短五分钟内，成功征服了在场评委。

这个女孩就是颜如晶，马东在当时对她的评价是"为辩论而定制的一位选手"。开启辩论模式就像"开机"了一样活力四射，而在获得直通金牌之后，她又回到了"关机"状态——那个不善言辞的内向女孩了。

其实颜如晶在《奇葩说》录制时，前后表现出的反差有没有剧本、有没有表演的因素，我们不得而知，但是她在论述过程中展示出来的那种自信，是能够隔着屏幕透射出来，让每个观众感到震撼的。

你在团队成员工作时，如果也能够感受到这样自信的气息，能够看到一位伙伴自信时展示的那些微表情与微动作，那么这个人就大概率是个高手。

◆ **第二个特征：操作或动作的流畅连贯**

在他们工作时，没有太多的多余动作，也没有太多的找寻和等待，行

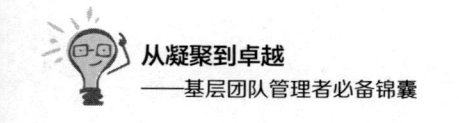

云流水的操作往往让你的眼睛感觉在说，"我也会了"，脑子的反应却是"你在逗我"。

如果你看不出来的话，可以回想一下我们小时候玩电子游戏的场景。在游戏厅里，大致有两种玩家：一种是把游戏机拍得"咣咣"响，手速看上去极快，但伴随着浑身的抽搐和扭动，这种玩家往往玩一会就得继续投币续关；还有一类玩家背后总是围着很多人，他们动作不大，身体很稳定，手速也不快，但是非常有节奏，这种玩家一般都是能用一块钱在游戏厅坐一下午的人，看他们玩仿佛看指尖舞蹈一样让人赏心悦目。

你要在团队中找的高手，操作时也会像后面这种游戏玩家一般，这样一说，你是不是能想到某个伙伴了呢？

结合数据，再从伙伴们的工作中寻找具备这样两个特征的人，基本上就是高手了。不过有时候你看不到或看不全的话，可能还会有些高手被埋没。

一个听：听多方评价

所以我们最后一个发现高手的途径，就是多去听听其他人对某个同事的评价。并不一定是直接的品头论足，可能是大家在需要帮助时会找谁，讨论起来工作最推崇谁，这些都是能从侧面听到的关于高手的评价。

再继续说老薛吧，当时我在车间遇到一些临时的任务，让工段长带上几个人去干的时候，只要是跟整车相关的事，他百分之百会叫上老薛。

而在老薛入库24台的那个月，我跟试车班长聊起来为啥他这么厉害，试车班长跟我说，别人转起车来要反复看、反复找才能找到问题，而老薛听听就知道问题在哪了。

调试一些软轴的时候，别的试车工是下车调、上车试，试完不行再调再试，而老薛呢，一般一次调整就能到位，他调整时可不是机械地调数值，而是手上能感觉出软轴的松紧程度，这就是效率差别的原因，要不是跑磨合有最低时间的要求，他还能更快。

群众的眼睛是雪亮的，你看不到的情况可能会被别人看到，所以只要你竖起耳朵，关于高手的信息也是会被你听到的。

用认同感，建立彼此信任

当你通过两看一听找到高手以后，就要和他们建立良好的信任关系，这样才能进一步去激发他们的意愿，在工作上更为认真和努力，同时能够结合自己所长，带领其他团队伙伴进步，让整个团队在这些高手的积极贡献之下实现全面提升。

想要和高手建立信任关系，最关键的就是"认同感"，一方面你需要给这些高手充分的认同，并且要让他们感受到你的认同；另一方面，你也要让这些高手能够认同你，愿意和你合作。

所以以下两个可以实施的技巧能帮你逐步递进地与团队中的高手建立互信。

技巧一：用心观摩给舞台

观摩，是一个非常简单的动作，只要站在他身边去看他工作，就可以称为观摩。但是别小看了这个简单观摩背后所蕴藏的巨大力量。这个动作，其实是给了这些高手一个发光的舞台，有观众的表演是他们秀出风采的第一个阶梯。

而且我们的观摩，用眼睛看只是基本动作，更重要的是要用心去观摩！

用心观摩时，你需要带着欣赏的眼光、带着认可的表情去看他工作。在观摩的过程中，对于他展示出来的高端操作要表达出你的欣赏，点头或喝彩都可以。

另外，你不仅可以自己去观摩，而且可以带上其他人一起观摩。如果直接变成"围观"可能会有些尴尬，所以你可以给高手们安排学徒或助手，在

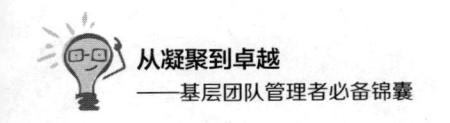

给师徒之间做介绍的时候，当着他的面跟学徒说："你的师傅可是咱们团队最优秀的，这段时间你就仔细学习师傅是如何工作的吧。"当然，在这之后还可以再明确一些教学和练习的要求、答疑和辅导的叮嘱等。

这样积极肯定的师带徒模式，师傅会热情，徒弟有干劲，师徒双方心里也都会非常感谢你。同时，你也会收获到这些高手对团队舞台的认可，以及对你营造的环境的欣慰，这将是他们进一步展示自己的基础前提。

技巧二：肯定赞扬得信任

第二个技巧会用到我们在第一章中所讲的走心赞扬的技巧。还记得那个模型吗？事实→影响→欣赏或感谢。在观摩高手工作时发现亮点及时赞扬是必要的，另外在一些特定的场景下，比如，指标结果出炉之际，顺带赞扬一下这些高手，能进一步让他们感觉到自己的努力是值得的。

通过你对他们的肯定和赞扬，高手们不但会感觉到你对他的认同，而且会觉得你是个有眼光的管理者，从而对你产生认同。

王菲在2004年获得了最佳国语女演唱人大奖。就在颁奖典礼上，她开了个玩笑："我会唱歌这个我知道，所以对于这个金曲奖评委对我的肯定，我也给予充分的肯定。"

虽然这段话是她的俏皮之言，但其实仔细品读，这句话和那些感谢评委的话都表达出获奖者对评奖者欣赏水平的认可。所以如果通过你的肯定赞扬和对方的感谢认可，你能和团队里的高手做到这样英雄惺惺相惜的双向认同，那我们下面要做的事情，去激发高手带动整个团队，也自然就水到渠成了。

诚挚邀请，激发高手带飞意愿

经过前面建立信任的两个技巧铺垫，高手们不但能够在工作中继续保持高水准的表现，而且能带领新人快速上手。

但接下来，更为重要的是，要把他们从团队中的单点活跃细胞，变成让其他细胞也活跃的催化剂。你可以邀请他们给整个团队分享自己工作中的经验诀窍，这个过程一举两得，既能向整个团队复制高手的经验和智慧，又再次加深了高手和你的彼此认同。

在邀请分享的时候，你这个团队领头人要表现出充分的在意和用心，这样整个团队才能和你一起重视起来。因此，你需要以诚恳的态度进行邀请，并做好分享活动的后勤保障工作，必要时还需要帮助高手们萃取自己的智慧。

态度诚恳去邀请

首先，你邀请高手为团队分享时的态度需要非常诚恳，这里有些细节需要注意。

◆ **细节一：专程邀请而不要偶遇提及**

我们先换位思考一下，假如你上卫生间时，偶遇你的领导，他在这个场景下给你提起的一些分外之事，你觉得他是否重视呢？你肯定会觉得他就是突然看到你，想起来了就那么说了一嘴，实际心里可能不太重视。

当然细心的你有可能把领导偶然提起的事当作重要的事情来做，以获取领导的肯定，但是我们在邀请高手分享时，切不可让对方感觉到你是随口一说。他们本身可能会很内向，也想不到那么多，所以如果他们感觉到你不重视的话，自己也就不会太当回事。

因此，你得专程去找到他们，并且以非常诚恳的语气去请求他的帮助，希望他能够来做这分享的"主咖"。

◆ **细节二：分享获益要正式守信**

请人帮忙自然是要拿出些诚意来，况且高手们平时工作也很忙，让他们进行分享，要么会占用他们创造价值的时间，要么会占用他们的个人时间。因此，必要的回报或补偿是你需要考虑的，哪怕没法给太多，但至少

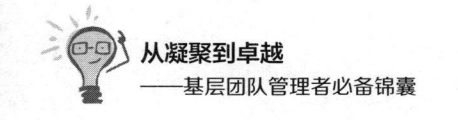

要有一个明确的态度——他们不是白白浪费时间来做分享的。

可能你的团队作为业务部门，没有培训职责，也拿不来培训部门的预算，但是有几个办法是可以考虑的。比如，请培训部门认证这些高手成为公司的内训师，这样拿课酬就合理合法了；还可以考虑用专门的团队赋能提升项目，设置一些诸如优秀导师、优秀领头人之类的奖项来给他们回报；最不济你和参加学习的小伙伴们，在高手分享之后，像我们第一章里所讲的那样，在非正式场合一起请他们吃个便饭，这也会让高手心里暖暖的。

需要注意，无论是什么级别、多大的回报，都要在邀请时就讲清楚，并且在分享后及时兑现。

◆ **细节三：不要造成取代误解**

有两个游戏模式形容了竞争时思维的局限性，分别是"零和游戏"和"有限游戏"。零和游戏是指一项游戏中，游戏者一方赢的正是另一方输的，游戏总成绩为零。而有限游戏与无限游戏相对应，它有明确的游戏时间、规则和结果。在这两种游戏中，参与者的目的都是打败其他人，让自己利益最大化。你不能保证所有高手的思维模式都能跳出这种局限，毕竟教会徒弟饿死师傅在很多人的观念中，是一件可怕又常见的事情，所以有些人会藏着自己的绝招不愿意教给别人。

因此，我们在邀请高手时，也不要让对方误以为你是想通过复制他们的智慧，来让别人代替他们，或者降低他们的存在价值。所以像"帮你省力""万一你忙不过来""让大家都像你一样"这类容易造成误解的话，一般情况下能不说，就尽量不要在邀请时对高手们说。

另外，你还需要有一定的"画饼"功力，要在邀请时引导高手们了解到，我们的团队业务在未来绝不是现在这么大，他们教会别人更快更好地工作，我们整个团队就能扩大影响、增加业务，到时候连他们自己的收入也都会增加，这样他们才更愿意去分享。

后勤保障不漏项

如果很顺利,高手们接受了你的邀请,同意给整个团队分享经验,那你就要为这些分享的过程保驾护航了。通常要做的后勤保障,包括了时间、地点、人员、物资、流程五个维度。

◆ **时间要选正确**

什么时候分享合适呢?大家都忙得不可开交的时候,肯定是不合适的。而高手们忙碌一天很累的时候,或是私人休息的时间,虽然不影响业务,但也并不是最好的时机。

建议团队内部分享的时间,选在一些工作不是很忙,大家状态尚可的工作时段,可以安排大家提前抓紧点,把手头的工作快速处理完,然后安排让分享的和学习的人都能参与,并且不会有什么业务需要来打扰的时间段来做这些分享。

有时一些小的技巧分享占用不了太久,从工作间隙中挤出时间也是完全可行的。比如,我经常会在车间上午或下午的休息时间里,自己充当那个"高手",把车间里的班组长、工段长、技术员全都叫到办公室,做一些管理班组方面的技巧分享。

下面图5.1这一幕,是我刚去参加完一个督导人员训练(Training Within Industry,TWI)的培训之后,回来给伙伴们分享如何进行工作教导的画面。

图5.1 作者(右二)给伙伴们分享如何进行工作教导

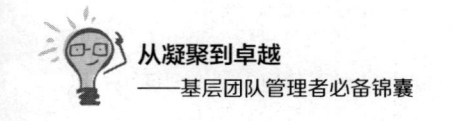

办公室里简单的椅子、凳子，外加跟我们业务相关的几根电线、几张纸，我就能完成一次短暂的分享，这个时间是在车间吃完午饭之后，下午上班之前。

◆ 场地提前部署

在开始分享前，当然也得提前部署好场地，需要选择一个适合做分享的地点。

如果人多并且有专门的培训教室，那自然是极好的；但是如果条件不允许，像我一样小范围的分享，可以在办公室进行，让大家都有地方坐就行；如果牵扯到一些必须在现场进行的较大范围的分享，那提前指定地点，并且安排伙伴们把场地给打扫清理出来，也能保证顺利开展分享活动。

◆ 人员通知到位

参加分享学习的人员也要提前通知到位，如果你和高手到了，结果台下就一个观众，那可会让你们相当尴尬。

在分享前，哪些人必须来、哪些人可以旁听，都是要逐一通知的，这个倒不必你亲自去，但通知的事情你得安排清楚。还可以再安排一些负责拍照、拍视频和做记录的人，营造现场的正式态度和仪式感，这样高手们在分享时也会更加用心。

◆ 物资全部配齐

分享过程中需要用到哪些物资，最好提前列个清单，然后照着清单去准备。基础的必要物资，至少包括了分享要用到的教具或演示用的实物；如果需要大家练习，则练习用的物资也要按学习的人数配齐；一些记录的表单文件根据情况准备；还有如果场地比较空旷，分享人的嗓门又小的话，可以使用麦克风加音响，或者用一个简单的"小蜜蜂"腰麦，都能保证分享的效果。

给分享的高手配上水并准备一盒润喉糖，条件允许的话还可以在现场准备一些咖啡或小零食。这个分享的格调顿时更高了。

◆ **流程提前理顺**

最后一项保障，就是要把分享的过程进行一个标准化的流程梳理，分享人一般都不是专业讲师，不会很清楚什么时候讲解、什么时候举例、什么时候互动，甚至连自己开场都会比较困难。

你就可以在这里充当一个现场的主持人及调度的角色，在分享前帮高手开场，向大家阐述这次学习的主题和价值，提出认真学习的要求，请大家一起欢迎高手闪亮登场；在分享的过程中，你也可以充当一个虚心好学的"托"，当分享人提问时积极去回答，当遇到一些你觉得大家可能难以理解的地方时，举手提问或组织讨论；最后分享结束时，要组织大家向分享的高手鼓掌致谢，并且你还要做一次结课的总结发言来回顾过程、肯定付出、感谢伙伴们认真学习，并且提出在工作中学以致用的要求，等等。

这些串联分享全过程的流程，虽然有些具体内容可以临场发挥，但你仍需要在分享前就至少准备一份流程大纲。

旁观视角帮萃取

有很多人虽然自己是高手，但往往当局者迷，不清楚自己的优秀和成功到底是什么原因，也不知道自己究竟在什么地方做得比别人好。让他们讲起经验来，也许会无话可说，或者说起来"不就是先这样，再那样吗？"

面对这种情况，你的作用就又一次凸显出来了。你需要给高手们提供一个第三方的旁观视角，去对比和分析他们表现突出的方面，以及在工作中有哪些过人之处。这里可以用到工作行为分解的方法，把高手在做某件事时的行为，分解成一些颗粒度非常小的行为动作，再用同样的方法去分解普通伙伴的相同工作行为，然后将二者进行对比，找出区别来，往往诀窍都在这些细小的区别当中。

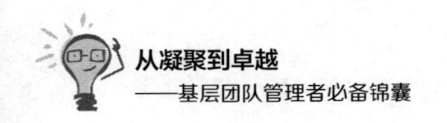

我们来举个例子：把大象装进冰箱，一共要分几步？

你一定会脱口而出：分三步！那么如果把这当成一个工作任务，我们用行为分解的颗粒度来再拆分一下，普通人关大象可以分成下面的步骤：

1. 面对冰箱站在冰箱前约0.5米的位置；

2. 抬起你的惯用手伸向冰箱门把手；

3. 握住冰箱门把手；

4. 用力向后拉，将冰箱门打开到90°以上；

5. 松开门把手并放下手；

6. 转身走向大象；

7. 站在大象身边拴大象的绳子一侧；

8. 抬起你的惯用手伸向拴大象的绳子；

9. 握住拴大象的绳子；

10. 牵着大象走到冰箱前；

11. 站在冰箱侧面；

12. 用非惯用手扶住冰箱侧壁；

13. 惯用手牵住绳子先让大象头进入冰箱；

14. 松开绳子；

15. 走到大象身后；

16. 抬起双手放在大象臀部；

17. 迈步向前推大象直至大象全身进入冰箱；

18. 放下双手；

19. 后退一步；

20. 抬起惯用手伸向打开的冰箱门把手；

21. 握住冰箱门把手；

22. 向关门方向推冰箱门，直至冰箱门关闭；

23. 松开门把手，放下手，任务完成。

是不是感觉太细太烦琐了？而且关大象这事本身就是一个虚构的事情，不具有说服力。接下来，咱们逐一解答疑惑。

首先，上面这种拆分动作的方法，源自日本作者石田淳的《是员工不会做，还是你不会教》一书，经过了很多行业和岗位的实际验证，在梳理工作标准和萃取优秀经验时非常好用。

成败的关键往往都藏在细节当中。刚才我们的拆分过程，普通人做这23步时，可能在牵大象和往冰箱里推的时候会遇到困难，大象不愿意跟着走，或不愿意进冰箱，所以会耽误很长时间并且费很大力气。

但是高手除了这23步基本操作之外，有可能在第7步和第8步之间，加了一步抚摸大象的脸颊进行亲密互动，而在推之前，在冰箱里放了一串香蕉去引诱大象。这两个很简单的小步骤让高手的速度提升了一大截，而且更省力，这就是细节的力量。

而这个例子里用关大象，其实只是一种类比，你可以联系实际的工作任务，比如，做一个汉堡、在仓库里码放一堆货物、接待来访的宾客、接听客户的电话，或是制作一套标书等具体的工作场景。

机械产品经常会有一些轴承要安装，我们之前生产的产品也一样，在安装轴承的工艺规范中，要求在安装之前给轴承与轴、套的接触面之间涂抹润滑脂，我们那时就叫涂油。

大家最初涂油的操作五花八门，有人直接拿轴承放到油桶里去蘸；有人用一些铁片、木条抠一块油来抹；甚至还有极个别人不想弄脏手，直接不抹油就硬生生地去砸轴承。

这几种方式的后果是，直接蘸油的很不均匀，装配后溢出一坨坨的油污染环境；用其他东西抠油的，在油里会夹杂各种铁渣木屑，清洁度非常不好；还有那些不抹油的，是挺干净，但每次自己累个够呛，还经常砸坏

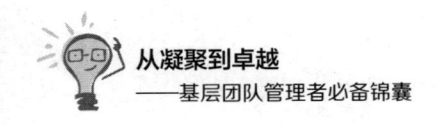

轴承。

直到我们发现车间里的老杨，他从仓库领了一个硬毛刷，蘸上油在目标表面刷一圈再装配，既均匀又干净，装配工作也特别省力。其实这就和关大象那个例子是一个意思，小小的细节能产生巨大的变化。观察到这一点之后，我直接邀请老杨给大家分享刷油的动作技巧，然后给全车间要装轴承的工位都配上了刷子。

从这个例子我们可以看到，往往高手有一些小妙招是藏在工作的动作细节当中的，也经常是他们自己都意识不到的，所以你需要学会用旁观者的视角，去细化分解高手和普通员工两种不同的工作行为，并且从中找出能够起到关键作用的行为，帮助高手们认清自己的优势细节。

不过仅仅是行为细节仍不足够。你还可以用访谈对话的方式、结构化提问的方法，以及配合一些观察记录的手段，来帮助高手们将自己的隐性经验显性化。在显性化之后，还可以继续帮他们梳理分享的结构大纲，帮他们设计更便于学会的教学模式，通过讲解、演示、互动、练习等手段综合运用，确保团队中每一次的高手分享都能够给员工带来实实在在的学习收益。

锦囊二
条线串联——瞄准待解难题，组织小组探索攻关

我们发现的每一个高手，如果各自为战的话，力量也终归是有限的。而这个世界也不是我们理想中的完美世界，你的团队中无论是产品还是业务，都会面临着各种各样的问题，有些问题仅凭高手一己之力也是难以完全解决的。

所以当遇到一些需要解决的困难和问题时，你可以采用以解决问题这

条主线来串联多人的方式，组织攻关小组来攻克这些难题。

寻找攻关问题目标

在组织小组攻关时，首先需要你来找到攻关的目标，也就是团队中存在的、需要被解决的实际问题。

并不是所有的"问题"都是真实的问题，也并不是所有的问题都值得花精力去解决。所以在解决之前，你可以通过三个具体的提问来明确问题之所在。

提问一：是否实际状态和理想的应有状态已经有了偏差？

用一个生活中的情况来举例，如果你平时没有头疼的毛病，某天早上起床之后，突然感到持续头疼，那这就是现状和理想或正常的状态之间有了偏差。

我们再回到工作场景中来，这种偏差的常见表现有：

- 业务量出现了大幅波动，比如，某段时间里销售额大幅下降，或者比预期高出很多，都是偏差。
- 一些关键指标与标准的目标差异巨大，比如，产品的质量问题增加、软件服务的故障爆发、一段时间里的投诉量激增等。
- 业务流程非常不顺畅，某些环节的工作效果大打折扣、流程总是出现反复、伙伴们在处理某项工作时经常出错、一些关键行为做不到位之类的。
- 甚至还有一些看上去鸡毛蒜皮的小事，也可能会出现偏差，像考勤记录发现员工迟到早退现象比较多、上班时间做和工作无关的事情。

遇到这些偏差时，你可以查查标准的指标，以及每一个环节的具体标准和实际情况，这样能够轻易获得偏差的相关数据；也可以通过观察来发现各种蛛丝马迹。要格外关注对团队正常运行和业务开展产生影响的偏差

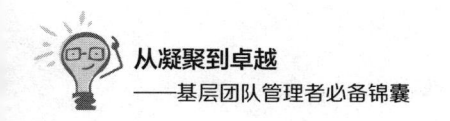

现象，就像头疼让你无法正常活动那样。

提问二：这些偏差是否起因不明？

其实如果造成偏差的原因非常明确，那这个问题只需要对症下药就好了，解决起来并没有什么难度，也不必被称为困扰团队的问题。

真正的问题是发现有偏差了，但是一时半会找不到偏差的原因。好比头疼的原因，你不知道是感冒还是脑血管出了问题所引起的，或是无意中误食了一些会刺激大脑的东西。

提问一中提到的几种偏差，一般来说都很难说清具体的原因。

- 业务量的波动，有可能是因为市场环境的变化、政策导向的转变、科技的进步、目标客群的迁移、竞品的关系等。
- 关键指标的差异，如质量波动可能源自工具、原材料、品控标准等原因；软件故障有可能是代码造成的，也有可能是硬件造成的，还有运行环境的变化也会带来各种适配性的问题；投诉量的增加可能是产品不好，也可能是服务不到位，还可能是遇到了职业差评师，或者同行攻击等，也都很难直接确定。
- 业务流程的不顺畅，是因为流程设计本身有了问题，还是执行流程的人出了问题，抑或是其他方方面面的原因，全都需要进一步思考和分析才能确定。
- 一些小事的原因，也许是公司的制度太严，伙伴们做不到；也许是待遇令人不满造成了抵制；还有可能是近期的业务量太小，或者工作压力太大，让大家直接破罐子破摔，等等。

起因不明的情况，包括了起因的未知状态，以及有多种可能的不确定状态。这两种状态不对其进行深入分析，是无法找到核心原因的。

在你分析这个提问时需要注意，很多事情不是简单的单因果关系，可能会有多个原因复合作用，造成偏差。

无论哪种情况或有多少原因，只要你这个提问的答案是"是的，起因不明确"，那就可以继续进入下一个提问了。

提问三：是否我们有必要知道起因，以便采取有意义的下一步行动？

这个提问实际上是要你判断一下，这个问题值不值得花精力和投入资源去解决它，并不是所有问题都值得大张旗鼓地去严阵以待。

头疼导致你没法活动，没法正常生活和工作，甚至可能存在着一些重大疾病的隐患，那当然要去医院检查了。但如果只是手指上破了一个小口子，稍微有点痒，那你就没必要去回想是切菜时切到的，还是看书时被纸划开的了。

这里判断的依据，一方面要关注是否会对业务产生影响，有影响的大多有必要去分析，像前面所提到的大多数工作场景中起因不明的偏差，基本都是常见的问题所在，有必要进行分析和行动。

而如果对业务没有影响，我们还需要从另一方面看看，是不是会存在隐患。

而且往往存在隐患的问题，反而藏在一些积极的偏差当中，比如，某个公司一个月的业绩突然翻倍增长，但团队实际的工作没有发生重大的主动调整。这是不是问题呢？有人会说，这多好啊，这是奇迹才对，怎么会是问题呢？

我们回到前两个提问来看：业绩翻倍是偏差；没有主动调整的翻倍，确实起因不明。

那么最后一个提问，是否有必要知道原因呢？

- 有时业绩的暴增可能和公司降低风险控制策略相关，这在金融借贷行业中，可能会导致未来的收益不可控，或者风险升高；
- 有些业绩暴增是因为政策突然调整、市场有人炒作造成的短暂虚高，如果误以为未来都会是这样，盲目投入泡沫当中，也相当危险；

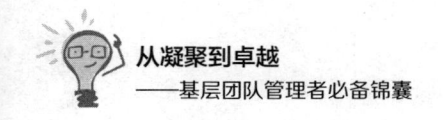

- 短期内的翻倍也可能会透支团队的产能，大家加班加点完成业绩之后，下一个月没原料没动力，业绩反而会打折，这也可以称为是隐患；
- 还有可能是本身的目标定得太低，员工看似超额完成，但其实只是基本操作，那这种超额会造成大家的自满骄傲，将不利于长期发挥真实的水平。

以上这些情况，都说明了这种业务翻倍的未知原因的偏差，是有必要去分析原因以便采取行动的。即便最后分析下来没有隐患，而是我们确实做对了某些事情，那把这个分析得到的结论固化下来，也是非常有必要的。

所以积极的偏差，如果起因不明，很多时候依然是有必要知道原因去采取进一步行动，也是一个值得花精力去处理的问题。

通过三个提问，如果你的答案全都是"是"，那么你就成功找到了一个可以作为攻关目标的问题。接下来，你就可以组织攻关小组，去分析它、解决它了。

组织专项小组攻关

找到明确的攻关目标之后，我们就可以组织一个专项攻关小组，并且推动小组去攻克难关了。

组建攻关小组

首先你需要找到合适的人来解决对应的问题，即针对问题给攻关小组配置阵容，并且明确小组的组织方式。

攻关小组可大可小，最少两个人就可以成组，多的话也会有十几人。一般来说，常规的攻关小组需要的人员配置至少要包括以下几类。

◆ 第一类：直面问题者

也就是发生问题的环节，或是承担问题对应指标的当事人，可以是工序的操作者，也可以是客户的对接人，等等。他们是对这个问题所对应的工作最熟悉的一群人，能够给小组提供贴近实际的较为全面的数据，而且在小组制定了解决方案之后，也要由他们进行实践验证。

◆ **第二类：问题领域专家**

可能这些专家并不在出现问题的岗位上，但是他们在这方面有充足的经验和知识，那你也可以邀请他们加入这个小组。专家们主要的作用就是给小组提供参考的思路、过往的类似经验，以及相应的理论知识。

◆ **第三类：流程或产品的设计者**

通常无论是产品还是流程，设计者与执行者多数都不是同一群人，但在执行过程中出现的问题，却有可能是设计的原因造成的。所以请设计者们参与攻克问题，也往往能从源头上解决问题，甚至可能通过设计的修改，会让问题变得不再是问题。

◆ **第四类：小组管辅人员**

前三类人各有所长，各自能从不同的角度去分析和解决问题，但是要想让小组发挥"1+1＞2"的作用，就需要有人在小组中起到统筹调度的作用，把所有人的能量进行整合。所以小组里的管辅人员也非常必要，他们就是要进行分工安排、时间协调、过程及成果的汇总记录等工作的一群人。

从组织方式来说，上面的几类人员，可以一个人身兼数职，也可以有多个人属于同一类，具体的配置你还可以根据自己团队的实际情况调整，但一般一个小组人员不要太多，5~7人比较合适。

而且有的小组可能需要邀请你团队之外的其他同事参与，所以组织方面，也要让这个小组既尊重所有成员的工作习惯，又不至于太松散。可以用共同的目标，也就是解决这个问题作为导向，定下明确的时间节点要求，加以适当的调度协调，保证小组正常开展工作。

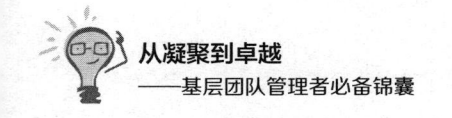

推动小组攻关

虽然我们小组里的成员大多是与目标问题对应的业务方面的专家,但是他们并不一定有科学解决问题的思路和方法,所以可能还需要你在小组攻关的过程中,给到大家相应的支持。

这里给你解决问题时最普遍的三个步骤:是什么、为什么、怎么办,以及每个步骤中对应的工具模型。

◆ 步骤一:是什么——描述问题现象

要解决问题,先要描述清楚问题,这里你可以用非常经典的4W2H模型来对问题的各种现象进行详细描述。具体的描述维度分别是何人(Who)、何时(When)、何地(Where)、何物(What)、如何(How)、多少(How much)。这个模型在很多不同的场景会有不同的具象提问,我们下面就针对描述问题的场景进行逐一拆分和具象化。

【何人】何人出现了问题?哪个或哪些人出现了问题?大家都这样还是只有个别人这样?

【何时】何时出现了问题?从什么时候开始的?持续了多久?哪个时间段容易出现问题?

【何地】在何地出现的问题?个别区域的问题还是任何地方都会出现?

【何物】何物出现了问题?出现在哪个部分?

【如何】问题表现如何?有哪些识别特征?有什么不良影响?

【多少】问题的量化数据?出问题的数量有多少?概率有多大?问题的偏差范围是多少?

通过这六个方面针对问题表现的不断提问,你的小组就能够筛选出在进一步分析时更应该关注的因素。如果只是某个人的问题,那就重点分析这个人,如果只在一段时间或某一区域出现问题,那就分析这个时空与其他时空的主要差异。

◆ 步骤二：为什么——分析问题原因

在描述清楚问题的表现之后，就可以针对问出来的各个因素，进行原因分析了。分析问题原因是一个漏斗式的过程，通常可以用"识别可能原因、评估可能原因、确认根本原因"的三步走，来最终找到造成问题的根本原因。

【识别可能原因】

在这一步里，我们要尽量把所有可能的原因都列出来，哪怕一些看似可能性不大的原因，都要先写下来，保证写得多而全，不漏项。

所以推荐的工具是能够让大家在一个没有太多限制的环境中，充分发散思维的头脑风暴法。

头脑风暴法是一个非常流行的工具，书本和网络上能够找到大量的资料和教程，由于论述起来篇幅太长，所以在本书中，我们就只针对分析问题原因时的逻辑、会议框架流程和一些重点的原则进行提醒。

在组织识别问题原因的头脑风暴时，需要明确我们罗列原因的基本逻辑有两种：

第一种是基于知识与经验的逻辑，也就是让各位专家从自己熟悉的知识和工作经验中，推测可能的原因。这种逻辑优点是效率比较高，一般情况下准确度也相对比较高。但缺点是有足够熟练度的专家往往比较稀缺，而专家们也会存在一些知识或经验的盲区，主观判断起来可能会有偏差，所以这种逻辑存在着一定的不足。

第二种逻辑则是基于差异与变化的对比推论，通过内外部的因素变量来推测可能的起因。这种方式优点是相对客观，但不足之处是需要比较长期的观察和采集数据，并且成本较高。如果时间紧迫，在头脑风暴会议召开时未必能及时拿出数据。

所以通常我们举行头脑风暴会议之前，要先收集第二种逻辑的数据，

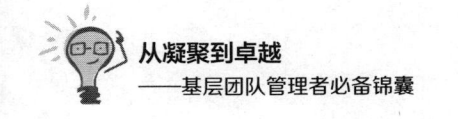

而在会议时，会将两种逻辑的推测综合应用。

组织头脑风暴会议的流程框架，大致如下：

首先由主持人说明分析的目标问题，以及问题的种种表现，然后先请大家在互不交流的状态下，自行思考可能的起因。这个过程可以让大家都安静地写下来，并且鼓励大家写得越多越好。

在所有人完成一轮独立的分析思考之后，邀请每位与会者分享自己的结果。分享的过程注意提醒大家不要评论、不要反对，无论想得多离谱，都表示肯定并且记录。

在逐一分享的过程中，可能会有人受到启发，想到更多的因素，也可能大家对某个观点不能很好地理解，需要提出者进一步解释，这些都可以继续进行。

直到最后，现场几乎穷尽了所有的可能性，再也提不出更多的想法了，会议框架的流程就到了收集、致谢的环节，把所有提出的可能原因都汇总整理，感谢大家的参与和贡献，会议就结束了。

这样的会议没有得出实质的结论，因为头脑风暴的会议只是一个发散汇总的开始，更多的筛选和分析要在会后延迟进行，所以会议到此就可以了。

在整个会议过程中，有几个需要重视的原则，刚才也提到过一些，我们再次把它们整理出来，帮你避开影响发散效果的误区。

第一原则：禁止对他人的观点批评和评论，也不要自谦。这一点是最重要的，即便感觉对方讲得啥也不是，也不能去批评；而对于自己来说，也不要说什么"个人认为""我有个不成熟的想法"等自谦的话，想到什么就说什么，这样会保证会议和谐的气氛和充分的思维自由度，更利于产出更多对可能原因的推测观点。

第二原则：瞄准目标追求更多。主持人要持续地鼓励大家，尽可能多地去思考，去提出关于问题可能原因的推测，这也是我们识别原因、追求不漏项的基本原则。

第三原则：首轮必须独立思考。人是一种很容易和别人趋同的动物，所以在第一轮各自写下推测原因的时候，一定要让大家别私下讨论和交流，独立思考去写下自己的观点，这样才能避免出现"抄作业"的情况，而让整个会议的思维角度更加多样化，得出的观点更全面。

第四原则：中后期主动融合他人设想。在每个人独立思考过后，就可以再发挥集体的力量，鼓励大家借鉴或利用别人提出的观点，去激发自己的新思想，以及补充更多的可能性，这又再一次增加了我们得到的观点数量。

第五原则：营造舒适的氛围。参与者之间，要营造一种人人平等，每个对原因的推测都会被记录的气氛，同时鼓励大家畅所欲言、任意发挥，结合前面的几个原则，共同营造出一个能产出最多观点的环境氛围。

【评估可能原因】

用头脑风暴和其他方式收集到大量关于问题原因的推测之后，我们就可以对这些推论观点进行筛选和过滤，分析出与问题真正存在关联的原因了。

这里可以用到因果关联验证的工具。

具体的逻辑是分析某个可能原因会造成的必然结果，再回到实际中验证这些结果是否出现，来判断原因的可能性。

这个逻辑中的结果，有两个非常重要的关键字，是"也"和"还"。

"也"字，你可以这么演绎：如果这是问题的原因，那么其他的人/时/地/物，也应该因为这个原因出现同样的问题表现。我们检查一下，是否这些同样的表现也出现了，就可以判断一个原因是不是与问题相关了。

比如，如果头疼是因为某个流行病毒引起的，那么在你的身边长期密切接触的人，也应该会有流行性感冒的症状。假如你的家人、朋友、同事确实都出现了类似的症状，那是这个原因的概率就非常高。但是假如你遍访自己的生活圈，方圆几公里内就你自己一个人头疼，那这个原因的可能性就比较低。当然这个例子后一种情况不太现实，但我们在工作中，去观察同类的对象是否出现同样的问题，还是比较方便的。

"还"字，演绎的逻辑：如果这是问题的原因，那么一定还有这个原因造成的其他问题表现伴随出现。我们看看对应的表现有没有出现，有的话就可能和这个原因相关；没有，那说明不是这个原因。

还是以头疼举例，如果是病毒感染或一些炎症引起的，在血常规化验中，基本上会伴随着白细胞指标大幅升高，以及体温的升高、食欲的下降等其他表现。所以通常去医院，医生会让你量体温、做化验，就是基于这个逻辑来判断感染或炎症的可能性。

要注意，我们通过这个因果关联验证的工具得到的分析结果，并不一定是必然的原因或必然无关的推测，只是相对来说可能性的高低。所以在这个前提下，再结合多种原因和表现的综合评估分析，才能找到可能性更高的原因，以及剔除掉几乎不可能的原因。

【确认根本原因】

通过前面两步筛选出和问题偏差关联可能性较高的原因后，接下来的分析工作就会被大幅简化，而且准确率也会很高。

最后一步的工作，我们可以用鱼骨图来对原因进行分类排序，并且辅助以五个为什么模型追寻一些表层原因背后的根源。

鱼骨图也是一个非常经典的问题根因分析模型，它是日本的石川馨先生所发明的，所以又叫作石川图。

基本的逻辑是以目标问题作为"鱼头"，放在一端，平时习惯上分析原因的鱼骨图一般将鱼头放在右边，接下来左边是鱼的骨架，一根脊椎骨向左延伸，从脊椎骨上拉出一些原因的大类主骨，比如，平时分析现场作业类问题时，原因可以分为"人、机、料、法、环"五类，有时还会加上第六类"测",如图5.2。

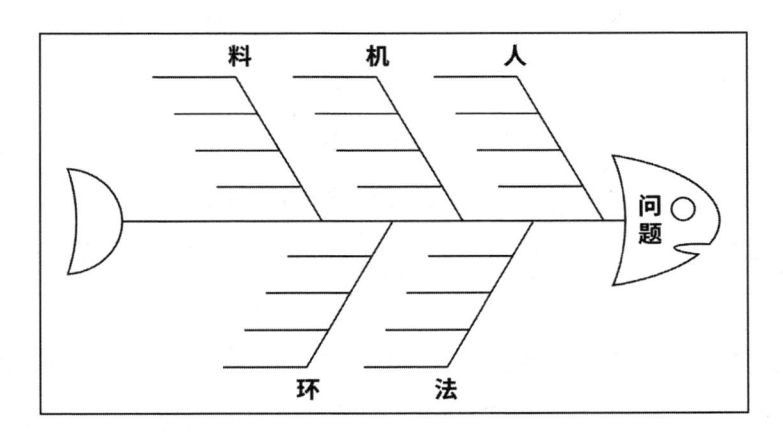

图5.2 分析现场作业类问题的鱼骨图

在分析一些管理类问题的时候,可以将鱼骨图上的原因分为"人、时、地、物、事"的类别,也可以加上"法",如图5.3。

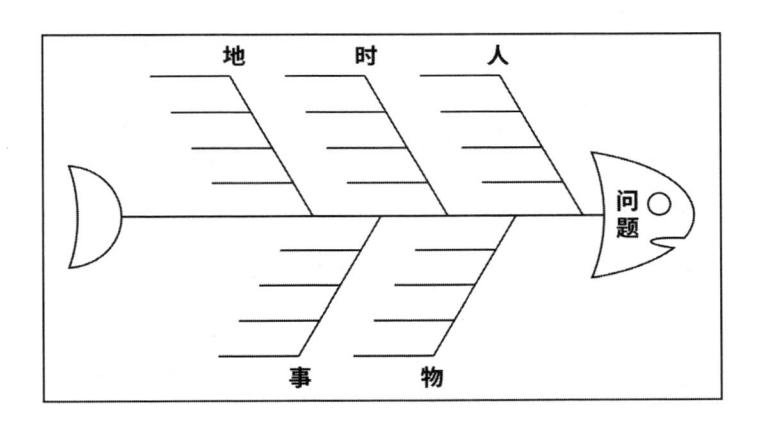

图5.3 分析管理类问题的鱼骨图

有了这个基础框架,接下来就把我们前面筛选保留的原因,逐一填写到对应的分类鱼骨上即可。

在填写的时候,相对主要的原因,或者相对表层的原因,可以和大类的主骨直接相连,接下来还可以对每个主因继续拆分构成,以及深挖背后的原因。这个深挖就需要用到五个为什么模型了,通过不断去追问为什

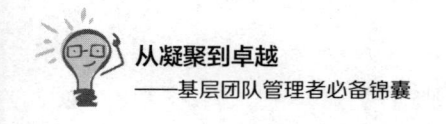

么，来找到根本的原因。

比如，现场有人受伤了，主因是滑倒，我们对这个滑倒问上五次为什么，看看会得到怎样的结果。

第一次问：为什么会滑倒？答案是地面很滑。

第二次问：地面为什么这么滑？答案是地面有油污。

第三次问：地面为什么有油污？答案是旁边存放润滑油的桶里洒出来的。

第四次问：为什么会洒出来？答案是被经过的叉车装的货物撞翻了。

第五次问：为什么会被撞翻？答案是存放的地点靠近叉车通道并且没有防护。

到这里，其根本原因我们就找到了。找到之后要制定对策也就非常简单，并且能从根本上解决问题了，只要把存放润滑油桶的位置转移到一个不会被叉车或其他东西撞到的位置，就不会再有人因为洒出来的润滑油而滑倒受伤了。

有时甚至问不到第五次，就能找到根本原因了，所以我们通过这两个工具的结合，将问题分类、分级之后，接下来就只剩下针对这些非常明确的原因，去制定整改措施和解决方案等进行这些执行层面的事情了。

◆ 步骤三：怎么办——攻克问题难关

在执行层面，去解决问题、攻克难关的实际操作中，对策是能跟随对原因的分析同步制定出来的，不用再有太多的思考。而我们在这一步的重点，是用PDCA循环工具，确保攻关实操能够有条不紊地开展，并且整个过程状态可知可控。

PDCA是四个英文单词首字母的缩写，分别代表计划（Plan）、执行（Do）、检查（Check）、行动（Act），它是由美国的质量管理专家休哈特（Shewhart）博士首先提出的，后来被管理学大师戴明（Deming）所采纳和推广，所以现在普遍被称为戴明环。

这是一个循环向上的模型，在每一轮经过检查之后的行动环节又包含了下一轮的PDCA循环，通过逐层的嵌套和逐轮的升级，让团队持续改进不断进步。图5.4和图5.5两种形式比较形象地展示了这个模型的特性。

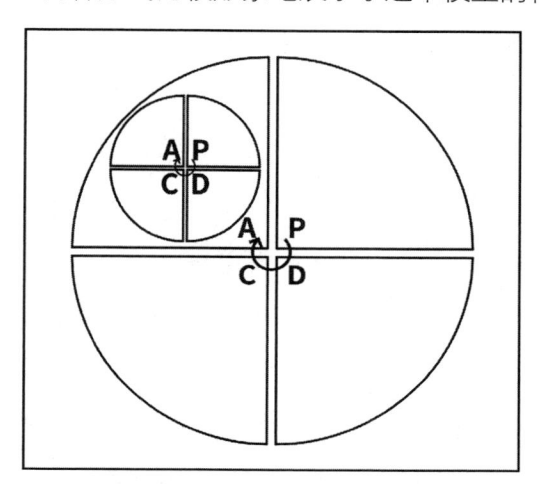

图5.4 PDCA循环的嵌套特性

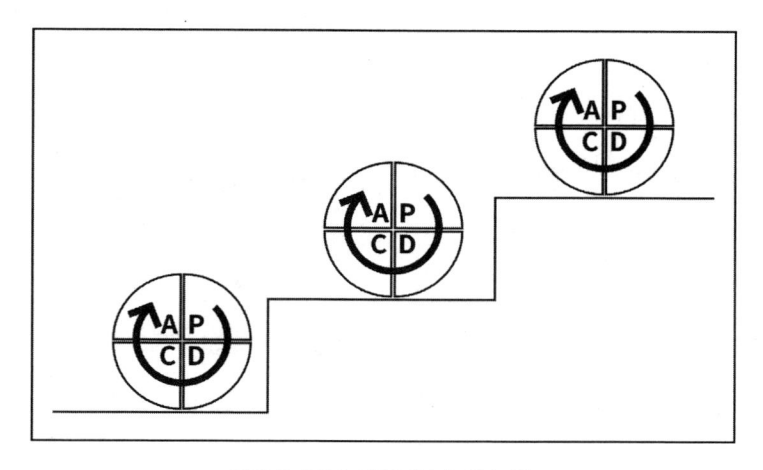

图5.5 PDCA循环的上升特性

具体到四个环节来说，我们在攻克问题时可以做的事情如下：

【计划环节】

从广义的PDCA来说，前面的描述问题和分析原因都是属于计划环节的工作，只不过我们前置了。因此这一步只需要再次明确针对每个原因的整改措施，并且把执行整改措施的计划定下来即可。常规的计划要有目标、有时限、有职责分工、有关键的里程碑节点和交付物、有评审验收的标准，以及一些考核激励等。

制订这份计划，然后要确保小组中每个人都接收到位，并且明确知道自己该做些什么。

【执行环节】

这一环节，我们需要让小组的每位成员，根据计划来制定自己的行动策略，并且进行具体的执行行动。在大家行动的过程中，小组的管辅人员需要随时跟踪进展、调度协调，并且提醒大家记录和反馈情况。

【检查环节】

有些人觉得要等到所有执行做完了之后再检查，其实不然。检查是贯穿执行全程的。除了最后的统一检查回顾，每一个整改措施是否有效，在执行时就要观察、记录数据并分析，这样才能随时根据情况进行必要的调整，保证小组不断接近正确的目标。

【行动环节】

执行和检查之后，我们会得到这次解决问题的效果结论，下一步的行动就应该从这个结论出发。如果发现还有问题没有整改到位，再来一次循环去继续整改；如果出现了新的问题，继续用PDCA循环去解决；如果攻关大获成功，那仍然可以用PDCA循环去设定更高的目标，或者用PDCA循环的思路去把整改的成果固化。关于固化的具体思路，我们将在下一小节中详细论述。

在解决问题的三个步骤中，我们提到了很多的工具，到此必须多说两句提醒你一下：工具是死的，人是活的！这些工具都是非常经典且广泛适用的，你不仅能用它们来解决问题，更可以在不同场景下灵活运用，去处理更多工作任务。有些情况下对工具里的要素稍加变形，就能得到意想不到的效果。正所谓5W2H［在描述问题的4W2H基础上再加上原因（Why）］配合PDCA能够"解百毒"。

攻关之后的验证与固化

最后，我们再来单独展开，讨论一下PDCA循环中的检查和行动环节，看看在每项措施执行之后及整体计划完成后，对应的效果验证与措施固化思路。

验证攻关效果

虽然我们经过对问题的拆分描述和对原因的筛选分析，所制定出来的措施大概率是有效的，但是依然需要验证每个措施的实质性效果。这个工作可以分为锁定变量、观察记录和数据对比三个步骤来进行。

◆ 锁定变量

在验证效果时，措施执行前后要注意保持其他的变量锁定，不会干扰我们要验证的目标变量。比如，你如果要调整工具，那么验证时，新旧工具的操作者、操作环境、所操作的原材料等其他因素都要保持不变，这样才能真正说明到底工具改得成不成功。

更多的场景下，还是回到前面的4W2H、人机料法环、人时地物事这些维度，验证某一维度的整改措施时，其他维度的因素尽量一致即可。

◆ 观察记录

在锁定了其他变量，只让措施目标变量进行变化的前提下，我们就可以进行观察和记录了。观察和记录的目标对象包括了工作状态、过程数据、结果数据三大类，每一类又分为前测和后测。状态可以从多个维度观察，数据也可能涉及很多指标，你可以参考下面的表5.1来进行记录。

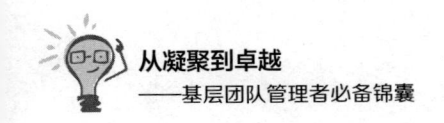

表5.1　问题整改措施观察记录表

问题整改措施观察记录表				
观察记录目标		观察记录结果	
^^ ^^	整改前	整改后
工作状态	疲劳/舒适表现		
	流畅程度		
	……		
过程数据	数据指标1		
	数据指标2		
	……		
结果数据	数据指标1		
	数据指标2		
	……		

这个表格示例比较简单，在你要解决的问题上，可能需要更为详细的记录表，但其核心就是这样的三大类目标对象在整改前和整改后的表现。

◆ **数据对比**

有了观察和记录的结果，接下来只需要把数据进行对比，就能够得出结论了。常见的情况有四种：非常成功，各种数据都明显好转；基本无效，数据没有什么明显的变化；负面效果，数据在整改后变得更糟了；喜忧参半，有些数据变好，有些数据变糟。

前面三种情况都相对好处理一些：成功就固化；无效或负面就回归原状，再回到前面分析解决问题的步骤，重新想办法即可。

最后一种喜忧参半的情况，需要针对性地去分析和权衡效果，一般来说结果数据的权重大于过程数据，过程数据的权重又大于工作表现，所以你逐一看看重要的数据表现为何，再做定论吧。另外，这种情况往往还需要做出一些补充措施，比如，结果和过程都很好，但是工作状态会受影响，那就需要只针对工作状态，提供一些简化的模板工具、小指引，或者改变一下工作的流程标准等。

固化有效措施

当我们把所有攻关整改工作执行完毕，并且验证完成之后，就可以把所有的有效措施进行固化了，固化的工作包括改环境、定标准、做培训三个方面。

◆ 改环境

环境方面，我们要从攻关时的局部、试验性质，固化为全局、固定的性质。这里说的环境，是和我们在第四章中提到的广义工作环境一样，资源的配置、软硬件工具的功能、流程的设计这些要素。当然这些环境要素里，也包含一些传统意义上的环境，比如，现场的空间、采光、空气流通等。

◆ 定标准

攻关的措施中一定伴随着变化，变化就会带来一个"新"字，新人员、新工具、新方法、新流程，每一个新的方面都需要确定下来新的标准，所以在固化有效措施时，明确制定出新的标准也是非常重要的工作。

◆ 做培训

环境改了，新标准定了，团队的伙伴中可能会有人不适应和不会用。如果改后的新东西没有很好地传达到每个人的话，那攻关的效果会受到严重的影响。因此，你还需要在更新后对所有的伙伴进行环境的说明、工具使用的指导、流程方法的介绍和标准的宣贯。这些事情最好进行几次专题培训来传达到位。

激励攻关小组

经过前面的操作，你的攻关小组已经能够彻底解决工作中的种种问题了。但事情还没完，千万不要忘记攻克难题之后的激励工作，这样才能让小组成员保持热情，在未来继续和你携手攻坚克难！

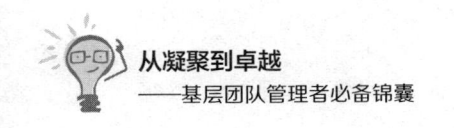

怎么激励？如果计划方案里有激励标准，按其执行兑现就行；如果没有的话，现在把书翻回到第一章看看锦囊二和锦囊三，请吃饭一起庆祝、走心赞令其满足，都是可以的。

锦囊三
全面铺开——设立专项机制，激励团队改进提升

对单点的高手和条线上的攻关小组，我们都有了相应的策略，那么本章的最后一个锦囊，将帮你上升到整个团队的层面改进提升。用专项的改进激励机制来鼓舞团队的伙伴们不断进取，让你的团队真正成为人人向上、持续改进的优秀团队。

在这个锦囊中，我们将以"复习提示+扩展具象"的模式来展开，论述如何为整个团队选择和设定机制的目标、如何在目标下设立专项机制，以及在运用专项机制时的要点原则。

这个锦囊会联系到前面的很多知识点和方法工具，但是应用的层级和场景略有不同，你要注意区别。同时为了节省你的时间，这里对之前讲过的工具不再详细展开，如果有需要的话，你可以翻回到前文的内容稍加复习。

设定机制目标

所谓的改进激励机制，起效原理和我们在第三章中讲到的制度原理类似，都是要与团队成员的收入挂钩来刺激大家的行为，只是制度的挂钩是正负激励都有，并且在标准上负激励的额度分档大多会大于正激励，而这里的专项机制，则是以正激励为主的，目的是用激励促动大家积极改进。

持续改进这件事，大家都在提，但在实际的工作中，很多人觉得这像是一句空洞的口号，因为自己不知道该做什么、怎么做，所以虽然态度上

很想改进，但行为上缺少目标。

我们该如何确定一个合适的改进目标呢？既然这个机制和制度的原理相同，那么操作方式也是类似的，第一步同样要回到团队价值的原点，拆分出关键的指标。而与制度不同的是，激励机制的目标会再继续向下拆一层，分析到影响指标的因素。

回顾团队价值与指标

这里快速复习一下，第三章里我们给出的团队价值公式是"ICCBD"，展开讲就是"我的团队，在什么条件下，为哪个/哪些客户，做些什么/提供什么，达到什么样的标准程度"。

从这个价值描述公式中，你可以进一步通过提炼关键词并整合、匹配上级组织需求，最终确定下团队的关键量化指标，到这里操作都和前面基本一致，你完全可以用写制度时分析的结果直接应用。

进一步拆分指标的影响因素

在团队的指标明确之后，就要针对每一个指标，去拆分影响它的因素了。因素拆分的方法，只需要把本章锦囊二里分析问题原因的那张鱼骨图稍做调整即可。

仍然可以从"人、机、料、法、环、测"或是"人、时、地、物、事、法"的维度拆分，然后在鱼骨图上填写影响的因素，但是这里要注意，影响因素和问题原因的描述方式是不同的。举个例子，在"人"这一主骨上，如果是分析问题原因，可能是"技能水平不足""员工必要知识储备欠缺"这样的比较负面的、针对原因状态的描述；而在分析对指标有影响的因素时，则需要填"员工技能水平程度""员工知识储备情况"这种相对中性的、针对因素名称的描述。

在这个分析过程中，如果你怕自己列的因素不够全面，在进行鱼骨图

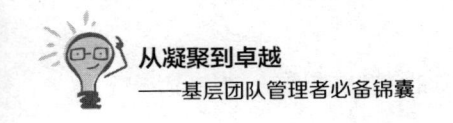

分析之前，像头脑风暴之类的工具也可以继续使用，如召集一批专家或相关的人员，共同探讨出相对全面的影响因素来。

机制目标源自重点影响因素

将主要的影响因素都填写进鱼骨图之后，我们就可以从中筛选出改进的目标了，一般更有价值、更适合作为改进目标的因素，大多会有影响大、现状差、可触及三个特点。

◆ 影响大

你可以评估各个因素的影响范围和影响程度，如果在这两方面都很重要的话，那就需要重点考虑了。

因素的影响包括改进的正面影响和不改进的隐患影响。比如，大家都用的办公软件，如果改进的话，所有人都会受益，而且整个效率都能够提高；再如，办公室的环境杂乱、磕磕碰碰、工作状态萎靡、物资丢失等情况频发，那不改进这些的话，其影响都会持续作乱。

◆ 现状差

在第一章的锦囊二关于仪式感的内容中，我们提到了"如果东西没有坏，那就不要去修补它"这句我部分赞同的话，而在第四章的锦囊三关于流程优化的TOC理论中，也有"在非瓶颈环节节约一小时，没有任何实际价值"的原则。这两个点告诉我们，寻找改进的目标时，尽量不要去锦上添花，而是要去做雪中送炭的工作。

因此，你要评估各个因素的现状。如果某个因素现状良好，那么它至少不是当前最重要的改进目标。我们要寻找的一定是现状比较差，影响整个系统效能的因素，对它们进行改进才能拉高整个团队的水平。

◆ 可触及

最后，并不是所有的影响因素都是你和你的团队能够去改变的，比如，第三章的锦囊一介绍的老中医疗法，第一个"望"字诀里包含的那些因素，你是没法通过内部的改进去触及的。

所以最后一方面，评估一下这些影响因素是否是你和你的团队可触及的，是不是可操作的手段能够改进的，能的话再列为你的目标。

设立专项机制

用一句话来描述这个专项机制，就是"对目标因素的有效改进会获得激励"。你可以通过写方案、立项目的方式，来设立这种机制。

具体的项目方案怎么写，只需要按照你所在公司的行文规范即可，你也可以参照我们第三章给到的撰写制度的框架结构来写，大致的模块是相通的。但在写的过程中，要注意以下的要点。

要点一：改进目标书面明确，指标留有开口

经过前面的筛选和分析，这个机制是要针对某些能够影响团队指标的关键因素的，所以目标是非常明确的，你也需要在方案的一开始，就书面写下项目的目的和改进行为的目标因素。

但是，这类项目是一种鼓励创造创新的项目，我们往往很难预料到究竟实施的结果能到什么程度。所以在写项目方案的时候，并不需要有特别明确的整体目标指标。否则最后如果达不成，你和团队伙伴付出了很多却获得较低的评价，会严重影响士气，扼杀团队的创造力；如果超额太多完成，又会显得你定的目标指标太低。除非刚刚好，否则都会适得其反。

因此这里建议你如果没有明确的要求，可以不去拍脑袋定指标，明确方向即可；如果公司要求所有项目必须有量化指标，那么定下类似"人人有贡献""发现的改进点全部有变化"之类的覆盖比例型指标也可以。

要点二：改进路径清晰准确，方法不做限制

"不管黑猫白猫，抓住老鼠就是好猫。"同理，不管用什么办法，有

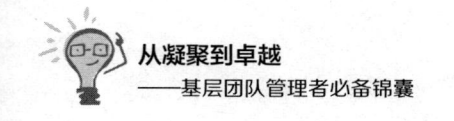

效就是好办法。

依然基于这种机制鼓励创造创新的前提，在制定方案时，我们只需要在针对目标因素的范围内，明确改进的路径，也就是类似"寻找-分析-设计-实践-评估"这种基本的流程，以及每个改进点从立项登记到确认的规则就好，并不需要去限制团队伙伴们具体的改进方法是什么，这样才能百花齐放、百家争鸣，说不定你的团队里会涌现一批全新的改进流派。

要点三：改进激励合理透明，评审方式科学

最后，在你开始改进之前，就一定要在描述机制的项目方案中，明确激励的标准。

你可以根据对目标因素的增益效果，将改进点分成不同的等级，每个等级中每一点改进对应明确的激励标准。

同时需要对每一等级的改进，定下科学的评审方式，以及量化的评价标准，这样才能减少争议，让机制相对公平。

有了这些，你的方案在最后兑现时，就可以非常简单地按数量、按等级、按有效程度去核算激励了。

当然，我们在第三章写制度的内容中提到的向上级、下级、平级去征求意见、争取支持这些动作，在你设立专项的激励机制时，也同样要这样做。

完成了以上所有的操作，你的专项改进激励机制就设立成功了，我们来看一个我曾经在车间的实际案例。

经过从价值开始的拆分分析，我们车间有一个关键指标是质量。再进一步分析影响质量的因素，鱼骨图里的"人、机、料、法、环、测"也都占齐了，有员工操作的、设备工具的、零部件的、装配方法的、现场环境的、检查手段的等多方面因素。

再后来经过观察和筛选，我找到了一些目标。比如，我发现一般问题较多的工序大多是手动操作的，需要用一些通用的工具和检具来手动安装和调试检查，而一些调整的方法和标准，在工艺卡片里规定得并不细致。

举两个例子，某两个零件在安装的时候，对它们之间的距离是有标准要求的，但是员工只能调一调，再用尺子量一量，量完再调，调完之后再量，这样操作效率非常低，如图5.6所示。

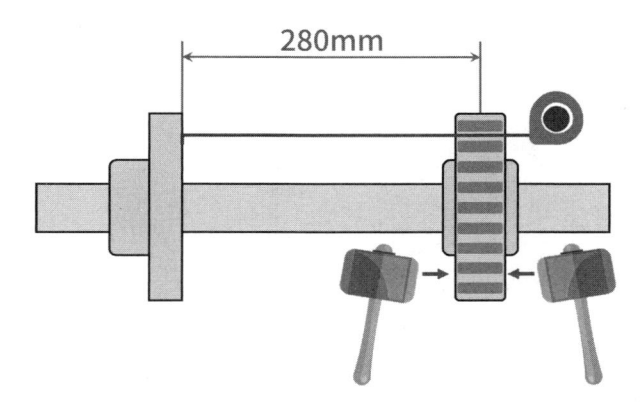

图5.6 零件安装调试示意图

还有些多个连接点的零部件之间，工艺卡片里只写了用多少个螺栓把这两个件连起来，但没有详细说明螺栓的顺序，这样一来，如果先装两边的，再装中间的，可能会造成中间鼓包；而如果先装一侧的，又可能会造成整体偏斜，如图5.7。

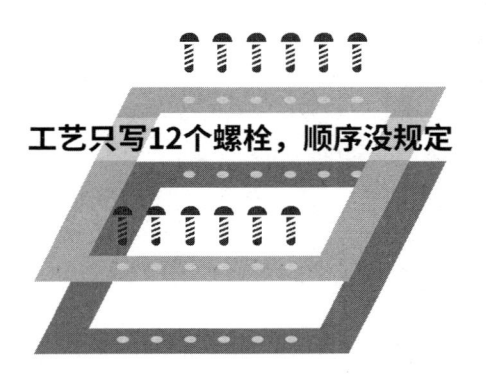

图5.7 有多个连接点的零部件安装示意图

类似这种工具不合适或工艺方法不明确的地方还有很多。

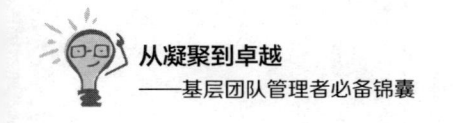

所以当时针对工具和工艺方法的因素，我组织了一次工具和工艺方法的标准化改进项目，让全体员工来寻找类似上面两个例子这样，在安装时需要反复调整、效率低下的工序，或者一些需要增加详细标准说明的工序。

项目方案中让大家针对自己工位上这种情况，去自行设计优化措施，其实就是设计一些专用的检具样板，以及根据自己的经验去规定细化的操作方法顺序，至于样板设计成什么样子，方法顺序怎么调整，除了给一些基本的国标规范以外，并没有太多的限制。

在项目方案里，我也专门针对这一点设置了不同档次的激励。每一个验证有效的样板设计，根据效果和重要度，奖励提出者50~200元；每一项细化操作标准的制定，奖励制定者30~50元；然后提出改进项目最多的班组，集体奖励1000元。

重赏之下必有勇夫，当时一个月下来，车间里一共提出的各种改进项目达到了200多项，其中验证有效并且采纳固化的有100多项。

这一轮下来，第二个月的质量指标和工作效率明显提升了。项目如此成功，以至于在此之后，大大小小的集体改进项目，我也做了很多次，效果也都不错。

运用要点原则

在运用专项的改进激励机制，促动整个团队提升改进时，还有以下几个重要的要点原则，你要准确把握才会带来更长远的效果。

坚持最重要

持续改进这种说法，从字面意义上就能看出这是一个需要不断坚持的、长期要做的改进工作，而绝不是一次活动就完事了的。所以你在成功推动了一轮针对性的改进之后，也不能就此终止，要始终关注分析可以改进的地方，给大家提供源源不断的改进目标。

这个原则无论是在TOC的五步法，还是在PDCA的循环中，相信你都已经体会到了。那么就在一个因素改进完成之后，稍事复盘和休整，再瞄准下一个需要改进的因素吧！

固化是关键

和组织攻关小组破解难题最后的操作一样，集体改进的措施也必须固化下来。把试验性的改变转化为标准性的规范，改环境、定标准、做培训，同样是一个不能少。

回报及时到

在专项机制中，我们设置了不同级别效果的对应激励标准，那么在方案最后的兑现周期里，这些回报也不能迟到，应及时发给大家，这样才能保持伙伴们持续的热情，也能让伙伴们更愿意继续跟着你进入下一轮的改进优化。

本章要点回顾

可能你在这一章开始的时候，会认为内容都是教你如何去激发其他人的，但读完三个锦囊，你会发现我专门给你提供了大量的工具和方法。这是因为在你的团队中，有一个经常容易被忽视的核心高手，就是此时此刻手捧本书的你自己。

在你寻找团队高手时，千万不要忽略了你这个特殊的、核心的高手，你的优异表现会像团队的大脑指挥身体一样，带领着伙伴们攀登得更高更远！

所以这一章的作业是，你可以用锦囊一当中拆分小颗粒度行为的方法（把大象关进冰箱的例子），来拆分一件你自己最擅长的事情，找出自己和别人的不同做法，然后分享给要做同样事情的人吧。

最后，表5.2是本章的要点回顾，期待你能在和大家并肩前行的路上充分运用。

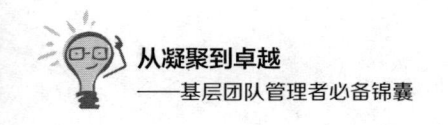

表5.2　第五章锦囊回顾

锦囊一：单点激发——用心发现高手，激发他们的主动性			
两看一听找高手	看业绩数据	看工作状态： 浑身散发自信 操作流畅连贯	听多方评价
用认同感建信任	用心观摩给舞台	肯定赞扬得认同	
诚挚邀请带队飞	态度诚恳去邀请： 专程邀不偶遇 获益正式守信 避免取代误解	后勤保障不漏项： 时间、场地、 人员、物资、 流程	旁观视角帮萃取： 细化分解行为 寻找关键动作 帮助萃取设计

锦囊二：条线串联——抛出研究课题，组织攻关小组探索			
寻找攻关问题目标	是否有偏差	是否起因不明	是否有必要知道
	三问答案均为"是"，则是攻关目标问题		
组织专项小组攻关	组建攻关小组四类成员： 直面问题者 问题领域专家 流程或产品设计者 小组管辅人员	推动小组攻关三步走： 描述问题现象 -4W2H 分析问题原因 -（识别）头脑风暴 -（评估）因果关联验证 -（确认）鱼骨图+5Why 攻克问题难关 -PDCA循环	
攻关效果验证固化	验证攻关效果： 锁定变量 观察记录 数据对比	固化有效措施： 改环境 定标准 做培训	激励攻关小组

锦囊三：全面铺开——设立专项机制，激励团队改进提升			
设定机制目标	回顾团队价值指标	拆分指标影响要素	寻找重点目标要素 影响大、现状差、可触及
设立专项机制	机制核心：对目标因素的有效改进会获得激励		
	目标书面明确 指标留有开口	路径清晰准确 方法不做限制	激励合理透明 评审方式科学
运用要点原则	坚持最重要	固化是关键	回报及时到

第六章

沉淀团队的智慧才是最大的财富

　　有幸生于华夏，作为炎黄子孙，我们的身上都承载着几千年的中华文明。无论文明也好，整个人类也罢，传承是我们在时间维度上永恒不变的主旋律。

　　在团队中也是如此。如果你按照之前的方法凝聚起一支有战斗力的团队、一支法纪严明的团队、一支人人上进的团队，那么大概率在此之后你将离开这个团队，因为组织会发现你的功绩，肯定你的才华，给你更大的舞台去做更重要的事情。

　　除了你自己，团队中很多其他的优秀人才也都面临着升迁或转岗，而

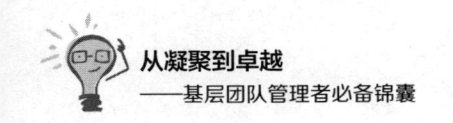

退休、离职等造成的人才流失，也会持续带走你团队中的人，正所谓铁打的营盘流水的兵。

所以你需要考虑，如何才能在人才流失这个无法阻拦和逆转的洪流中，保留大家已有的成果、沉淀离开者的智慧。这样才能让你的团队，真正成为一个"任尔东南西北风，我自岿然不动"的团队，让团队的文化和智慧，即便在你和高手们纷纷离去之后，依然能够得以传承。

所以我们这一章，围绕传承组织智慧来展开，在给你具体的锦囊前，先要引入一个组织智慧传承的模型：车、油、人，见下图6.1。

图6.1 组织智慧传承的模型

图中的三个部分组成了传承智慧的有机整体系统。我们可以先设定一个传承智慧的目标，这个目标并不是把团队智慧像货物一样从一站运输到下一站去，而是让我们团队中不断补充的新鲜血液，能够学到前人的经验，并且结合前人的经验和智慧，跟随团队走到更远的地方。那么这个系统的作用，就是载着团队的"乘客"们到达目的地。

因此，我们首先需要一辆能够用来载客的"车"，也就是说，我们需要一个平台来存放智慧，并且能把这些智慧的价值提供给乘客们。

只有车还不够，还需要各种燃油、机油来让车顺利动起来，那么我们在平台上包含智慧的各类内容，就可以认为是各种油品，为车的运行提供动力和润滑。

最后,还得配个司机来开车和保养车。平台和内容也都需要有人来运营和维护,才能保证正确和有效。

有了这三个要素,前人的智慧都浓缩在油品(内容)里,油品给车(平台)提供动力和润滑,同时由司机(运营)开车,就能够带着团队的伙伴们一路前行啦。

但是问题来了,那么多的车该怎么选?各类油要什么时候加,加什么型号?司机的驾驶技能和保养要求又有什么标准?对应的锦囊来了:

- 锦囊一　选车——团队智慧需沉淀,载体平台要方便
- 锦囊二　加油——智慧资源种类多,针对范围三层说
- 锦囊三　配人——部署运营有诀窍,盘活资源更有效

我们一起在这三个锦囊中,寻找传承团队智慧的答案吧。

锦囊一
选车——团队智慧需沉淀,载体平台要方便

提起平台,如果你的企业里有在线学习平台的话,可能你第一时间就会想到它。的确,从功能、效果方面来说,我们所需要的承载团队智慧的平台和企业的在线学习平台非常像。只是团队的范围相比整个企业会小很多,对内容和功能的需求也会少一些,也就是说团队的平台是可以包含在企业学习平台之内的。

在此基础之上,我们就可以结合常见的企业学习平台的类型和特点,来思考自己团队选择什么样的平台更合适,以及如何选择了。

常见平台类型特征

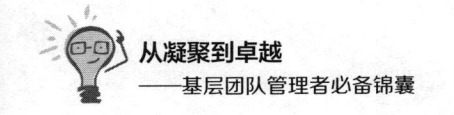

现在企业常用的学习平台有三大类，分别是企业定制开发的学习平台、企业租用的SaaS（Software-as-a-Service，软件即服务）平台，以及一些公开的学习或媒体平台。

企业定制开发平台

第一种平台是企业找专业的软件公司定制开发的平台，这种模式在21世纪初期在线学习刚刚起步的时候，在大型企业中比较流行。

企业定制这种类型的平台，就像是企业自己买车一样，其优势在于平台归属于企业，无论是数据的安全性还是管理的自由度，都是最好的。但相应的，开发时要投入的成本也是最高的，并且需要有人投入精力进行管理，软件更新升级也不够快，所以近些年，新上学习平台的企业中，很少再看到这类定制开发平台了。

租用专业SaaS平台

第二种平台是当前比较流行的SaaS平台，是一些专业做学习平台的公司开发，并且打包提供运营服务和更新维护的平台。企业通常以租用的模式，每年缴纳服务费用来使用。这种模式类似于企业长期包车或长期租车，车的所有权不归企业，但会有比较长期的使用权。

这一类平台在所有权和自由度方面，会比定制开发的平台略逊一筹，数据的安全性隐患也相对会高一些。但是采用租用的模式，企业将不需要投入大量的开发费用，只需要支付租用服务的费用就能够享受到平台公司的运维，以及系统更新服务。和定制平台对比之后，大多数企业会觉得利大于弊，所以租用SaaS学习平台是近些年来大企业部署学习平台的首选。

公开学习/媒体平台

第三种，就是一些大的互联网公司做的各种公开平台了，不一定是学习平台，有些媒体平台、资源平台、功能适合的小程序、网站上的公开平台等都是。

有些企业虽然有定制平台或租用平台,但免不了有时平台难以满足一些个性化或临时的需求,所以特殊情况下"打个车"或"坐公交地铁",也是需要的。

以上三种类型的平台,不能绝对地说哪个好、哪个不好,在不同的应用场景下会有不同平台更为适用,而且我们在企业有自己的平台(专属或租用)时,也经常需要和公开平台组合使用,因为平台的功能定期才会更新,但我们的需求却随时可能出现,所以思维要灵活开放。

在保证思维灵活的前提下,聚焦到你团队所需要的平台,一般状况之下的选择建议是有企业自己平台的优先考虑借用,组合公开平台;如果没有,那么只能选择公开平台了。

优先选择内部学习平台

如果你的企业里有前两种类型的学习平台的话,不要犹豫,优先推荐你使用它们。在有平台的前提下,你可以继续往下阅读。如果企业里没有自己的平台,那么这一小节你也可以暂时跳过,直接翻到"选择公开平台的考虑维度"去。

内部平台有优势

毕竟都是专业用来学习的平台,无论是定制还是租用的,相比公开平台来说都更有优势,也更合适。

◆ 优势一:用户习惯不变

在团队里直接使用企业内部的平台,最大的优势在于用户习惯不会发生改变,大家常年使用,都已经非常熟悉这个平台的操作方式和学习模式了,新增自己团队的版块只是调整一个链接路径而已,并不会造成因改变习惯而带来的不适。

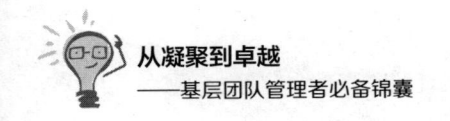

◆ 优势二：有效降低噪声

内部平台的第二个优势，在于专为你的企业设计，就不会有企业之外的噪声干扰。

从内容方面来说，不会出现公开学习平台里那些与企业无关的其他学习内容，更不会出现媒体或其他平台里，那些会抢占伙伴们注意力的媒体推送、购物链接和烦人的小广告。

从功能方面来说，也基本上不会有很多诸如弹幕、分销、娱乐等与业务或学习无关的功能。

因此在内部平台里学习时，团队的伙伴们更容易处在一个相对专注的学习环境中，少了干扰自然效率更高、效果更好。

◆ 优势三：更易获取帮助

最后，使用内部现有的学习平台时，你不是一个人在战斗，在一些功能模块、运营维护、数据统计之类的工作上，内部有培训部门的同事能够给你支持，外部还有软件的开发商或服务的供应商能够协助。

专业的人来做专业的事，有了以上协助，你将不必再逐个去尝试平台的功能和规则，并且遇到问题时也不用自己毫无头绪地寻求解决方案。这样节省你在管理平台上的时间，也能让你把更多精力分配在跟业务相关、跟团队价值相关的工作上。

争取支持得双赢

除非你带的团队本身就是负责企业培训的部门，否则想要使用企业自己的学习平台，都需要去争取培训部门的支持。

这个时候，你尽管放心地去争取就行，完全不必担心负责培训的同事不支持你，因为我们负责培训的同事其实是非常可爱的一群人。作为一个曾经连续"蹲班"四年的培训经理认证班的学员，我接触过大量在企业中负责培训工作的同学，央企、国企、私企、外企的都有，他们有一个共同的心愿，就是让自己的工作能够更好地支持公司的业务部门，而他们最怕的，就是被人说不懂业务、培训工作不能支持到业务。

所以当你以业务部门的身份，去培训部门请求帮助的时候，也正是培训的同事体现自己工作价值的时候，这个局面是双赢的，培训的同事大概率会很喜欢你提出这种需求的。

假如即便是这种双赢的局面，对方却表示无能为力，那可能是平台真的没法支持你的需求了；或者你在一个大型集团公司的分公司、子公司，而学习平台管理是集团总部来做的，联系不上负责人。这两种情况下，就只能建议你换个思路去考虑公开平台了。

沟通目标要清晰

回到培训部门能够支持你用企业的平台来为自己团队存放智慧资源的场景，这时你可以申请在平台上为你的团队单独开设一个版块，或者划分出一部分专属于你的团队的区域。

此时，你需要进一步去和培训部门沟通，沟通时要目标明确，详细提出你的具体需求，以便培训的同事能够有的放矢地帮助你。沟通时最主要的是要明确人员、文件和功能三方面的需求：

◆ **人员权限需求**

首先要明确的就是开设给你的团队的版块所对应的管理权限和学习权限。

我们不能每次更新或使用都去麻烦培训部门的同事，所以在你的团队里，建议至少争取到一个对这个版块有管理权限的账号，可以你自己拿着，也可以交给你的副手或其他能够胜任的伙伴。当然，如果有两三个管理权限账号，那自然更好，但你同时也要注意交给信得过的人，保证账号、平台和内容的安全。

还需要考虑的是这个版块的学习或浏览权限，有些平台分得特别细，

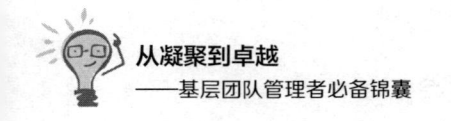

部分人看不到、部分人只能看、部分人还能互动、部分人可以下载资料、部分人还可以上传资料，等等。你考虑一下团队的伙伴们在使用这个平台时需要用到哪一级别的权限，有多少人需要，然后明确和培训的同事提出要求。

◆ 文件存储需求

其次，你还要沟通对文件存储的需求，包括文件的类型和存储的空间需求。

常见的学习资源，可能包括视频、图片、音频、文档、链接和H5等各种形式，你要评估一下自己团队的智慧资源都会以哪种形式出现，再结合平台能够支持的文件形式及具体的格式，去和培训部门的同事对接确认。一方面，尽量要求对方能提供给你所需要的形式与格式的存储支持，另一方面，你也可以记录下平台所能够支持的形式和格式，以便在你接下来准备资源时，与其匹配。

存储空间和存储数量也是要确认的。毕竟学习平台的空间不是无限的，你不能一个团队把整个平台的空间都用了；有些平台对文件数量也有限制，或者有些平台单个链接里不能支持多种媒体混编。问清楚总数和能给你的空间、存储的文件数和单链接支持的媒体种类数量，这些也都能让你在准备资源时，对文件大小和种类数量，有更为全局的把握和规划。

◆ 功能数据需求

最后，还有你的团队在使用时，对平台功能的需求有哪些。

举几个常见的例子：

直播功能要不要有？音频直播、视频直播、播放课件等具体的直播都是否能支持？直播过程中的评论区、连麦功能是否必要？这些都可以在沟通时根据你的需求确认一下。

评论互动和问答需不需要？伙伴们在学习后有疑惑时能否快速在平台

上留言提出问题，又能否快速找到答案？这些都是要考虑的。

考试和作业是否必要？你是否想通过平台来检验大家的学习情况？如果需要，考试和作业功能就有必要，而且你可能还得在后期安排编制试题。

投票和调研问卷你要用吗？如果平台能支持，这两个功能也能够帮助你在大家学习之前，把握伙伴们的现状和想法。

这些具体需求的细节都可以和培训部门沟通清楚，这样在你未来使用平台时，就能做到心中有数、不慌不忙了。当然，在使用平台之前，你可能对有些权限和功能的具体细节并不一定非常了解，所以可以先大概问清楚平台能支持哪些方面，再在使用的过程中根据实际需求和培训的同事保持沟通。

选择公开平台的考虑维度

如果很遗憾，在你的企业里并没有专门的学习平台，或者学习平台因为技术等条件限制，没法为你的团队所用的话，那也可以选择一些公开的平台来部署、沉淀你团队智慧的资源。

公开平台有很多，有些是专门用于学习的平台，比如，千聊、小鹅通、荔枝微课；还有一些多媒体平台，在一定程度上也可以使用，比如，腾讯视频、优酷之类的视频网站，抖音、快手等新媒体短视频APP；社交或办公软件，能够部署资源的话也可以考虑，像微信公众号、QQ群、钉钉；如果需要更大的空间，百度网盘、百度文档这些存储空间都可以使用。

这么多的公开平台，如何选择呢？你需要考虑和评估的主要维度有三个：用户习惯、安全稳定性、功能需求。

用户习惯

选择公开平台时，考虑用户习惯要放在第一位。如果团队的伙伴们用着特别别扭，有可能在你一开始推广这个平台时就会收到大量的吐槽和抵

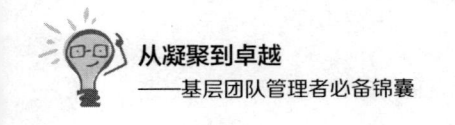

制。没等大家发现这个平台的好，就已经被扼杀在摇篮之中了。

所以尽量不要选择特别冷门的、需要额外安装过多的客户端和插件的，以及操作特别复杂的平台。

相对的，直接用大家常用的一些软件就会让伙伴们更容易接受；或者一些比较流行的，喜闻乐见的软件平台也可以考虑；再就是和大家常用的软件功能操作类似的平台，或者有小程序能嵌入一些常用软件中的平台，这些在用户习惯方面都会更加有优势，推荐选择。

平台安全稳定性

第二个要考虑的重要维度是平台的安全稳定性。

相信你不希望自己团队的信息和资料泄露出去，也不希望平台用着用着突然就不能用了。但做这些学习平台的企业，其所在互联网行业本身是一个容易泄露数据的行业，而行业目前正处在高速发展和动荡的时期，每天都会有新的互联网公司诞生和死亡。

如果选择到一些"病恹恹"的平台，还真有可能出现安全稳定性方面的问题。所以在这个维度，推荐你尽量选择一些久经考验的大厂平台，能帮你避免很多麻烦。

常见功能需求

在保证了用户习惯和安全稳定之后，第三个维度，就要考虑平台是否满足你所需要的功能了。

和企业内部平台的功能大同小异，我们在用公开平台时，需要考虑的基础功能主要包括媒体支持、附件保存和辅助功能三个方面。

◆ 媒体支持功能

一般来说，我们需要的平台至少要能够上传视频、音频、文字、图片这四类主要的媒体文件，而且这些媒体文件需要能在线播放才行。

另外，在一个链接里，需要至少包含两种或以上的不同种类的媒体文件，常见的有"视频+文字""音频+文字""图片+文字"三种基本组合就够用了，如果还能支持多种类型的媒体文件混编，那会更好。

◆ 附件保存功能

对于团队来说，我们有很多的文档、软件、模板都需要以附件的形式提供给团队的伙伴们下载使用。在这种情况下，一些文件附件的保存功能，也是有必要的。

◆ 辅助功能

前面两个功能具备之后，平台就可以使用了。如果再扩展一下，平台能够支持直播、发通知、留言或讨论互动、考试和评估、内容索引等辅助功能的话，也会给你带来更多的应用便利。

一口气说了三个方面这么多具体的功能要求，是不是感觉找不到一个非常完美的平台了？没有关系，平台那么多，完全可以组合使用的。比如，用微信公众号进行多媒体混编作为基础，配合着把一些内部的文档资料作为附件放在QQ群里。另外，还有一些比较大的工具软件可以存在百度网盘里，再用微信、企业微信、QQ、钉钉、腾讯会议这些软件做直播和互动。如此把几个都符合大家习惯的并且安全稳定的常用平台组合起来，一样能达到你所需要的效果。

但是在组合使用的时候，除了考虑三个主要维度之外，还要注意尽量不要太多太散，特别是同一类功能尽量不要用多个平台，否则会让大家的学习过程变得杂乱无章。

除了这三个重点要素以外，还有一些你可以纳入考虑范围的其他因素，比如，平台的价格，免费还是收费、收费多少，还有平台服务的响应速度等。

可选的公开平台很多，但有时不可避免地会发生免费平台变收费、平

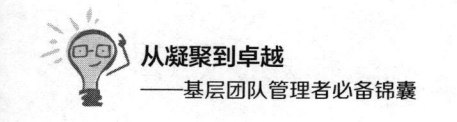

台停运等情况，如果你遇到了，再回到几个主要的判断维度，去重新判断和筛选吧。

最后，给你一个根据我目前有限的见识和试用的感受，对截至2021年上半年的一些常见平台的评分表，见表6.1。

这个评分表不一定正确，也不一定适合你，但是能够给你在选择平台时，提供一部分参考的观点。你可以结合这个表中的评分，再去考虑针对你团队的需求和大家的习惯，以及不同平台的其他参考维度，去选择你需要的平台或组合方式。

注意，表6.1中的平台都是可以考虑使用的，表里的评分只是针对这些平台是否适合作为团队的学习平台来说的，不代表平台本身的优劣，毕竟不同的客户定位会让平台有不同的特点与适用场景。

最后的几个视频平台中，之所以把腾讯视频单独评为了辅助平台的高分选项，是因为你如果要用微信公众号作为主体平台的话，上传视频都要通过腾讯视频，这是腾讯视频相较其他平台的优势。

用实例来说，我之前给车间采取的配置：微信公众号为主体平台，腾讯视频用来传视频，将视频都链接到微信公众号的推送文章当中；再用百度网盘来存资料，给微信公众号设置各种自动回复、网盘链接的关键词；推送文章的分类和资源列表都以目录形式呈现。这样我的伙伴们就能在需要学习和资料时，到公众号第一时间获取了。

但当时像千聊、小鹅通这类平台还没有火起来，所以我用的是相对传统的办法。现在的话，你可以参考我的方法，也可以尝试这些专门的公开学习平台，效果都不错。

第六章
沉淀团队的智慧才是最大的财富

表6.1 常见平台评分表

平台名称	用户使用习惯（5分）常用软件	用户使用习惯（5分）流行软件	用户使用习惯（5分）嵌入常用	安全稳定性（5分）	媒体支持（5分）	附件存储（5分）	辅助功能（5分）	综合评定（20分）	推荐优先级
千聊			4	4	5	2	5	20	主体A
小鹅通			4	4	5	2	5	20	主体A
荔枝微课			4	4	5	2	5	20	主体A
微信公众号	5			5	4	1	3	18	主体B
微信视频号	4			4	3	1	3	15	主体B
企业微信	4			5	4	3	4	20	主体A
钉钉	4			5	4	4	4	21	主体A
QQ群	4			4	3	3	4	19	主体B
百度网盘	4			3	1	5	1	17	辅助A
百度文档	3			5	2	3	1	11	辅助C
腾讯视频		5		5	2	1	3	16	辅助A
爱奇艺		3		4	2	1	3	14	辅助C
优酷		3		3	2	1	3	13	辅助C
抖音		3		3	2	1	3	12	辅助C
快手		2		3	2	1	3	11	辅助D

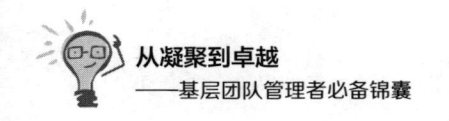

锦囊二
加油——智慧资源种类多，针对范围三层说

有了合适的平台，就可以为这个平台准备合适的团队学习资源了。正如我们有了车以后需要加油一样，那么在平台上需要哪些资源，同时各类资源应如何获取呢？

虽然所需要的资源种类和形式多种多样，来源、渠道也非常多元，但我们可以按照资源的层级和范围，分为三大类资源：团队/企业专属资源、行业通用资源、公开通用资源。在锦囊二中，我们就一起来探索如何获取各层级的各类资源。

占比最高的团队/企业专属智慧资源

从内容主题来说，团队的平台上最应该存放的智慧资源当然是团队内部的各种工作方法、经验诀窍和标准规范，这些专属于团队自己的资源了。这类资源在你的平台上，建议比例占到八成左右，是最主要的一类资源，也是最能帮助你的团队伙伴的一类资源，所以我们这里也会花费更多的篇幅来详细讲解。

具体的来源和形式，可以包含我们在第五章中提到的小组攻关和持续改进的成果总结、发动每个团队成员众创的微课、从团队工作中挖掘的能反应团队文化的案例和故事。

团队攻关与改进成果记录

在第五章学习过后，你可能也会在团队中组织攻关小组，或者发动全员改进。那在这两项工作过后，你除了将攻关和改进之后固化下的新标准、新做法写进指导书，也可以总结一下在攻关和改进的过程中，二者本身所采取的流程和方法，以及遇到的问题，然后放在团队的平台上，以便日后再做类似工作时能有所参考。

这类资源一般可以用文字的形式进行梳理，按照可复用的程度及其重要性大致排序，建议你整理以下三类内容：

◆ 计划方案模板

这是一类非常综合的资源，囊括了在攻关或改进中的各个方面与全部流程要素，对于一个团队来说，业务的相对统一性决定了攻关或改进措施的相对一致性。

虽然每次要面对的具体对象不同，但你可以从其中提炼出背后的流程逻辑。像方案中寻找目标的方法、执行团队的配置、实施的流程，其实都万变不离其宗，当你经过几次实践总结出核心的套路之后，未来只需要结合这个套路进行针对性的调整，并且每次再继续优化套路就好。

这就像高德拉特围绕TOC五步法所写的书中，从《目标：简单而有效的常识管理》的制造业案例不断打磨五步法，到《目标Ⅱ：绝不是靠运气》中零售业和服务业的应用延续，再到《关键链》当中各种项目管理过程中五步法的应用，虽然行业和业务截然不同，但方法本质依然是那五步，只是每一本书中的应用都在做针对性的改变和进一步的升级。写下这段文字，也是想建议你将以上这几本书读一读，也许你会找到适合自己行业和团队的改进方法。

◆ 项目总结报告及模板

和计划方案的模板一样，总结报告的模板也能够帮助你在未来进行类似项目时有所参考，并快速完成总结。

同时，除了模板，每一次的总结报告集中起来，包括了项目最终的结果和过程中的分工、执行、调度与调整，以及遇到问题时的分析解决过程等内容。这样一来，既可以帮你整理经验和教训，又能够让你和团队记得曾经一起取得的成果，这在鼓舞团队士气时也是非常不错的素材。

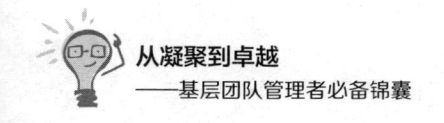

◆ **效果验证及流程总结**

攻关或改进都要对当前的工作方法进行改变。改变之后，就一定要验证改变的效果，那么每次改变之后是如何验证的，也可以进行总结。

比如，怎么确定验证对比的指标数据或现象、具体验证的操作方法、影响验证结果的因素包含哪些、验证得出结果后如何分析和决策等内容。当这些内容积累得足够多时，无论是你还是团队的其他伙伴，在未来都可以更有经验地去设计验证流程了。

要总结的三类攻关改进成果看起来是不是挺眼熟？没错，你总结的计划是P、总结的执行过程是D、总结的验证流程是C。

我们不仅要做PDCA，而且在做完之后，把你的前三个环节都进行总结，对于你下一轮的，乃至未来更多的A，都是非常有帮助和参考意义的，所以每轮做完之后别偷懒，总结提炼出来放到团队的平台上吧。

企业专属微课

欢迎来到我的世界，现在我的一个主要身份，就是教企业员工创作企业专属微课的培训师。

最早的微课来自可汗学院，孟加拉裔美国人萨尔曼·可汗（Salman Khan）因为一次偶然的机会，为了辅导上七年级的表妹的课程，把知识点录制成了一段段非常短的视频进行讲解，这便是微课的雏形。

后来微课被引进国内，早期在教育界应用，直到2015年的第一届中国企业微课大赛，一句"刘妈喊你做微课"，标志着企业专属微课这个教学资源品类的诞生。

在这句口号中，"刘妈"是指刘宁老师，她是微课在企业当中的应用，以及国内企业专属微课这个品类诞生的奠基人之一。我也有幸在2017年结识刘妈，并且在给她看了我之前在车间里做的一个个技能或流程的教学视频后（我做这些教学视频时并没有微课的概念，只是觉得我的车间需要，后来刘妈告诉我这就是她所倡导的企业专属微课），成为刘妈的嫡传弟子，系统学习企业专属微课的创作方法。

在本节的内容中，我会帮你整理出创作微课的核心流程和要点，如果你想进一步学习如何创作企业专属微课，想要掌握更多经过验证的技巧和细节，想找到企业微课的本源创作方法，记得找"刘妈微课导师团"。

◆ **认识企业专属微课及其创作流程**

顾名思义，企业专属微课就是在企业中，为了指导员工完成实际的工作任务，而创作的类似可汗学院那种短小的课程。要创作能指导实际工作的企业专属微课，就需要从选题开始，选择在工作中真实存在的有用课题，同时讲解的内容和方法也都是要以指导实际工作为目标的，这一点和学校教学的微课会有不同。

因此在我们的方法论中，创作企业专属微课的流程一共分为三大模块：轻萃取、精设计和快制作。其中轻萃取部分是确定对实际工作有价值的微课选题，以及在这个选题下，要讲的具体内容；而精设计部分则是这些内容该怎么讲，也就是教学设计的方法；最后的快制作，则是将教学的内容和设计全部沉淀到最终的微课作品当中的操作。

这三个大模块，每个模块又分为三个步骤，所以课程叫《3点3课》，具体的创作方法见图6.2。

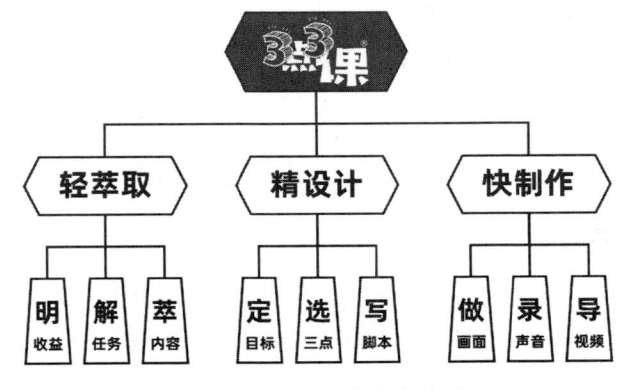

图6.2 《3点3课》创作流程

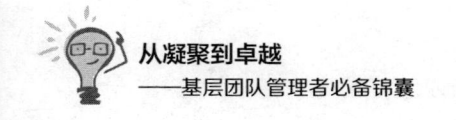

接下来，我们就逐个模块地聊聊创作企业专属微课的全流程和要点。

◆ 轻萃取——选择有价值的选题、关联实际工作、萃取所需内容

首先我们要确定微课的选题。不用想太多，什么知识图谱、学习地图、课程体系之类的"高端说法"也不必先去考虑，而是先从常识出发，想想什么样的微课选题能解决工作中的问题，解决谁的问题，这样就能够找到选题。

首先要考虑的是你自己，进一步扩展而言，就是微课的作者。创作微课是需要投入时间精力的，如果做出来的微课解决不了作者自己的问题，那其实是非常浪费的。所以先想想自己在工作中有没有以下几种情况：

- 总被问——在你忙得焦头烂额时，会不会总有人来问你一些小事怎么做？会不会经常有不同的人来问你同样的事情怎么做？如果有，那你总被人问的这件事，可以考虑做成微课教别人，这样就不用再像个复读机一样天天回答同样的问题了。

- 总要教——除了被人问这种被动的状态，你职责内有没有主动需要教别人带徒弟的工作？教徒弟的事情里有没有徒弟学起来比较慢，需要你反复去教的事？有的话，也可以考虑把这些事做成微课。

- 一招鲜——在工作中，你有没有一两件拿手的事情？总是比别人做得快或做得好，而且不是因为身份或特殊的情况，只是你的方法很好？这种一招鲜也别藏着，做成微课分享给大家，团队能力都会提升，你也会收获一大批粉丝。

这三个方向思考一遍，你脑子里可能已经浮现出好几个场景和好几件事了。我们再来进一步筛选和过滤，从听课者的角度出发检验一下。

你需要明确你要教的人到底是谁。可以是下属或徒弟；可以是其他部门的同事，我们叫"内部客户"；也可以是真正的外部客户；还有如果你所在企业比较大，有很多分公司、子公司的话，其他公司的和你的下属或内部客

户的同岗位者，也可以学习微课；当然，如果你的企业是行业的龙头企业，可能还会做一些标准输出给同行业者，这些都是潜在的微课受众。

你做出来的微课是要能解决受众问题的，所以在选题时，你要考虑到底能解决对方什么问题，以及对方在什么时候会需要学你的微课。这时你可以用微课应用的三个"刚需时刻"来快速检验自己刚才想到的潜在选题。

- "新"时刻——凡是和"新"相关的时刻，都要重点考虑。比如，来了新员工要上岗、老员工调到了新岗位、公司颁布了新的制度标准、引进了新的设备工具等，大家面临这些"新"时，肯定需要学习新知识和新方法。

- "用"时刻——在这个知识大爆炸的时代，没有人能提前掌握工作中的所有技能和方法，岗前培训的内容在工作中如果不常用，也经常会被忘掉。这时微课就能大显身手了，抓住受众工作中要使用某些知识或方法的时刻，做出微课，让他即便忘了，也能在要用之前马上学，学完之后立即用。

- "卡"时刻——工作不会一帆风顺，遇到麻烦卡住了怎么办？当然是想办法解决这个麻烦了，所以你可以找到受众们经常卡住的时刻，把卡住他的问题对策做成微课，对方就可以通过微课快速获得解决问题的方法啦。

到这里，从做微课和学微课两个人的角度，我们的选题都能保证解决其问题，这就是对工作有价值的、有用的企业专属微课选题。

在选题的最后，还要注意，如果这个选题中的"事情"，你自己不熟的话，很容易误人子弟；而如果"事情"太大，或者答案不确定，微课微小的容量未必能教得会。

所以选题时，要确保是你所熟悉的事情，也是一件相对较小、有确定答案能够教给对方的"事情"。

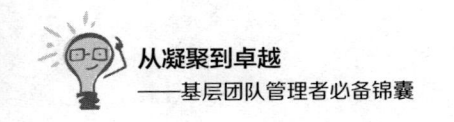

有了这样一件能解决大家的问题，并且适合做微课的"事情"，接下来就要把它关联到实际的工作任务进行分析和萃取了。

工作任务的定义，是工作中有成果输出的最小单位，一般可以用"动词+宾语+限定词"的句式来描述。比如，超市收银员的岗位，有个任务就是"结算顾客购买商品的货款"，其中"结算"是动词，"货款"是宾语，而"顾客购买商品的"则是限定词。

工作任务有三个基本的特征：

- 有明确的开始和结束标志；
- 有可衡量的成果输出；
- 一般可以拆分为三到七个步骤。

我们可以按照开始结束标志和成果输出，划定任务的边界，再进一步把它拆分成若干颗粒度均匀的步骤后，就可以萃取要完成每一步所需要的应知应会、偏差对策和经验诀窍这些知识点了。

- 应知应会：也就是必备的基础知识，是完成每个步骤必须知道的知识，或者必须掌握的技能。比如，应知包括规则、流程、常识、专业知识这些；而应会，多是动作、技能、思路、方法之类的知识点。
- 偏差对策：在过去完成这一步时，所遇到过的各种异常与故障，及其相应对策。一般对策可能会有解决方案、调整预案、关联处理要求，还有预防措施等。
- 经验诀窍：相比能够合格完成该步骤的方法，更能提高效率或降低难度的技巧。通常可以对比有经验的人和标准方法的区别，寻找其或多、或快、或好、或省的不同做法，就是经验诀窍了。

在萃取三类知识点时，应知应会是每个步骤都会有的，而偏差对策、经验诀窍未必每步都有，如果没有的话，那也别编造。

第六章
沉淀团队的智慧才是最大的财富

当我们逐一去萃取这三类知识点之后，你会发现微课里要讲的内容就有了，想让对方学会做一件事，就是要把做这件事所需要的知识和技能告诉对方。

◆ **精设计——确定微课学习目标、绘制微课结构图、撰写微课脚本**

有了内容，下一步就是要把这些零散的知识点梳理成一节课程。在设计课程时，第一步首先要确定下这门课程的学习目标，这里可以用教学设计中非常经典的ABCD模型。

- A：Audience，受众。要明确课程讲给谁听的，通常就是刚才任务分析里那个任务的执行人，可以写他的岗位，或者描述一下这个人的特点，比如，"超市收银员""需要出差的同事""需要请假的员工"等。

- B：Behavior，行为。说明受众在完成学习后，要做的具体行为。这里一般用外显性的动词来描述行为，比如，"解释""说明""操作"这些；而不能用那种你看不见、摸不着、听不到的隐性动词来描述，比如，"了解""知道""感受"等，对方是否了解，你是没法知道的。

- C：Condition，条件。明确受众做出行为时的条件。通常条件可以用所处的环境、使用的工具、面对的人、面临的问题明确程度等。

- D：Degree，程度。对方行为所表现的具体程度。这个程度必须是可以衡量的，可以用时间、距离、数量、速度、准确度这些来描述。

ABCD模型的四个要素都明确之后，可以按照"谁，在什么条件下，做什么，做到什么程度"这样的语序来整理。比如，"机床操作工，能够运用新机床，在1小时内加工完成50个合格的零件"。这里机床操作工是A，加工零件是B，运用新机床是C，1小时、50个、合格都是对D的描述。

有了学习目标之后，你还可以再回过头来用学习目标检查筛选所萃取

241

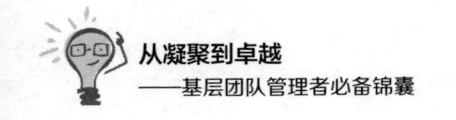

的知识点。任务分析表里能支持目标实现的知识点，自然是要在微课里讲的；而不支持目标的知识点，你可以暂时把它们保留在任务分析表里，可能别的微课、别的目标又能用得上。

为了让短短几分钟的微课能够开门见山、逻辑清晰，你还需要在确定好目标并且筛选完内容之后，绘制出微课的结构大纲。我们给这一步起名叫作"选三点"，也是希望你能够化繁为简或化零为整，把内容以一个三点结构进行提炼梳理，这样能够让受众学习时更容易理解和记忆。

常见的微课结构，有以下几种：

- 操作类微课，每一步都可以用动作、要点、注意事项这样的三点结构。
- 流程类微课，可以按照前、中、后，或者准备、执行、回顾的结构梳理。
- 问题解决类微课，问题、原因、对策，或者问题、对策、预防措施都是不错的三点结构。
- 禁令/风险规避类的微课，通常可以按照大、中、小的三点结构来做。
- 企业文化/党史类微课，过去、现在、将来是非常合适的三点结构。
- 理论原理的微课，可以用理论解释、实例说明、应用要点来梳理结构。

无论使用哪种三点结构，你的微课结构还要注意符合金字塔原理的要点，也就是我们常说的"结论先行、以上统下、分组归类、逻辑递进"四原则。如果需要详细了解这些原则，建议你读一下李忠秋老师写的《结构思考力》一书。

最终，你可以画出像图6.3这样包含标题、序言、总论、拆分论点和回顾总结这五层要素的金字塔结构图。

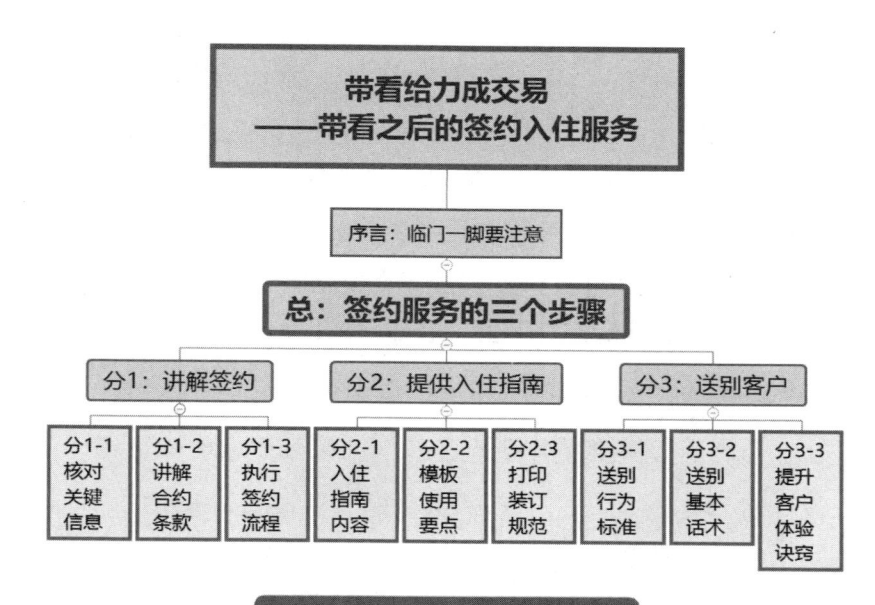

第六章
沉淀团队的智慧才是最大的财富

```
            ┌─────────────────────────┐
            │   带看给力成交易          │
            │ ——带看之后的签约入住服务  │
            └───────────┬─────────────┘
                        │
              ┌─────────┴──────────┐
              │ 序言：临门一脚要注意 │
              └─────────┬──────────┘
                        │
              ┌─────────┴──────────┐
              │ 总：签约服务的三个步骤│
              └─────────┬──────────┘
         ┌──────────────┼──────────────┐
    ┌────┴────┐   ┌────┴────┐    ┌────┴────┐
    │分1:讲解签约│  │分2:提供入住指南│ │分3:送别客户│
    └────┬────┘   └────┬────┘    └────┬────┘
```

| 分1-1 核对关键信息 | 分1-2 讲解合约条款 | 分1-3 执行签约流程 | 分2-1 入住指南内容 | 分2-2 模板使用要点 | 分2-3 打印装订规范 | 分3-1 送别行为标准 | 分3-2 送别基本话术 | 分3-3 提升客户体验诀窍 |

总结回顾：签约入住服务三步骤及要点

图6.3　金字塔结构图示例

设计到这里，距离最终的制作只剩下最后一步，也是桥梁性质的一步——写脚本了，就是填写表6.2这张微课脚本。

表6.2　微课脚本

微课脚本							
标题			撰稿人		日期/版本		
分类			标签		审核		
学习目标					形式		
结构	编号	解说词	画面内容	效果说明	字数	时长	

243

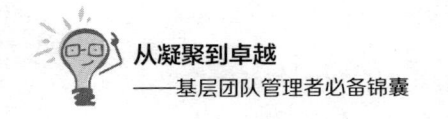

你需要按照结构大纲，把所有要讲的知识点写成由逐字解说词构成的讲解稿，然后设计出配合讲解稿的微课画面、动画及音效等。

写脚本这个工作非常像一个精简版的电影剧本，都是要说明最终视频里的声音和画面是怎样的。电影剧本要让导演能看到调度、演员能看到台词和状态、美术部门要能看到服化道景、摄影师能看到拍摄景别和运镜等；而微课的脚本也是要让制作者能明确画面里放什么元素、配音时讲些什么、声音和画面怎么匹配等。

所以一个好的微课脚本，是能让任何人来依照它制作微课，并且都能做出设计者想要的样子的。下面表6.3提供了微课脚本示例，你可以仔细观察一下每个部分都是怎么写的，作为自己写脚本时的参考。当然，如果有缘，你能参加我的微课众创工作坊的话，那我们可以针对你的脚本进行面对面的研讨和一起打磨，让你的微课脚本得到更有针对性的辅导和建议。

表6.3 微课脚本示例

标题	带看给力成交易——带看之后的签约入住服务		撰稿人	KK小管家	日期/版本	2020.4.3
分类	工作技能			标签	带看、服务	审核	K经理
学习目标	K平台管家完成本门微课学习后，能够在实地带看结束后，正确规范地给客户提供讲解签约、入住、送别服务。					形式	PPT视频
结构	编号	解说词	画面内容	效果说明	字数	时长（秒）
封面	1	无	带看给力成交易——带看之后的签约入住服务	主标题放大跃动出现副标题右侧飞入（弹跳结束）	0	10
序言1	2	当你管家完成本门看房之后，如果你发挥不错，比较顺利，就可以带客户到门店签约了	管家主角人物形象，客户主角人物形象 "实地看房OK" 文字门店场景图 "签约" 文字	2人居中出现 "实地带看OK" 文字进入店右侧进入 "签约" 文字进入	36	9
序言2	3	最后的临门一脚，可是要规范正确，才能真正签约成交	"临门一脚" 文字，"签约成交" 文字客户和管家握手图片	"临门一脚" 文字，"规范正确" 文字依次进入2人握手进入 "签约成交" 文字进	25	6

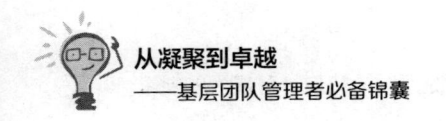

续表

		微课脚本		
总-签约入住服务三步骤	4	所以在门店里，我们要给客户提供满意的签约和入住指南服务，并在签约成交后，有礼貌地送别客户。	门店场景图 管家主角人物形象 客户主角人物形象 "讲解签约"文字+图标 "入住指南"文字+图标 "送别客户"文字+图标	2人在门店场景图靠左 3组文字靠右竖排依次出现	47	11
分1 讲解签约	5	一般来说，如果客户看房满意准备签约，你就要给客户详细讲解然后签约。	"讲解签约"文字+图标	文字、图标进入	33	8
分1-1 核对关键信息	6	在讲解时，首先要核对房源的物业交割信息，包括水、电和煤气，这些信息的实时示数，提前确认好，才能在费用结算时清晰划分责任方。	"核对关键信息"文字 "物业交割信息"文字+图标 "水费"文字+水表 "电费"文字+电表 "燃气"文字+燃气表 "提前确认"文字 "费用结算"文字+日历表示 "划分责任方"文字+日历 （"前后分割配租前、租后"文字标识）	"核对关键信息"文字左上角进入"物业交割信息"文字+图标中上进入 3组信息文字图标中上横依次进入 "提前确认"文字中下进入 "费用结算"文字和日历、"划分责任方"文字及日历等下方进入	60	14
…	…	…	…	…	…	…

第六章
沉淀团队的智慧才是最大的财富

◆ **快制作——按脚本制作画面、录制讲解声音、匹配音画节奏导出视频**

当你的微课脚本写完之后，制作的工作反而是非常简单的事情了。你可以使用自己会的任何视频制作软件，来完成微课制作。即便不会视频制作软件，也可以用我们经常用的办公软件——PowerPoint，来制作PPT导出视频。

首先按照脚本中的编号，每个编号制作一页PPT，把画面内容里所写的所有文字、图片、图形码进去，做好排版，然后设置好每个元素的动画，如图6.4所示。

图6.4　PPT制作微课演示1

然后，用你的手机或电脑给每一页PPT对应的解说词进行录音。

接下来，把音频按页插入PPT里，音频的格式最好是.wma或.wav，一般.mp3格式的也没问题，但是手机录的.m4a格式音频是PowerPoint不太兼容的。

音频插入好之后，选中生成的音频小喇叭图标，按图6.5，在音频"播放"选项卡里，设置"自动播放""放映时隐藏""跨幻灯片播放"这三个选项。

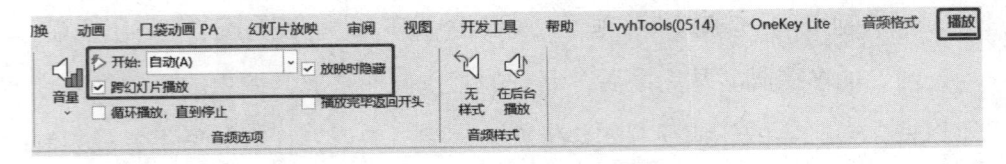

图6.5　PPT制作微课演示2

虽然是按页录的，但还是要勾选"跨幻灯片播放"，否则导出视频时两页之间会有长时间的停顿，这是PPT的一个缺陷。

每页调整好音频设置，再在动画窗格里把音频的播放时序拖到第一位，就可以用"幻灯片放映——排练计时/录制幻灯片演示"的功能，听每页自己讲解的语音。讲到对应的内容时，敲击键盘的空格、回车或向下的箭头，或者点击鼠标左键，让对应的动画带着元素出现在画面里。但是如果用"录制幻灯片演示"功能，PowerPoint2016之前的版本要在弹出的对话框里，勾掉"旁白和激光笔"，PowerPoint365或2019以后的版本，要在录制的界面里关掉麦克风，否则你之前插入的音频会被麦克风作为旁白再收录到文件里，形成"二重唱"。操作界面演示见图6.6。

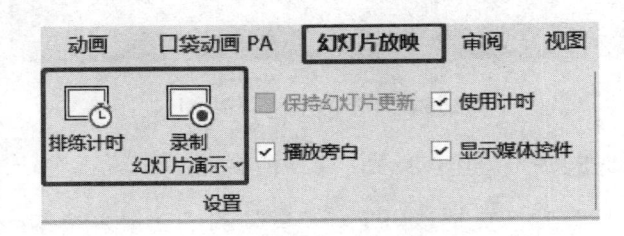

图6.6　PPT制作微课演示3

在这个过程中，软件会自动帮你记录下每一个动画出现的时间和页面切换的时间，也就是所谓的计时功能。以后再播放的时候，不用你手动敲击动画，它们就都能按照你排练时的时间自动出现了。这样你的音画节奏，也就自动匹配起来了。

那最后一步，进入文件选项卡，找到"导出"界面，点击"创建视频"，然后选择合适的清晰度，选择使用计时，就可以导出微课视频了。

如图6.7所示。

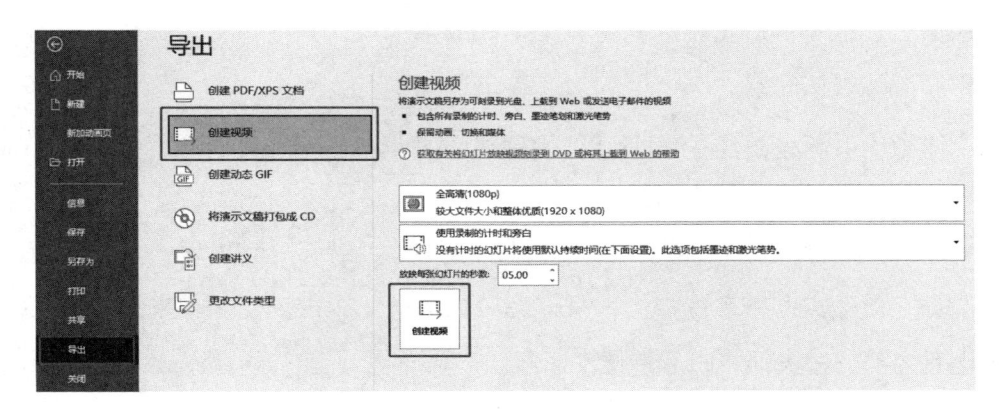

图6.7　PPT制作微课演示4

开始创建之后，软件底部会出现一个进度条，你需要等这个进度条走完才能获得最终的微课视频，千万不要提前关掉软件。

制作微课的过程，说简单点就是这三步，但细节方面，画面怎么做得漂亮、声音怎么录得动听、想要的动效怎么实现、制作过程中遇到故障怎么处理，都是有方法或对策的，但由于都是操作性比较强的技能，只看文字会比较难以理解，所以我专门录制了一套演示微课制作全过程的微课，通过24门微课，160多分钟的要点讲解和操作演示，来教你如何用PPT输出高质量的微课作品。

这套微课的名字是《微课制作高手速成锦囊》，你可以在千聊、荔枝微课、网易云课堂等几个主流的公开学习平台搜到，如果想学习具体的微课制作技术，不妨打开看看。

企业团队文化案例故事

第三类专属资源，就是你所在的企业或团队的积极文化所投射出的案例或故事。

这些案例故事如果选择得足够好，并且写得有感染力的话，可以在顺

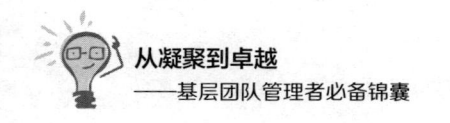

境中给伙伴们更高的追求和目标、在逆境中给伙伴们鼓舞与激励，是精神层面上价值不菲的资源。同时，案例和故事也能让其中的主人公有更强的归属感和被认同感。

那么，哪些案例适合写，哪些故事值得写呢？下面几个套路供你参考。

◆ 案例——意外应对经验

天有不测风云，团队和企业前进的道路上，时不时会出现一些意外情况，有自然灾害带来的损失；有外部政策、行业、市场变化带来的冲击；也有内部一些失误或疏忽造成的事故。

这些意外情况发生时，如果有人挺身而出，冲在应对意外的第一线，而且通过他个人或带动大家一起努力，成功解决了危机的话，那他和他们在应对意外时所采取的措施、所表现出来的意志品质，都可以作为案例保留下来。

◆ 案例——防范避险措施

应对意外的经验虽好，但毕竟属于事后补救，损失总是不可避免的，如果能在意外发生前就采取必要措施，防患于未然，那就是更高端的处理方式了。

如果你的团队中有这样对危机嗅觉敏感的伙伴，能在事前发现一些蛛丝马迹和问题的苗头，并且成功处理了的话，把他们所发现的现象、从现象到风险的推理，以及他们做出的预防措施整理成案例，将能够帮助你的团队在未来遇到类似情况时提早动手消除隐患。

◆ 案例——成功项目复盘

古今中外，有很多将领一战成名，而他们的成名之战，也大多被传颂下来，作为经典让后人膜拜，或者被学者剖析解读。

你的团队也可能会有一些自己的成名之战，某个项目大获成功提升了企业的地位和影响、某个产品横空出世占领了大片市场、某项改善力挽狂澜让企业扭亏为盈等。

有种说法叫"失败是成功之母",但大多数失败只能留下教训,避免再次因同样的原因失败,并不能导向成功,而更多时候成功才是下一次成功之母,成功的经验经过复制会带来更多的成功。所以你团队中的成功经验,是一定要经过复盘保留下来的,总结成功路上那些做得对、做得好的地方形成案例,下一次成功就会因为有经验可借鉴而变得概率更高。

◆ **故事——绩优伙伴传记**

要"相信榜样的力量"。团队中的绩优伙伴,就是大家的榜样。这类伙伴和第五章中提到的高手往往是高度重合的同一批人,当你找到他们之后,不但可以像前文所说去认可和肯定他们,请他们带动整个团队,更可以把他们的故事写成小传,留存在团队的"名人殿堂"之中。

你可以对这些伙伴进行专访,请他们谈谈自己和公司的缘起缘生,他们对自己岗位和团队的观点和理解,他们是如何让自己变成高手、做出优秀业绩的,最后再请他们对企业和团队的未来做出期待,给其他伙伴和新人留下寄语。一篇人物传记的内容就准备得差不多了,再配以几张他们在工作领域内"发光"的照片,这样的故事能激励很多人。

◆ **故事——平凡中的坚守**

绩优的榜样要展示,而更多在平凡的岗位上坚守多年,做出点滴贡献汇聚成江河的伙伴,同样值得歌颂。

一个团队中,比才华更重要的是忠诚和品德,你需要找到这样的模范。比如,为团队默默贡献多年的"老人";在一线伙伴背后提供支持、甘当绿叶的管辅伙伴;还有那些虽然业绩并不是一枝独秀,但一直在努力从未拖团队后腿的中坚力量。把他们的故事写下来,在某些程度上,会比绩优伙伴的故事更能给众多普通人以共鸣和鼓励,让大家看到在团队里只要认真努力,都能被记住。

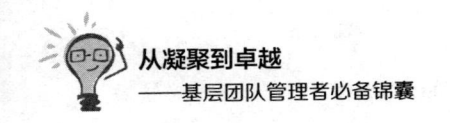

◆ 故事——浪子回头转变

最后一类故事，是比较带有戏剧性的，这里的浪子并不是真正的那种玩世不恭的浪子，而是指工作中有些不良习惯，或者长期采用错误方法的伙伴。

这些人往往表现得还是比较努力的，但结果总是不太理想。直到有一天，你或其他有经验的老师傅发现了他工作方法中的问题，帮他改正之后，情况立刻有了很大的转变。

想一想你的团队中有没有这样的人和故事，如果有的话，把他们的转变过程加工成一个带有情感的小故事，就能让读到这个故事的人从对方的故事里找到要避免的工作误区，采取正确的方法工作啦。

必须明确的行业专属指导资源

每个行业都有自己的规则，这些规则大多会以标准文件或其他形式的指导文件为载体，来约束或指导行业内的从业人员。

而根据你的团队所属的行业不同，规则的规范性和全面性会略有不同，成熟的传统行业，一般会有非常详细的各类标准和规则，新兴行业可能会较少。

无论处于哪类行业，你都可以尝试寻找相关标准、趋势分析、职称评定/职业资格认证这三个方面的资料，供你的团队伙伴们学习。

行业相关标准

与行业相关的标准至少会包含两大类：国家标准和行业标准。

如果你要寻找国家标准的话，可以到全国标准信息服务平台上找到。这个平台上收录了国内、国外各种标准体系下，对应各个行业的国家标准，以及行业、地方、团体等标准。一些可以在线阅览，另外一些由于版权保护的原因，只说明了标准信息。

第六章
沉淀团队的智慧才是最大的财富

另外，这个平台还可以链接到行业标准信息服务平台，在这里你也能够查询到多个行业大类对应的标准。在行业标准信息服务平台上，有些标准是可以直接下载电子文档的，也有一部分和国标一样只提供了标准的信息。

以上的国家标准和行业标准和你的团队企业有直接关系，并且可以放到平台上的，就放上吧。比如，能直接下载的，你可以直接把下载的文档放在团队内部的平台上；如果你的团队平台可以加外链，那些可以在线阅览的也能用链接的方式给到大家。

至于只有标准信息没有提供内容的，如果不是必需的，那就不用了。如果是非常必需的，一般你所在的企业都会安排采购相应的标准，你只需要在平台上列出业务对应的标准目录，让大家去企业的标准档案室查资料时知道该找什么就好。

行业趋势分析

在工作中，随时了解所处行业的发展情况与趋势是非常必要的，这有助于你的企业和团队保持与时俱进，让自身的发展匹配行业的发展，同时还能从趋势中发现机会，做出更为合适的决策。

因此，如果你能找到行业发展趋势的分析报告，也可以在自己研究的同时，上传到学习平台上，供整个团队分析研究。

这些分析报告的获取途径比较多，也不太固定。建议你平时多关注一些行业的论坛网站、行业交流社群，以及一些针对自己行业的期刊杂志。这几个渠道发现报告的概率会较高。

职称评定/职业资格认证相关信息资源

每个打工人，都希望自己的职业生涯能有较好的发展，你团队中的伙伴们也大都不例外，职称评定和职业资格认证是许多职业都需要的；而对

253

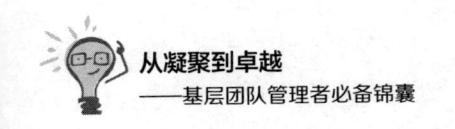

企业来说，拥有更多的高职称、有资格的员工，也是发展的必要条件。所以你可以在平台上给小伙伴们指出一条明路，让大家在参加职称评定或职业资格认证时能有更规范和标准的指导。

这里大家需要的信息大致有两类：

◆ **评定/认证政策规定。**

包括了评定/认证的基本前提条件、参与渠道、参与流程、合格标准等。

◆ **评定/认证培训资源。**

也就是要参与评定/认证，需要学习哪些专业知识，从哪里获取培训资源之类的信息。

这两大类信息在网上一搜就会有一大堆结果，但其中很多是广告，甚至有不少夸大效果的虚假广告，真伪难辨，所以建议你寻找这些信息的时候，去官方的网站。

首先是中华人民共和国人力资源和社会保障部的官网，在这个网站底部的"部属网站"按钮下，就可以找到关于职业发展和人才的各类官网，你都可以点开看看能不能对你的团队伙伴们有所帮助。比如，"部署网站"里的中国人事考试网，其包含了各类国家认证的职业资格考试相关信息，同时大部分政策类信息也都能在里面找到。

如果伙伴们在参与评定/认证时，需要学习和培训，那推荐你去中国国家人事人才培训网。点击网站首页右侧"国家职业技能提升培训服务平台"按钮，就能找到很多学习资源，包括课程和培训机构。可以整理这些信息，在你的内部平台上给出链接，提供给伙伴们去自行选择；也可以考虑组织大家团体报名之类的，根据你团队的情况来选择吧。

更多可以扩展的通用学习资源

两级专属的资源最后，如果你有时间和精力，或者安排了某位伙伴打

第六章
沉淀团队的智慧才是最大的财富

理这个平台，也可以少量部署来自网络的通用学习资源。这些资源不是必需的，但如果能有的话，也会帮大家拓宽视野和思维，在一定程度上提升团队伙伴们的综合能力素质。

常见的通用学习资源，你可以考虑网络公开课、优质网文转载和读书摘抄笔记这三类。

网络公开课

这里的公开课一般不是指那些专门的培训机构或老师，以销售和教学为目的的课程，因为这类课程是人家的收入来源，你如果去搬运，是对知识产权的一种侵害。如果要用这些，建议联系课程作者或所属的培训机构去采购。

可以放在团队学习平台的所谓"网络公开课"，更多是一些短视频自媒体博主的公开作品，他们会分享一些自己所擅长领域内的知识或技能，有讲销售的、讲法律的、讲经营的、讲某项技能的、讲某个专业的等。

他们当中很多人发布的视频，可能在他们自己看来是涨粉引流的"边角料"，但有时候会对你的团队和伙伴们有特殊的帮助效果。所以遇到这类和你团队专业接近的博主，果断关注起来，发现有不错的分享时，和对方申请一下转载到内部学习吧。

在网络寻找资源时，有个误区你得避开，就是不要找"垃圾"内容。比如，一些互相抄袭的营销号、价值观偏激的错误论点、以成功等名目包装的伪大师和一些违背常理的玄学内容，要注意分辨。

一般这类内容会有这些特征：

◆ **只提要求不给方法**

这类内容大多是鸡汤。比如，告诉你要做什么，但永远不给方法，或者那些为了让听众不断买他们的课程，鼓吹投资自己、多花冤枉钱就能赚大钱的伪大师。

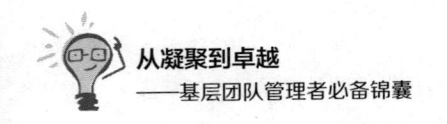

◆ 论据缥缈逻辑矛盾

这类内容多会用一句"你知道吗""这段视频可能颠覆你对××的认知"这样话来开场，然后引用一些名字特别洋气，但仔细一查根本查不到的组织的结论来耸人听闻，或者内容里论证的过程逻辑漏洞百出，用冗长的计算过程来掩盖明显的错误。只要仔细思考，你是可以发现其中自相矛盾之处的。

◆ 玄学论调无视规律

这一类内容往往会涉及一些违背常识和科学的概念。什么从山海经、玛雅历中推演出的神秘理论，什么以太风、暗物质的"民科"应用，什么联结宇宙能量、同步自然频率，什么外星人遗迹、神秘的北纬30度等。

遇到有这几个特征的内容，还是不要往团队的平台上放了吧。

擦亮双眼，取精去糟，在你发现适合的并且有价值的公开课时，有选择地分享给团队的伙伴们吧。

优质网文转载

网络上每天都会产生大量的文章，如果你关注了一些优质的公众号，当你读到他们的好文章时，也同样可以在获取对方授权后，标明出处转载到自己的学习平台上。

还有当你做某些业务时，会需要上网查资料。如果你做的这项业务未来会有很多伙伴同样要去做，同时如果你找到这些资料当中，有能够完整详细指导大家开展这项业务的内容，也不妨将它们收集整理一下，作为未来大家开展这项业务的流程指导。

读书笔记摘抄

如果你喜欢读书，或者你的团队里有人喜欢读书，你们可以整理一下自己读过的书，写出诸如读书笔记、感悟或是摘抄之类的内容，或者更进一步写一些读书之后的实践案例，放在你的平台上，也或多或少会给大家一些潜移默化的影响。

三大类资源足够你丰富团队的平台了，建议的比例是企业/团队专属内容占80%左右，行业专属内容大约15%，通用资源5%就够了。你可以根据团队具体的情况来灵活配置，总之记住一个原则：这些内容要能帮助你团队的伙伴们更好地工作，更好地解决工作中的问题，或者成为更好的人。

锦囊三
配人——部署运营有诀窍，盘活资源更有效

有了平台和内容，还不足够，如果部署的逻辑混乱，并且没有后续的持续运营的话，热乎劲一过你的平台就会无人问津了，所以你需要选择合适的逻辑进行部署并持续运营，从运营的表现数据中找到方向去不断调整和优化。

常见的内容部署逻辑

学习资源做好之后，就要部署在平台上，虽然上传的顺序大概率是按照完成资源的时间来安排的，但在平台上的部署，肯定不能像流水账一样按时间来。常见的部署逻辑从易到难有内容分类法、岗位职责分类法和标签技术索引法。

内容分类法

最简单也是目前最常见的部署逻辑，是把所有的内容划分成不同的类型来分类部署。比如，前面提到的攻关改进的成果记录、企业专属微课、行业相关标准流程、公开资源等大类，每一大类下面还可以再继续拆分出诸如基础知识、操作技能、政策法规、能力素质、扩展学习、模板资料等子类型。

分类划分好之后，把资源上传到对应的类型模块下，然后整理出目

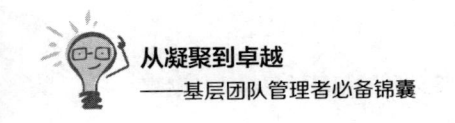

录，伙伴们就能够通过分类和目录，去查找对应的资源了。

这种方式就好比预先准备几个大大小小的筐子，然后把各个资源根据类型扔到对应的筐里去。

内容分类法的优点在于这种方法很简单，类型划分好之后，上传部署无须太多思考，按部就班即可；而且内容只要分清楚类型，就几乎可以做到MECE，即"相互独立，完全穷尽"（Mutually Exclusive Collectively Exhaustive），不会有多余或重叠的资源，在你未来要修改内容时，只改一处就行。

而这种方法的缺点也很明显，伙伴们需要查目录才能找到资源，内容多了之后查找起来是很麻烦的；而且内容虽然有分类，但是同一个分类下的各个内容之间关系比较难以明确，排序也无法用某个非常合适的顺序来排；最主要的是这种分类法和岗位的关联较弱，如果你的团队里不同的岗位比较多，那用内容的类型划分会造成每个岗位在查找自己所需的内容时，都要自行过滤大量无关的"噪声"。

岗位职责分类法

为了让每个岗位的学习资源都更有针对性，第二种分类的方法是以岗位为基准，分析出每个岗位所对应的职责和每个职责下所包含的工作任务，再根据完成工作任务时所需要的知识或技能，来部署相应的资源。

用岗位职责来分析时，可以采取DACUM分析法，即教学计划开发（Developing A Curriculum），一般情况下需要请若干这个岗位的业务专家参与分析，具体的组织方式和分析过程你可以在网络上找到专门的教材和资料。最终得出的结果是，一个岗位下拆出来的6~12项明确的职责，以及每个职责下9~20项具体的工作任务（这里的工作任务和微课那一小节提到的是同一个概念，也就是说我们每门微课都可以对应一个工作任务，最后一个岗位的每个工作任务都可能开发出对应的微课来），形成一张表单如表6.4。

表6.4 DACUM分析表示例

工作职责	工作任务
A 职责描述	A1 任务描述 | A2 任务描述 | A3 任务描述 | A4 任务描述 | A5 任务描述 | A6 任务描述 | A7 任务描述 | A8 任务描述 | ……
B 职责描述	B1 任务描述 | B2 任务描述 | B3 任务描述 | B4 任务描述 | B5 任务描述 | B6 任务描述 | B7 任务描述 | B8 任务描述 | ……
C 职责描述	C1 任务描述 | C2 任务描述 | C3 任务描述 | C4 任务描述 | C5 任务描述 | C6 任务描述 | C7 任务描述 | C8 任务描述 | ……
D 职责描述	D1 任务描述 | D2 任务描述 | D3 任务描述 | D4 任务描述 | D5 任务描述 | D6 任务描述 | D7 任务描述 | D8 任务描述 | ……
E 职责描述	E1 任务描述 | E2 任务描述 | E3 任务描述 | E4 任务描述 | E5 任务描述 | E6 任务描述 | E7 任务描述 | E8 任务描述 | ……
F 职责描述	F1 任务描述 | F2 任务描述 | F3 任务描述 | F4 任务描述 | F5 任务描述 | F6 任务描述 | F7 任务描述 | F8 任务描述 | ……
… ……	……

有了这张表单，每个资源对应什么职责、什么任务就非常清楚了，也就可以部署在平台相应的分类之下了。

由于和内容分类法选取了两个不同的基准，以受众出发的岗位职责分析法的优点是更显得"以人为本"，每个岗位都能快速地把自己的实际工作与学习资源关联起来，只要知道自己要做什么，就能找到该学什么，寻找的速度也比内容分类法的目录更快捷；并且部署的逻辑是按岗位区分的，不会再有其他岗位的内容来造成干扰。

但缺点也是有的，相信你看到上面那张示意的DACUM分析表就觉得头大吧？的确，这张表要做出来，至少得组织五六位岗位专家和你一起用两三天的时间才行，而且这只是一个岗位的分析表，如果你的团队有多个岗位的话，前期的分析工作会更耗费精力；如果只是耗费精力，能一劳永逸的话那倒也还好，但这种方法只适合那些岗位职责相对稳定、人群数量较多的情况，现在这个快速变化的时代，业务会随时变化，有些岗位的职责会经常调整，如果遇到这种经常变化的岗位，那做DACUM就很不划算了；再就是有些资源可能是多个岗位都需要的，在部署时可能会出现一个资源部署多次的情况，未来调整和修改都要多处联动，这也会对管理造成一定困难（当然这一点可以通过区分多岗位通用课和单岗位专用课，或者

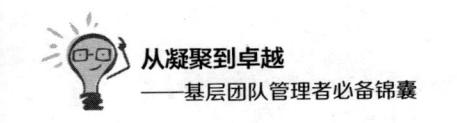

单源多渠道链接的方式来解决，但总归还是会多出一些工作）。

标签技术索引

如果你经常在网上购物，或者刷短视频，你一定会发现你打开手机应用软件后看到的和别人打开后看到的内容是不一样的。这些平台所采用的方法，就结合了标签化的技术和大数据技术，为每个商品或视频贴上标签，再给每个用户贴上标签，并且这些标签都是"活的"，随时根据行为变化进行更新，然后二者匹配，给用户推荐最可能买的商品或最感兴趣的视频。

学习资源最后一种部署的方法，也和这种方式类似，打破了传统图书馆式的分类方法，而是给每个学习资源贴上几个诸如应用的场景、匹配的工具、适合的岗位和职级阶段等一系列标签，再给每个人贴上对应的岗位、学历、工龄技能水平等标签，还可以给每个具体的工作区域、时间段、软件设备贴上标签。这样一来，一旦某个人进入了某个具体的工作场景，或者启动某个软件设备，甚至不用他自己去寻找学习资源，系统就会自动给他推送最适合他的教程。

这种部署方法，优点是它能最直接地支持伙伴们做出能完成绩效任务的行为，并且随着数据的积累会越用越准确，最后甚至能达到"我不知道我不知道，但仍能及时学到"的无感学习状态，配合上AR技术的话，能大幅减少需要岗前培训学习的内容，缩短合格上岗的时间，这将是未来智慧学习的一大趋势。

但是先进的技术在目前这个阶段普及性还非常低，即便技术条件具备了，贴标签和积累数据的过程也很漫长，需要多方协同配合进行大量的准备工作。

选择依据

三种不同的部署方式从易到难，效果从弱到强，但对于你的团队来说，未必一定要选最好的。虽然标签技术很先进，但前期投入的成本和精力也很高，所以具体选择哪一种方式来部署，要根据你的团队构成、你能获得的支持力度，以及企业能投入的成本来综合判断。

◆ **分析团队构成**

如果团队里的岗位种类比较少，每个岗位的人数都很多，岗位职责又相对固定，用岗位职责分类法是相对比较合适的；反之岗位多、人少、岗位经常变化，那就不要考虑岗位职责分类法了，其他两种方法都可以考虑。

如果大家的工作内容大同小异，需要的学习资源也都差不多，其实内容分类法足矣，但如果每个人甚至每项业务、每个项目的内容都截然不同，或许更应该尝试简化版的标签技术索引法。

◆ **分析支持力度**

假如你只有一个人在战斗，或者只能调动团队内部的力量，那基本上用内容分类法，花最小的代价获得一个稍微麻烦点但能用的结果，也是可以接受的。

如果能获得人力或培训部门的支持，有岗位分析专家协助，内部又有足够的业务专家的话，在团队构成满足条件的前提下，组织大家做DACUM就是最佳的选择。

如果你所在的企业恰好是做大数据、人工智能的，或者引进了类似的技术，你又能申请到这些方面的资源和支持，那也完全可以在部署团队学习资源时，和整个公司一起研究标签技术，这将不仅让你的团队受益，连整个公司的培训模式都有可能会进入一个新的纪元。

◆ **分析成本投入**

培训的目的是将知识和人力转化为企业的商业价值，但转化之前的投入却是比较大的。不仅是花出去的钱，大家参与培训和学习造成的离岗成本也非常高，所以有些企业里对培训的投入会慎之又慎。这种情况下，如

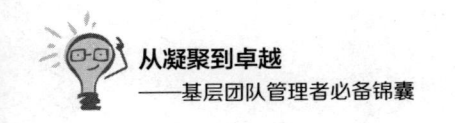

果你没法为部署资源争取到更多投入的话，那就简单点，内容分类、岗位分类根据情况选择。

如果你所在的企业非常重视培训和人才培养，只要分析觉得对绩效有帮助，能获得较高的投资回报率，你就有机会申请用标签技术来部署资源。

当然，以上三个维度都不能单独去考虑，需要综合起来，再结合整个大时代背景下的技术发展一起分析，然后选出最适合你的团队的部署方式。

运营关键动作

无论你用什么方式部署资源，都不能传上去就不管了，而需要你自己或安排专人去运营这个平台、管理平台上的内容。运营时，推广周知、双向反馈、收集数据这三个关键动作是一定要做的。

推广周知

首先就是要让你的团队里每个伙伴都知道有这个平台，知道能在平台上找到自己所需要的学习资源。

你需要在平台部署完成之后，就立刻通知到每个伙伴，向大家说明平台的登录路径与方法，还有必要把平台的资源分布和使用方法做出教程来给到每一个伙伴。

在推广周知时，除了常规的口头说明、书面通知、邮件通知以外，还可以尝试做一些小的活动来给平台增加人气。

◆ 宣传海报挂起来

找几个模板设计一些海报，有条件的话就印刷出来，挂在大家平时工作的必经之路上，比如，电梯、餐厅、大厅、办公区，先通过一波视觉冲击让大家随时随地都能看到平台上线的信息。

如果印刷费用吃紧的话，也可以做成电子版，在你自己、团队核心成员的朋友圈分发，或者发到工作的社群里去，效果也会很不错。

◆ 邀请信函发出去

想正式一点，更有仪式感的话，一对一的邀请会比海报效果更好。

写一封信，里面带上通知、平台信息和使用方式，以及诚挚的邀请话语。把信打印出来或用邮件发给团队里的每个伙伴，大家就会感觉到你满满的诚意，以及自己被充分重视，自然他们也会很重视这个新生的平台了。

◆ 比拼活动做一做

人类的本性中带有好胜心，在平台上线之初，借助好胜心的力量做一些比拼活动，也能快速提高平台的热度。

具体的比拼可以是针对学习的比拼，学得多、学完应用有感触和总结，都可以作为加分项；也可以针对内容进行比拼，平台上大量的内容可能是伙伴们众创产生的，在这些内容中评选诸如"我最喜欢的课程""最有价值内容"等奖项，也可以进一步鼓励到内容生产者，让大家更踊跃投稿。

◆ 有奖纠偏加动力

还有一种方式是做一段时间"大家来找碴"的活动。平台刚上线时，部署和内容可能都会存在一些错误和缺陷，发动众人的力量寻找这些不足之处，再给发现者一些激励，也能帮你提高平台和内容的质量。

可以尝试的活动还有很多，你可以充分开动自己的思路，为平台上线宣传造势。

但是要注意的是这种活动尽量要积极正向的，也就是只奖不罚，可别为学习时间定下指标，或者学不完再来个罚款处理什么的，这样会让大家从心底厌恶学习，以及你这个学习的平台。

还要注意在组织这些活动时，你得注意把握好一个度，不要让活动喧宾夺主或变了味，也不要造成浪费。

双向反馈

当你的平台顺利上线，大家都用起来之后，记得要打开留言或评论功

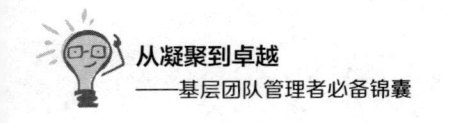

能，鼓励大家多在学习资源下面留言反馈，这样哪些资源好，哪些资源有待改进，对平台有什么建议，都能及时得到伙伴们主观方面的反馈。

同时针对大家的留言和反馈，还要及时做出回应，留言后面给出回复，先感谢对方提出的建议，然后表示会认真考虑后做出相应的调整。

这样双向的反馈会加快伙伴们和平台之间的磨合，让大家在使用平台学习时，能够感受到平台不是一潭死水，而是自己的各种建议和想法都能被看到、听到的活跃平台。

收集数据

最后一个运营动作，就是要定期去收集平台上积累的学习行为数据，这些数据将是能反映你平台运营情况、内容质量，以及大家学习习惯的比较客观的依据了。

具体可以收集的数据常有以下几个方面：

◆ **内容的点击量**

点击量是平台流量的重要指标，能看得出你的平台是否得到了足够的关注和使用，同时也能从一定程度上体现各个内容的需求程度。

真正对工作有帮助的内容，有可能会出现在点击量高的内容里。但也不一定所有的高点击量内容都是有用的，你需要参考数据结合自己的专业经验进行判断才能最终得出结论。

◆ **内容播放时长**

除了点击量以外，每个内容的播放时长（总长各不相同差异明显时，可以用完播率或播放时长比例来进一步细化），或者大家点开链接的停留阅读时间，也是需要关注收集的数据，这个数据会更为准确地反映内容的实用性、适用性和正确性。如果是没用的内容，即使大家因为位置或标题点进来了，可能也会很快关掉退出。

在统计内容播放时长时，你还得注意区分"挂机"时间，有些人可能打开之后放在一旁并没有学习，一般超长的时间往往都是打开之后挂机了，这种情况的学习时长一般也就是完播的时长加上暂停练习的时长，可以用平均值或完播时长代替，也可以不计入统计的数据里。

◆ 用户登录时间

从用户的角度出发，你还可以关注伙伴们登录平台的时间段分布情况。

比如，大家每天哪个时段上线比较多，工作时间多可能说明内容能在工作过程中给予指导；业余时间多可能说明大家热爱学习，都在努力提升自己。

每周、每月哪些日子登录更加频繁，再查查这些日期附近是不是有些重点的活动或任务。

什么时段登录的人很少或几乎没有，可以作为你更新调整平台的可选时段。

◆ 用户学习时长

用户在平台上学习的时长也可以统计，包括了每个用户在一周、一月里的学习总时长，从这个数据可以进一步找出最长的、最短的，以及大家的学习时长平均值。还有单次学习的时长，也都可以统计下来。

◆ 其他参考数据

除了以上四大类关于内容和用户的数据之外，如果平台还有统计其他一些参考数据，或者你需要其他数据的话，也都可以去统计一下。

比如，各种资源下的评论数量、分享次数、点赞数量这些互动数据；或者平台上被大家搜索过的关键词，以及每个关键词的被搜索次数；还有，如果你的一些内容设计了自测题，自测的进行率（自测次数与学习次数的比例）、完成率和正确率都可以统计下来。

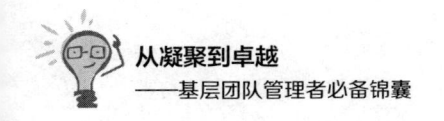

调整优化方法

如果你按照前面的方式准备好了平台和资源内容，并且部署和运营都非常科学的话，那你的平台上线之后应该能够在工作中或多或少地帮到伙伴们。但是随着平台的运营，平台在给大家带来帮助的同时，也会表现出各种问题和不足之处，我们也非常有必要去分析哪里有问题，然后对这些问题进行调整和优化。

分析反馈与数据

大家的主观反馈和学习行为产生的客观数据，都是很好的分析对象。整理一下上线以来的各种留言及各项数据，然后可以做下面几种分析和判断。

◆ 留言分类筛选——判断内容与平台运营情况

你可以先把留言整理一下做一张表格，保留留言原文、发表人、发表位置这些信息。

然后，将评论分为平台相关、内容相关、无意义评论三种类型，其中无意义评论可以到此为止，不用进一步去分析了。

接下来，将每种类型的留言细分成赞赏表扬型、吐槽抱怨型、疑惑求解型、专家纠错型、改进建议型等不同方向的类型。

到这，其实你已经可以得出很多初步的结论了。赞扬多的内容可能质量很好，或者大家学起来很方便；批评多的内容可能讲得没用或教不会，又或是因为平台功能不足导致大家学习体验差（比如，打不开、加载慢、音画不清晰、没有倍速暂停功能、进度条不能拖、图文画面没法放大等）；疑惑多的内容，大概率是少了一些关键知识点的讲解和说明，或者给出的一些链接和扩展内容找不到；纠错留言多的话，内容里很可能存在重大错误；建议类的留言，针对平台或内容的各有不同，但都是值得考虑的。

仅仅通过留言得到的初步结论还不够，特别是针对一些有争议的点，你得自己去核实和验证一下，到底平台的使用体验是怎样的、到底内容里是不是存在着问题，这样才能更准确地得出接近真相的结论。

◆ 内容数据分析——判断内容优劣与部署状态

平台的内容数据，就是前面我们提到过的点击量、播放时长、完播率这些数据，你可以把每项资源内容对应的各个数据，整理到一个数据分析表中，按照数据列依次进行排序。

这样就可以找到数据表现好的内容，并结合内容本身来分析数据好的原因；同样也可以针对那些数据不好的内容，寻找不好的原因。

◆ 学习行为数据分析——判断伙伴的学习习惯

分析学习行为数据时，可以从整体和岗位针对性两个角度入手分析。

整体上可以从登录时间分布看看大家习惯的学习时间段、从单次学习时长的均值来判断大家在线学习时的注意力上限，还有一些互动和自测数据来判断大家的学习积极性和效果。

再针对每个岗位，看看不同岗位更关注的内容有哪些、不同岗位的学习时段差异、不同岗位的学习时长对比。

留言或数据，主观或客观，都是对平台表现的侧面反映，不可不看但也不可尽信，你在留言和数据中得到的结论，一定要结合当时业务的繁忙程度、公司的氛围环境、伙伴们和平台的磨合适应程度，以及平台和内容本身做出判断，这样才能帮你在接下来更为准确地做出修正和调整。

针对优劣做调整

有了对反馈留言和数据的分析结论之后，接下来只需要根据你得到的结论，对平台上的内容和它们的部署方式进行有针对性的调整就好。

◆ 优质内容经验复制

分析一下你找出的优质内容，看看这些内容的标题是怎么起的，内容

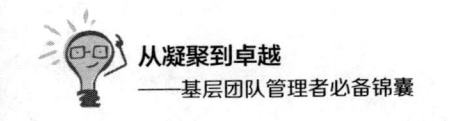

讲的都是什么主题，对工作场景的针对性有多强，它们的讲授深度和讲授方法是什么样的，文字语言的组织和图文动画等呈现形式是怎样的。

尝试着总结出优质内容的套路，就可以用这些内容作为标杆，用套路去优化其他的内容了。

◆ 不足内容查漏补缺

好的内容各不相同，但不好的内容大抵逃不脱没有针对性、讲得不透教不会、枯燥乏味体验不佳这几种情况。

根据每个不佳的内容存在的不足，也可以很轻易地制定出一些对策。没有用的内容与其放在平台上给大家造成干扰，不如直接下架，或者调整一下让它们与具体的工作场景更贴合；教不会的内容就需要进一步深度萃取，根据伙伴们的当前状态判断需要讲的深度，重做之后再上线；枯燥乏味的内容那就借鉴优质内容的方法，用更活泼的方式讲给大家吧。

◆ 形式功能匹配习惯

内容呈现会有各种各样的形式，平台的功能存在着一些限制和特色，你需要在调整时充分考虑到这些，让形式符合大家的学习习惯，充分利用平台功能去匹配大家的使用习惯。

比如，大家的工作环境难以看视频，或者节奏很快，那可以尽量用图文而非视频；平台如果有视频内互动的功能，那可以在内容里设置一些选择题，让大家边学习边思考；如果平台可以传附件，就直接把内容对应的清单工具资料上传到内容同一链接里，这样大家下载最快；不能的话就外链到网盘，或者给出下载二维码也都可以。

以上这些只是简单的例子，在实际操作中，你需要深度结合自己团队伙伴的习惯、选择的平台和内容适合的呈现形式，让三者融合统一共同作用，这样才会给伙伴们更佳的使用体验。

◆ 部署方式优化调整

人有惰性，谁都不喜欢麻烦，所以在平台部署的时候，有一个原则——层数越少越好。能让大家只点一下，就别让大家点两下。

如果你发现有些内容本身其实非常不错，但由于藏得太深导致无人问津的话，那就要考虑做一些调整了。假如几个层级比较低的子分类包含的资源内容数量并不多，那不妨提升层级后合并。还有些情况下，分层分类确实很有必要，你也可以在首页加上"电梯"，也就是能直接进入常用子分类的链接，或者优化搜索功能，给资源多安排几个关键词便于大家搜索，还可以在平台首页设置一些推送展播优质内容的模块。总之，酒香也怕巷子深，在部署方式上优化调整，要让每一个优质资源都能呈现在伙伴们的眼前才行。

循环改进再升级

在《高效能人士的七个习惯》一书的第七个习惯中，柯维先生提出过高效能人士要不断更新自己，形成"螺旋式上升"的进步常态。而一个用心打造的学习平台，也需要有这种螺旋式上升的追求。

内容随着技术的进步、市场的变化和政策的调整，都应该及时更新调整；部署和运营的方式也要随着每次的优化进行升级；更重要的是在运营的过程中，你需要持续地给各种内容贴上标签，如果未来能用到标签化技术，这些标签可以直接作为初始的数据库提高转型效率，即便在可预料的一段时间里，标签技术都用不上，这些标签也可以作为优化调整、搜索设置和精准推送的依据。

本章要点回顾

正所谓你已不在江湖，但江湖上一直流传着你的传说，一个好的管理者，并不是你在与不在时，团队的表现和文化大相径庭，而是即便你离开

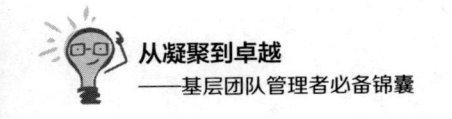

这个团队，你给团队留下的财富，也能让团队和你在的时候一样优秀！

所以选好车、加好油、配好人，这样沉淀下来你和你的团队的智慧，是能让你流芳多年的必做之事！

本章的练习作业来了：请找出你工作中最拿手的一件事（也可以是第五章作业里拆分的那件你最擅长的事情），尝试撰写出能教给其他伙伴的微课脚本吧。

表6.5沉淀了本章所有的要点，记得用起来。

表6.5 第六章锦囊回顾

	锦囊一：选车——团队智慧需沉淀，载体平台要方便		
常见平台类型特征	企业定制开发平台	租用专业SaaS平台	公开学习/媒体平台
优选内部学习平台	内部平台优势： 用户习惯不变 有效降低噪声 更易获取帮助	争取支持得双赢： 满足业务需求 体现培训价值 沟通不到换路	沟通需求目标： 人员权限需求 文件存储需求 功能数据需求
公开平台考虑维度	用户习惯	安全稳定性	常见功能需求： 媒体支持需求 附件保存需求 常见辅助需求
	锦囊二：加油——智慧资源种类多，针对范围三层说		
团队/企业专属资源	攻关改进成果记录： 计划方案模板 总结报告模板 效果验证流程	企业专属微课： 轻萃取 明收益、解任务、萃内容 精设计 定目标、选三点、写脚本 快制作 做画面、录声音、导视频	文化案例故事： 案例 意外应对经验 防范避险措施 成功项目复盘故事 绩优伙伴传记 平凡中的坚守 浪子回头转变

续表

	锦囊二：加油——智慧资源种类多，针对范围三层说			
行业专属指导资源	行业相关标准： 国家标准 行业标准 两个平台		行业趋势分析： 论坛网站 交流社群 期刊杂志	职称资质评定认证： 政策规定 培训资源 官网平台
扩展通用学习资源	网络公开课 注意莫侵权 短视频平台 避坑： "鸡汤"/逻辑矛盾/玄学		网文转载	读书笔记摘抄

	锦囊三：配人——部署运营有诀窍，盘活资源更有效			
常见部署逻辑	内容分类法 优点： 方法简单 内容无重叠 缺点： 查找麻烦 排序困难 岗位关联弱		岗位职责分类法 优点： 查找方便 岗位关联强 缺点： 分析耗时耗力 岗位变动不适 资源容易重叠	标签技术索引 优点： 精准支持越用越准 无感学习节省成本 缺点： 技术目前不足 需要大量数据 前期工作量大
	选择依据：团队构成、支持力度、成本投入			
关键运营动作	推广周知： 宣传海报 邀请信函 比拼活动 有奖纠偏		双向反馈： 鼓励多留言 真诚表谢意 认真给答复	收集数据： 内容的点击量 内容播放时长 用户登录时间 用户学习时长 其他参考数据
调整优化方法	分析反馈与数据： 留言分类筛选 内容数据分析 行为数据分析		针对优劣做调整： 优质经验复制 不足查漏补缺 形式功能习惯 部署方式优化	循环改进再升级： 内容与时俱进 部署方式升级 持续积累标签

后 记

夜已深，回望过去三个月来不断翻看过往的工作笔记、严谨查证理论和概念、反复推敲表达方式，最终用心打磨而来的书稿，再回想过往近十年的企业工作和团队管理的经历，我的脑中不禁浮现四个字：问心无愧。

是的，我坚信自己做到了这一点！在企业里的每一项任务、每一次挑战，我都拼尽全力。也正因如此，十年的积累铸出了剑坯，而后四年的培训生涯，也让我学会了如何将知识和技能更为精准和有效地传递给你，相信你在阅读的过程中，能够感受到我的满腔热忱。

阅读的结束，只是学习的开始，有了武器，还需要不断磨炼武艺。现在，你的手中已经握住了这把寄托我真诚意志的利剑，你会怎么做呢？举起它！号召你团队里的伙伴一起，凝聚在你的身边吧！挥动它！带领伙伴们披荆斩棘走向卓越吧！

在前进的路上，剑会在你手中越来越锋利，你会借助这把剑打破枷锁，但也可能遇到我未曾遇到过的困难，遇到这把剑无法斩断的难题。这个时候，藏在剑体之内的剑意才是你继续向前的武器，从书中习得方法，再跳出方法本身，用更高层的思维模式和你们不放弃的坚定意志来解决问题，你和你的团队将无往不利！

后记

　　你和你的团队能够不断向前,是我由衷期待的。同时,我自己也会陪伴你们一起向前。在团队管理方面,我还会继续深入研究,继续给你带来有价值的参考。

　　在深入研究的路上,其实本书已经是我第二次总结过往十年的工作经验了。第一次总结是在2020年的时候,当时全球新冠疫情的爆发,再度引发了在线学习的热潮,《培训》杂志组织了一次名为"优课100"的网络课程大赛。当时我录制了总长97分钟的六节视频课程,课名同样是《从凝聚到卓越——基层团队管理者必备锦囊》,最终这套课程在参赛的140多套课程中,获得了第五名的成绩。

　　也正是那次参赛时的小成功,让我再进一步思考,发现课程中很多地方还可以继续深挖细化,很多方法还可以再给你更具体的工具,于是便有了本书。本书可以说是那套课程的延续和深入,反之,那套在线课程可以认为是本书的精要和纲领。

　　而下一步的计划,我将以本书为基础,再进一步开发出面授的工作坊。我会在这个工作坊中再次升级和优化书中关键的知识点,更会以我近些年培训中学到的引导和教练技术,来和你一起研讨出更为针对你团队的具体措施。而且工作坊不是单纯的"我讲你听"的课程,而是需要你代入自己的角色、做出充分的思考,寻找属于你的特定答案的一次探索之旅。

　　正因如此,工作坊的开发周期也会大幅增加,我绝不会简单"攒"出几页PPT,把书中内容再讲一遍那么草率,而是会用心设计、反复打磨。我坚定地认为虽然这样耗时一定会很久,但只有这样走心的课程,才能让我们进行一次更有效的深度交流。非常期待在"闭关良久"之后,能够和你有缘相见,一起探究管好团队的诀窍。

　　在线课能快速梳理要点,本书则深入详细讲解,面授课程将聚焦你的实际场景,这三类不同的资源将成为我们一起探究路上的有效支持。

致 谢

　　我的写作过程，从6000字到16万字，离不开身边的和相隔千里的许多贵人提供的帮助和支持，但由于疫情尚未过去及工作的繁忙，有太多人至今没有机会当面表示感谢。在书的最后，请您收下我最诚挚的谢意。

　　首先要感谢我的家人。

　　感谢我的爱人薛莲莲。感谢你在每个写作的日子里为我端来的咖啡，感谢你在我忙碌的时候把家里打理得井井有条，感谢你在我外出授课时和需要安静时，独自带着儿子去完成他的学习。

　　感谢我的父母，说实话，书中提到的将心比心和真诚待人，以及最后的感触问心无愧，都是从父母的言传身教中深扎于我心中。没有一身正气的你们，就不会有儿子今日的微薄成果。

　　感谢我可爱的儿子毅诺，你总是能体谅和理解经常不在家和需要忙碌的爸爸，而爸爸也都会在空闲时和你尽情玩耍，是你让我体会到身为人父责任重大，也是你从一个天真无邪的角度，在玩耍中给了我很多启发。

　　这本书的面世，离不开电子工业出版社主编晋晶老师、袁桂春老师和出版社其他各位编辑老师、排版设计老师的帮助与支持。感谢晋老师在拿到寥寥数千字的样章后，就给我充分的肯定和积极的反馈，这是我能在这

致谢

几个月中开足马力去写作的最大仰仗，同时晋老师、袁老师和各位编辑老师的建议，也是我写作过程中不断优化打磨内容的指明灯。

我还要感谢在企业中共同奋斗的各位领导和同事。

感谢李万刚副总能够选中我，从技术转型到车间管理，也感谢李总带我走上了科学管理之路；感谢宋晓副总在管理和培训方面给予我的诸多帮助和资源。

感谢当年制造部前后两任经理张福龙和辛海鹏，感谢二位好大哥能给我在车间"肆意妄为"的舞台；感谢我的好搭档范天永和孙长华两位主任，和二位的默契合作让当时我们管理的车间可以称得上"文武双全"。

感谢我在管理车间时，先后任职的所有工段长、班组长、技术员和管辅员，你们给了我非常有力的支持和帮助，请允许我在书中写下你们每一位的，也是我会一直铭记的姓名：詹玉坤、张爱忠、吕龙军、李勇、张琛入、李绍鹏、李平、宗鹏、管法全、谢涛、马加凯、刘乃讯、钟港先、管彬善、李兵、殷冲、侯昭新、隋亮、李峰山、赵庆磊、李森森、马亚飞、代丽丽、陈秀艳、孙晓东、张昕。

感谢当年车间里的每一位伙伴，正是和你们的朝夕相处不断磨合，让我能有足够的话在这本书里诉说。

感谢过去我在技术、工艺、质量部门工作时，一起合作过的老领导、老同事，感谢各位在同部门合作时的彼此信赖，也感谢各位在我去车间后，依然能给我莫大的支持。

我要感谢在我转型成为培训师的道路上，给我指明方向并传道授业的各位恩师。

感谢刘宁老师，刘宁老师在人大继续教育学院发起的培训经理认证项目，是我走向培训之路的筑基修炼，让我结识了众多圈内大咖；同时刘宁老师也是我在企业微课领域的领路人，没有刘妈，就没有培训师许海星。

感谢传授给我课程设计最扎实基本功的国际绩效改进协会（ISPI）主席顾立民老师；感谢带给我对战略、管理和培训更高级认知的女神李海燕老师；感谢教会我注重实战效果和市场营销的何焰老师；感谢在培训和管理中总有天才创意给我带来灵感的笪开源老师；感谢教会我用系统性的全面思考去解决问题的郜军老师；感谢一直在信息化培训技术方面走在前沿的张启东老师。

感谢《结构思考力》的作者李忠秋老师，正是学习了《结构思考力》，才让我的行文写作思路更加清晰，逻辑更加顺畅。而我转型培训的念头，也是在学习了《结构思考力》之后萌生的。

感谢所有合作过的培训机构和课堂上的所有学员，每一次的相遇都是生命中不可多得的缘分，和各位的合作与授课过程的互动，也是我能在本书中坚持以受众为中心的经验来源。

还要感谢现在团队中的伙伴们，每周我在周报中汇报写作的进展之后，都能获得大家能量满满的鼓励。

感谢我的好搭档赵明星，双星闪耀是你我的约定；感谢为我接单排课的赵宇静总监；感谢刘妈导师团各位能在我忙于写作时及时补位的老师：马强老师、文宇老师、徐涌老师、李琦老师；感谢运营团队的三位美少女：张艳、朱晗、郑点；感谢团队中最有创造力的"老编"陈鹏老师。

最后，一个非常重要的需要感谢的人，就是正在阅读本书的你！感谢你拿起这本书来阅读，你的阅读是我们的缘分，你能有所收获是我的心愿，你是我写书的最大动力。感谢你，亲爱的读者！

参考文献

[1] [美]阿尔伯特·哈伯德. 致加西亚的信[M]. 赵立光，艾柯，译. 哈尔滨：哈尔滨出版社，2004.4.

[2] 季益祥，蔡明. 行动教练实践指南[M]. 南京：江苏人民出版社，2015.3.

[3] 中国社会科学院语言研究所词典编辑室. 现代汉语词典[M]. 北京：商务印书馆，2016.

[4] [比利时]路易斯·卡夫曼. 不懂带人，你就自己干到死[M]. 若水，译. 北京：中国友谊出版公司，2017.12.

[5] 杨国安. 组织能力的"杨三角"[M]. 北京：机械工业出版社，2010.1.

[6] [美]杰弗瑞·莱克. 丰田模式：精益制造的14项管理原则[M]. 李芳龄，译. 北京：机械工业出版社，2011.

[7] [以]艾利·高德拉特，[以]杰夫·科克斯. 目标：简单而有效的常识管理[M]. 齐若兰，译. 北京：电子工业出版社，2019.4.

[8] [日]石田淳. 是员工不会做，还是你不会教[M]. 杨林蔚，译. 北京：中国商业出版社，2016.7.

[9] 李忠秋. 结构思考力[M]. 北京：电子工业出版社，2014.9.

[10] [美]史蒂芬·柯维. 高效能人士的七个习惯[M]. 高新勇，王亦兵，葛雪蕾，译. 北京：中国青年出版社，2014.9.

附 录

作者推荐的图书与课程

推荐图书

◆ 高德拉特TOC系列：

《目标：简单而有效的常识管理》（第3版），[以]艾利·高德拉特、[美]杰夫·科克斯，2019年。

《目标Ⅱ：绝不是靠运气》（典藏版），[以]艾利·高德拉特，电子工业出版社，2019年。

《关键链》（典藏版），[以]艾利·高德拉特，电子工业出版社，2019年。

《仍然不足够》（典藏版），[以]艾利·高德拉特、[以]艾利·斯拉根海默、[美]嘉璐·柏德克，电子工业出版社，2019年。

《抉择》（典藏版），[以]艾利·高德拉特、[以]伊芙拉·高德拉特·亚殊乐，电子工业出版社，2019年。

《醒悟》（典藏版），[以]艾利·高德拉特、[以]艾兰·爱殊谷利、[以]祖·布朗历尔，电子工业出版社，2019年。

◆ 社科管理类：

《高效能人士的七个习惯》，[美] 史蒂芬·柯维，中国青年出版社，2015年。

《要事第一：最新的时间管理方法和实用的时间控制技巧》，[美] 史蒂芬·柯维、[美]罗杰·梅里尔、[美]丽贝卡·梅里尔，中国青年出版社，2010年。

《创新性绩效支持：整合学习工作流程的策略与实践》，[美]康若德森·高菲德森、[美]鲍勃·墨瑟，江苏人民出版社，2016年。

《管理的逻辑——高绩效组织的改进语言》，丁晖、顾立民，电子工业出版社，2017年。

《目标管理——写给中层经理人的工作目标管理宝典》，郜军，电子工业出版社，2019年。

《将人才转化为战略影响力：企业高管的八大HR思考》，李海燕，电子工业出版社，2017年。

《行动教练实践指南》，季益祥、蔡明，江苏人民出版社，2015年。

《不懂带人，你就自己干到死：把身边的庸才变干将》，[比利时] 路易斯·卡夫曼，印刷工业出版社，2013年。

《组织能力的杨三角：企业持续成功的秘诀》，杨国安，机械工业出版社，2015年。

《是员工不会做，还是你不会教》，[日]石田淳，中国商业出版社，2016年。

《科学管理原理》，[美]弗雷德里克·泰勒，机械工业出版，2013年。

《丰田模式：精益制造的14项管理原则》，[美]杰弗瑞·莱克，机械工业出版社，2011年。

《做事的科学：细节与流程》，龚其国，机械工业出版社，2008年。

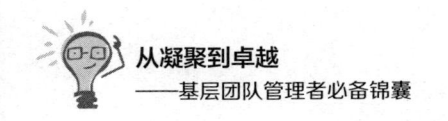

《精细化管理三定律》，龚其国，北京理工大学出版社，2012年。

◆ **思维思考类：**

《结构思考力》，李忠秋，电子工业出版社，2014年。

《好好学习：个人知识管理精进指南》，成甲，中信出版社，2017年。

《明辨力从哪里来——批判性思维者的六个习性》，董毓，上海教育出版社，2017年。

《如何进行批判——孟子的愤怒与苏格拉底的忧伤》，谷振诣，上海教育出版社，2017年。

《这是事实吗：用批判性思维评估统计数据和科学信息》，[加]马克·巴特斯比，上海教育出版社，2017年。

推荐相关在线视频课程

《从凝聚到卓越——基层团队管理者必备锦囊》，许海星

《咙咚锵——用微课讲微课！》，刘宁、赵明星、李琦、许海星

《微课制作高手速成锦囊》，许海星

反侵权盗版声明

电子工业出版社依法对本作品享有专有出版权。任何未经权利人书面许可，复制、销售或通过信息网络传播本作品的行为；歪曲、篡改、剽窃本作品的行为，均违反《中华人民共和国著作权法》，其行为人应承担相应的民事责任和行政责任，构成犯罪的，将被依法追究刑事责任。

为了维护市场秩序，保护权利人的合法权益，我社将依法查处和打击侵权盗版的单位和个人。欢迎社会各界人士积极举报侵权盗版行为，本社将奖励举报有功人员，并保证举报人的信息不被泄露。

举报电话：（010）88254396；（010）88258888
传　　真：（010）88254397
E-mail：　dbqq@phei.com.cn
通信地址：北京市万寿路 173 信箱
　　　　　电子工业出版社总编办公室
邮　　编：100036